陈丹淮
叶葳葳 著

三个新四军女兵的多彩人生

——回忆母亲张茜、王于畊、凌奔

从新四军女兵到开国将帅夫人

人民出版社

谨以此书纪念张茜、王于畊、凌奔九十诞辰，
并献给一代新四军女兵。

目　录

才女教育家——王于畊

鸠兹侠女——凌奔

献给我们的母亲

陈小津[*]

当《三个新四军女兵的多彩人生》的样书摆在我面前时，我感到的是阵阵难以抑制的激动。我的母亲谢志成，也是最早的一批新四军女兵，与张茜、王于畊和凌奔曾经朝夕相处，是亲密无间的好姐妹。我与两位作者一样，都诞生在战争年代的硝烟中，在亲如一家的新四军大家庭里长大，得到了众多老一辈的关心和培养。现在，我们这些新四军的"红二代"大都已退出工作岗位，步入老年群体。人老了，就更容易怀旧。搜集、整理父母一代人的珍贵史料，早已成了我日常生活的一部分。所以，最初接触到《三个新四军女兵的多彩人生》的书稿时，我如获至宝。透过字里行间，我仿佛又回到了那个难忘的成长年代，又聆听到革命母亲们的谆谆教诲，以及那一代女兵特有的伴随一生的铿锵足音。

我耳闻目睹了此书从构思、采访、笔耕到最后定稿的全过程，并有幸成为该书的第一读者。我完全了解我最熟悉的两位作者为之付出的汗水和心血。他们以严谨而务实的文风，以厚重而细腻的情感，以非常独特的视角，为我们精心绘制了一幅讴歌、纪念革命先辈的生动画卷。

他们为党史人物研究作出了新的探索。记录我们父辈革命历程的专著和影视作品数不胜数，他们在党史长河中留下的足迹清晰可鉴。但是，他

* 作者现任中国中共文献研究会副会长、中国中共党史人物研究会常务副会长、中国新四军研究会副会长、中国工业经济联合会执行副会长。

们的夫人——亦即我们的母亲，在花季之年投身革命，为民族的解放、新中国的诞生和成长无私奉献，她们在开国元勋的身边生活，分担着他们的辛劳和困苦，经历的磨难在一些时候甚至更多。只是因为她们的身份很特殊，很少有书籍或文章专门介绍她们。《三个新四军女兵的多彩人生》一书以独特的视角回忆了这些革命母亲们，是一种可贵的创新，在一定程度上弥补了长期隐存于我们心中的缺憾。两位作者终于完成了我们想不到，或者说想做也很难做成的一件事情，我们当然应该感谢他们。

我们家与陈家、叶家和钟家一直保持着紧密的联系。我因为是家中的老大，对外联络任务多，与张茜、王于畊、凌奔三位母亲的接触最多，得到她们的关心和帮助也最多。手捧《三个新四军女兵的多彩人生》，三位母亲的音容笑貌再次清晰地浮现于眼前，她们对我的耳提面命和慈母情怀重现于脑海。

张茜阿姨气质高雅，美丽大方，是一代革命母亲中的代表人物。她虽然贵为元帅、外长夫人，但从不张扬跋扈，处处彰显东方女性的温柔与善良。为了缩短与陈老总在学识上的差距，她一生都在学习，学外语，学诗词，提高思想政治水平，给我们下一代树立了一个很好的榜样。在"文化大革命"中，我们的父母纷纷被打倒，大家四处逃散，艰难求生。陈老总和张茜两位老一辈也不能幸免，不仅受到无情的批斗，还相继患上绝症，身心俱疲。陈老总过世后，张茜这位在我们印象中一直柔弱似水且已重病缠身的母亲，向人们展示了她刚强果敢的另一面。她代表陈老总，尽可能多地抚慰那些饱受炼狱摧残的老战友及其家人。为了与林彪、"四人帮"反党集团抗争到底，她以啼血般的毅力，拼尽一生最后的气力，整理完成了《陈毅诗词选集》。她谆谆告诫孩子们，要从父亲的诗词中感受精神的力量。她用其短暂的一生，很好地诠释了一个新四军女兵、一位革命母亲的神圣与伟大。

王于畊是我的岳母，她一生与事业相伴，是一位了不起的教育家，一个令很多人几十年都念念不忘的教育厅长。她本来极有文学家的潜质，在新四军战地服务团时期就写出了几部影响深远的抗战大戏，被誉为新四军的"才女"。但是，为了改变福建教育的落后面貌，让更多的穷苦孩子读书、上大学，她毅然投身教育事业，带领福建教育界创造了连夺全国高考、扫盲、推广普通话等数面红旗的佳话。可就在她的事业顺利开展时，"文革"风暴袭来，她首当其冲，受到令人发指的批斗与迫害。她仍然坚持自己的信念，终于挺过来了，赢得了大家的尊重。劫难过后，她痴心不改，仍然选择教育事业，在北师大继续忘我地工作。晚年疾病缠身的王于畊妈妈并没有闲下来，她念念不忘战争年代结下生死之交和深厚友情的战友们。为了让后代们永远记住这些可爱可敬的人物，她竟然拖着病体，拼尽全力，发起了最后一次冲锋。几年间，她先后写了九篇饱含深情的回忆文章，临终前终于汇编成《往事灼灼》一书。因为写作，她经常累得吐血，几乎每完成一篇文章就会生一场大病，住一次医院。从王于畊妈妈的身上，我真正领悟了什么是女兵的战斗精神！

凌奔阿姨是一位行侠仗义、富有人格魅力的革命母亲，其一生极富传奇色彩。在炮火纷飞的抗日战争年代，她在一次对敌遭遇战中因为救助战友而身负重伤，后来幸运地被打扫战场的战友从死人堆里抬了出来。她能言善辩，擅长做民运工作。她领导能力强，战时当过印刷厂长，战后当过小学校长，党安排她在哪里，她就在哪里绽放光彩。她是华东新四军大家庭中公认的好"保长"。正如作者在本书中所言："凌奔就是这样一个侠肝义胆之人，即使自己身处难中，宁可对自己刻薄一些，也要扶贫救难。她从不锦上添花，却喜欢雪中送炭。为了别人，只要她认为是值得的，就是豁出命也要上。她对待战友们的孩子，比自己的孩子还关心。她自己连咳嗽的力气也没有了，还要管人家的事。"十年浩劫中，凌奔阿姨虽然全家屡遭磨难，但她却把人性之善、战友之爱发挥到了极致。当我们这些处境悲惨的华东几省市最大"走资派"的"黑帮子女"们无家可归时，凌奔阿姨以病弱之躯扛起"替天行道"的大旗，先后收留、救助了十几个流落在北京的孩子。我为了营救身陷囹圄的父亲，多次从外地来到北京，凌奔阿姨位于西山脚下的家一直是我最温暖的港湾。在凌奔阿姨的庇护下，我们这些"黑帮子女"无一人受冻挨饿，无一人患上重病，更无一人受到"四人帮"的蛊惑而走上邪路……

"文革"中，凌奔阿姨与本书的作者之一曾有过一次彻夜长谈，希望我们这一代人传承好新四军的历史及其革命精神。她还特别对一些子女寄予了厚望，其中点到了我的名字。我想，这是以张茜、王于畊、凌奔三位开国将帅夫人为代表的一代革命母亲的共同心愿，是老一辈革命者对后人的殷殷重托。如今，我们这一代人不仅要坚持不懈地实现先辈的遗愿，更要教育、培养好我们年轻的下一代。著书，写回忆文章，都是献给母亲和我们的儿女最好的礼物。

我相信，《三个新四军女兵的多彩人生》一书必将受到广大读者特别是年轻读者的喜爱。让我们一起努力，让一代女兵的精神深入人心，永世传承。

此为序。

二〇一一年十月于北京

汉江边的兰芝——张茜

引子·众人评说

柬埔寨国家元首西哈努克对昊苏说："你有一个威武的父亲和一个睿智的母亲，他们都是柬埔寨人民的好朋友。"

薄一波同志五十年来一直保存着一张陈毅和张茜夫妇在一株盛开花朵的大树下的合影。后来放大赠还给陈家几个子女，薄家的儿子在照片下面写着：一代儒将陈毅元帅与风华绝代张茜夫人在花丛下。

徐海东大将的女儿徐文惠已 70 岁了，在一次好友聚会上她穿着自己设计的紫色连衣裙，肩上披着撒满各色大花的方毛围巾，显得那样雍容华丽。她回忆几十年前的往事又笑得那么灿烂："六十年前我才 9 岁，在大连认识了很多阿姨，就觉得张茜阿姨是最漂亮的，后来到了北京，认识了更多的阿姨，可是我还是觉得张茜阿姨是最漂亮的。"

全国人大常委会外事局的叶副局长说："60 年代我上学时就是张茜阿姨的粉丝。每次播放张茜出国访问的电影和登她的新闻照片时，我都是看了又看。我看她梳什么发型，服装什么样式，又是如何搭配的，因为我觉得那是最美的。"

一位 20 世纪 60 年代的女处长谈到那时的外事活动，满口称赞，她说我最喜欢的两位夫人是宋庆龄副主席和陈毅外长夫人张茜，她们代表着庄重、华贵和漂亮、大方。

丹淮的高中同学滕瑞在学校是个相当显眼的人物，穿着打扮总是与人不同，一看就是文艺骨干。后来去了日本，举止形态更增添了些东洋婉约。她对丹淮说："你应该好好写写你的母亲张茜，在那个时代她总是最

3

漂亮的，你要让人们记住她。"

一位资深的记者回想起当年总是感叹不已，"60 年代我们拍新闻照片很累啊！东跑西跑，抓镜头。但是有两个人让我们最省心了，无论什么时候，从哪个角度，你一按快门，就是一张绝好的照片。这两个人，第一是周恩来，最标准、最优雅的男人；第二是张茜。"

好了，下面我们就讲讲张茜的故事。

一、汉口·春兰

　　一个叫春兰的漂亮女孩，是家里的掌上明珠，学名就叫张掌珠。她家里生活异常艰辛，母亲仍含辛茹苦地让女儿上到女子师范。春兰喜欢阅读巴金写的书籍，爱好戏曲，而且也很有灵性。在"一二·九"学生运动的洪流中，她与同学们热情投入其中，在街头剧《放下你的鞭子》中饰演香姐，表演得很出色，听着"香姐"凄婉的演唱，观众完全忘了是在演戏，大家齐声跟剧中人一齐高喊："放下你的鞭子！"

　　20 世纪 20 年代武汉三镇的汉阳有一户姓张的殷实人家，开着一间磨米作坊，这家的公子张耀庭，在 1920 年迎娶了汉口的一个同为姓张的漂亮女孩，大家都称这女孩为张大姐。张大姐很喜欢兰花，嫁到汉阳生活不愁倒也欢喜。1922 年 6 月 11 日张大姐生了个女孩，她十分高兴，给小女孩取了个春兰的小名，憧憬着幸福的家庭生活。

　　可是好景不长，春兰出生后湖北连年闹灾，饥馑四起，米粮少，价格飞涨，张家的磨米生意无法做了，张耀庭只好上了轮船当起了水手，长年累月在长江上漂泊，偶尔还要跑一下海运。不几年张耀庭的父母相继去世，张耀庭在外面却学会喝酒、赌钱。不但不能养家，还把家传的房子输了出去。张大姐无处居住，只好带着女儿春兰投奔自己娘家，在汉口汉正街后面的燕山巷租了一个简陋的小阁楼住下来。张大姐是个很漂亮很能干的女人，母女俩的生活全靠她维持着，挑花边、织毛衣赚些钱。张大姐租的房子对面就是做卖肉生意的堂叔家，堂叔有个 11 岁的女儿叫张爱珍，张大姐就把 5 岁的春兰交给张爱珍，说你是小姨，带着春兰好好玩，我要做事，赚了钱给你买糖吃，张爱珍和春兰就成了儿时的朋友。

汉正街是汉口有名的商业街，街面上都是商店铺子。而汉正街后面小巷子则是形形色色的手工作坊，这些作坊在很大程度上支持着汉正街的商业繁华。在这些巷子里住的都是城市贫民，大多是小手工业者和帮工，还有一些和尚、道士、演戏的、说书的，可以说这是城市的最底层了。原来巷子里还有个汉剧团，随着灾荒来了，剧团经营不下去，艺人们散了，个个另寻出路。可是剧团有个戏校，里面有十几个小孩学戏，他们就没有出路，这时张爱珍的父亲出面捐了些钱，让这些孩子继续学戏，汉正街上有个慈善会也捐了钱。这些孩子又开始吊嗓子，练功夫，隔几天还给街坊邻里唱几段，张爱珍和春兰就会挤在门口看戏，兴奋地跟着唱，孩子们甚至还会跟随着鼓声扭上几步。春兰很有灵性，不久就成为这一帮孩子中唱得最好的，动作最好的了。这帮孩子还在茶馆窗户下、门口边偷听说书，什么岳家将、杨家将啊，什么白蛇传、天仙配啊。

张大姐搬到燕山巷家庭生活仍然是很苦，苦不仅在于生活的艰苦，更因为丈夫张耀庭仍然没有任何长进，他依旧是常年在外漂泊，吃酒赌钱，每次回家留下的钱少得可怜，有时还向张大姐要钱。本来就不顾家，难得回家一趟，夫妻就吵架。张大姐的心都伤透了，她已经不指望这个不争气的丈夫了，自己拼命做工养活母女二人，她把希望放在女儿身上，决心不让女儿走自己悲苦的老路，她要女儿过上好日子，找个好人家。不到一年春兰满 6 岁了，张大姐就开始张罗春兰上学的事，把攒下的钱全拿出来还不够，于是更加紧地干活多赚些钱。四周的亲戚和邻居都很同情张大姐的遭遇，又被张大姐的决心所感动，于是就你几元、他几元的帮助，春兰勉强上了小学，张大姐给春兰取了个学名张掌珠。

掌珠上了学，和小伙伴们玩的时间就少了，见了面掌珠总会和张爱珍讲她上了什么课，认了什么字。一天掌珠放学回家，还没进门就听父亲母亲在吵架，她连忙进门，看见父亲张耀庭正在打母亲，张大姐只是躲在桌边哭，掌珠赶上去一把推开了父亲张耀庭抱住母亲，张耀庭走过来又一把推开掌珠继续打张大姐。

掌珠被激怒了，冲到张耀庭前面挡住母亲说："你就会打女人，有本事干出点儿人事。"

张耀庭气得举手要打，可是他看到一个倔犟的小女孩愤怒的目光，他愧疚了，转身就跑了。

张大姐抱住掌珠放声大哭，说："女儿你要好好读书将来找个好人家，不要像妈妈这样命苦。"掌珠抱着母亲也哭了。这天张耀庭没有回家，很长一段时间没有回家。

张大姐拼命地揽活，掌珠要帮忙，张大姐不让，催她读书。一次掌珠不听非要帮洗衣服，张大姐发怒了，大声骂女儿，掌珠从来没有被骂过，突然看到母亲恐怖的样子，心里既害怕又酸楚，她乖乖地去做功课，却是泪水不断流着，她一面抹着泪，一面读课文，母女谁也不理谁。

睡觉时，张大姐搂着掌珠说："妈妈委屈你了，你知道妈妈的心吗？"

掌珠说道："我知道妈妈是最好的妈妈，我一定读好书。"以后掌珠再也不去帮着妈妈做事了，她知道拗不过妈妈，那样做只会伤妈妈的心，掌珠深知读书来之不易，只有读好书，妈妈才会开心，学习成绩越来越好。掌珠慢慢长大，越长越漂亮。邻居们都夸："张家的女人一个比一个漂亮，真是一代胜过一代。"

很快掌珠小学毕业了，并考上了赫赫有名的第二女子中学。可是张大姐攒的钱还不够交学费，又亏得一个当铁匠的表姑夫接济，掌珠才上了中学。中学学的东西和小学完全不同了，掌珠放学后和张爱珍一些小伙伴聊天的题目也完全改变了，全是妇女解放、社会民主之类的大问题，特别谈到抵抗日军侵略，救亡救国。这些变化应当追溯到掌珠结识了林仪贞同学。

湖北省第二女子中学坐落在武昌蛇山脚下，紧挨着抱冰堂公园，环境清静。苍绿的冬青环绕着校园，教室窗外挺立着枝繁叶茂的梧桐。操场上的设备也齐全，可以打篮球、排球，还可以打网球。宽大的操场兼做大礼堂，坐落在半山坡上。

掌珠很喜欢读书，下了课就往图书馆跑。图书馆藏书不少，窗明几净而又宽敞。有一次，张掌珠正在看书，忽然一个同学匆匆坐在自己旁边，一看正是同班的林仪贞。林仪贞扫了一眼，看见张掌珠正在读《家》，她高兴地把手中书一亮，竟是一本巴金的《春》。

她高兴地轻轻和掌珠耳语："你也喜欢巴金的书么？"

掌珠微笑着点点头说："你喜欢哪些人的书呢？"

林仪贞答："我喜欢巴金的，还喜欢丁玲的、茅盾的。"

两个文学爱好者碰在一起了，就常把彼此读到的书互相推荐，而谈话的内容也因为书的缘故多起来了，于是她们两人很快就成了知心好友。

掌珠家住汉口，仪贞家住江岸，周末常常结伴乘轮渡渡江回家。为了节省开支，都不坐人力车，总是夹着一个小衣包，从学校门口一直走到码头。一路上谈谈笑笑，也不觉得路长。有时假日不回家，两人就相约一同到校外附近的小店去吃早点，滚热的芝麻烧饼，夹上两个刚出笼的烧卖，还有一碗飘着蛋丝的清汤，真是一顿美餐。

一个星期天的早上，她们照例来到抱冰堂公园，在僻静的小松林中复习功课，准备迎接即将来

1934 年秋，考入湖北省立第二女子中学时的张茜。

临的暑期考试。

头一天夜里下了一场透雨，把天空洗刷得分外明朗。小松林中土地湿润，松针上还挂着晶莹的水滴，阳光从树枝扶疏的缝隙间透射进来，闪闪灼灼，更给小松林增添了几分神秘色彩。

掌珠放下手中的书本，站起身来，伸直臂膀，仰起头深深地呼吸着散发着松树清香的空气。

"咱们休息一会儿吧！让我讲讲我的老师的故事给你听听好吗？"林仪贞说着，心却不由自主地怦然跳动起来。"我原是江岸扶轮小学的毕业生，这是一所平汉铁路员工子弟学校。江岸是有名的铁路工人住宅区，二七大罢工的发源地。一些秘密的革命者常到这里来做工人工作。我六年级的级任老师干先生就是这样一个秘密革命者。他和别的教师不一样，和同学之间没有一般师生常有的隔阂，很容易亲近，星期天他还常常进行家访，了解学生的家庭生活，关怀家长的困难，同学和家长都很喜欢这位老师。他有与众不同的思想，他对一些平凡的事物和社会现象都有敏锐的观察、深刻的分析。他告诉我们中国贫穷落后黑暗腐朽的根源，都是由不合理的社会制度造成的。要改变现状，使国家富强人民生活有保障，就必须进行一场天翻地覆的革命，彻底粉碎旧世界。苏联已经这样做了，他们正在建设着一个崭新的社会主义国家。干先生还经常对我们讲一些苏联和中国红都瑞金令人神往的新事情，使我们大大开阔了眼界，懂得了许多从来不知道的革命道理。"

林仪贞滔滔不绝地讲着，恨不能把知道的一点一滴都告诉给掌珠。掌珠睁大了一双明亮乌黑的眼睛，充满了惊异和好奇，生怕漏掉了一个字。

最后林仪贞深深叹息着结束了她的话："可惜啊，他只教了我们一个半学期的课就失踪了！他是在学校宿舍被捕的，不知被送到什么地方去了，听说他的罪名是宣传赤化和反对新生活运动。"

掌珠的大眼睛也顿时失去了光彩，过了许久也感叹说："这是多么好的先生啊！怎么才能找到他呢？"

"干先生也许找不到了，但我们一定能找到和他一样的人。"林仪贞肯定地回答。

早在干先生被捕前，曾经交给林仪贞一包书。林仪贞拿回家，悄悄地把它放在祖母床下一只堆放杂物的网篮里。包里是几本用极粗糙的纸张印刷的苏区刊物《红旗》，还有一本被翻旧了的《列宁主义基础》。不知有多少个夜晚，在全家熟睡后，林仪贞独自坐在昏黄的油灯下反复阅读。尽管有些名词和理论理解不了，但仍如饥似渴地把它们生吞了下去。这天，林仪贞悄悄地把这些书交给了好友掌珠。

掌珠被书中的革命道理深深吸引了，而且认真地思索起一些问题。一天，她像突然醒悟了什么似地对林仪贞说："我想通了一个问题，你知道我很同情和可怜我的妈妈，我总想自己有一天挑起生活担子，帮助她过几天安生的日子。妈妈也是把希望寄托在我的身上，拼命供我读书。我也为上不了高中，上不了大学担忧，好像只要学成就能就业。你看这是多么天真的想法啊！像咱们这样无钱无势的穷学生，就是侥幸大学毕业就一定能找到工作么？更不要说当局引狼入室的不抵抗政策了，说不定什么时候会当亡国奴呢。没有一个好的国家好的社会，有什么个人出路呢？多少人的妈妈在苦难中煎熬，我们只靠读书就能救妈妈吗？"又一次，她严肃地说："咱们不能只为糊口谋生而庸庸碌碌一辈子呀！咱们总是要干点于国于民有利的事啊！"

就在这年寒假，"一二·九"学生运动爆发了。掌珠和全校许许多多同学都投入这一激流中。集会、演讲、游行示威，期望促进抗日，挽救民族危亡。当局竭力压制阻挠学生的爱国行动，用读书救国的论调进行欺骗。同学中有些人被蒙蔽了，于是产生了两种意见的争论。在辩论中双方相持不下。原来一直默默听着的掌珠，突然站起身来激动地发言了。她讲述了大敌当前、民族危亡的时刻，青年学生应有的职责，尖锐揭露当局不抵抗政策的种种表现，拆穿"读书救国论"的虚伪和欺骗。她的话义正词严，极有说服力，教室里完全静下来了。大多数人被她感动和说服，他们从未见到她如此热烈激昂，更想不到她有这样的雄辩口才和鼓动能力，同学们都被深深地感动了。

在这次运动中张掌珠和林仪贞结识了一些进步同学，后来又一同参加了进步组织读书会。在读书会，她们有机会更多接触进步书刊和听到从延安传来的消息。投奔革命的意志更加坚定了。

1937年的暑期，掌珠和林仪贞初中毕业，并一起考入湖北省立女子师范。此时抗日战争全面爆发，举国愤怒，她们已无心读书，全力投入到各种抗日活动中去。掌珠先参加了学校里的抗日宣传队，后来又参加了进步组织青年救国会。她十分活跃，一改往日的温文尔雅。她在街头演讲、演戏和教唱抗日救亡歌曲，赶到医院去慰问伤兵，代写书信。

她在街头剧《放下你的鞭子》中饰演香姐，表演很出色。每当她凄婉地唱着："高粱叶子青又青，九月十八来了日本兵"时，晶莹的泪水就会沿颊而下，观众也不禁悄悄地擦着眼睛。当香姐因饥饿倒地遭到无情鞭打时，观众完全忘记了是在演戏，会跟着剧中人一起喊：放下你的鞭子！

掌珠每次演完这出戏，她的脸色是那样暗淡苍白，久久不能恢复平静。

整整一个学期，她几乎没有一个假日是休息的，寒假也没有回家，随同宣传队到郊区农村宣传去了。回来后又进了纱厂，向工人们进行抗日救亡宣传。她并不满足于这些，她说："现在全面抗战了，前方战士在流血流汗，我们就只能在后方做这么一点事吗？我们应该到前方去，到最需要我们的地方去！"掌珠和仪贞约定了要到延安去。

1938年的春节来得特别早。刚过春节，林仪贞就跑到武汉八路军办事处打探消息，刚到办事处门口就听见有人在喊："林仪贞！林仪贞！"她停住脚一看，是一个年轻的兵在喊。她仔细一看，是多年不见的小学同学，高兴地叫起来："黄宛年！你是黄宛年。"黄宛年说："对了。"

林仪贞看看穿着一身军装的黄宛年说："你当兵了？怎么到武汉来了？"

黄宛年神气地说："我当了八路军了，在临汾我参加了八路军的学兵队。这不，把我们分到了新四军，刚成立的新四军。"他又反问道："你到这儿来有什么事吗？"

林仪贞高兴地说："我就是来问怎样参加新四军，你快告诉我在哪儿报名。"

黄宛年也高兴地说："你也想参加新四军？太好了，我带你去找朱克靖。他是新四军战地服务团的团长，正在招收团员呢！"

黄宛年带着林仪贞找到朱克靖，说："朱团长，她是我小学同学，叫林仪贞，是来报名参加新四军的。"

朱克靖高兴地握了握林仪贞的手，说："好！好！坐下来我们好好谈谈。"朱克靖介绍了服务团的主要工作，就是发动群众，宣传抗日救国。朱克靖最后说："当兵可是件十分艰苦的差事，你能坚持吗？"

林仪贞高兴地说："我什么苦都能吃，只要能抗日救国，我什么都不怕。"

朱克靖笑了："明天晚上他们学兵队就要去南昌了，你赶快准备一下，明晚跟他们一起走。"

林仪贞高兴地答应着就往外走，忽然停住了，又快步走回来说："朱团长，我还有一个同学叫张掌珠，也特别想参加新四军，我和她一块儿来行吗？"

朱克靖说："她会些什么？"

林仪贞说："唱歌、演戏她都行，这几个月我们一直在工厂里教工友唱救亡歌曲，也演过活报剧。张掌珠特别有演剧的才能。"

朱克靖一挥手："带她来，服务团接受你们了。"

林仪贞一路快跑，回到学校找到张掌珠，气喘吁吁地说："好消息，好消息，我找到新四军了，我已经报名参加新四军的战地服务团了，也替你报名了，你去吗？"

张掌珠急问道："服务团都做些什么事？"

林仪贞说："搞宣传呀，朱团长说要招很多年轻人，演戏、唱歌宣传，画画，印传单，反正是宣传打日本侵略军。你去不去？"

张掌珠高兴地搂着林仪贞："我当然去，前两天不是就说好了，延安去不了，就到新四军去。"

林仪贞说："明天晚上就走，你要赶快准备！"张掌珠一听，就坐在椅子上愁云满脸了。

林仪贞一看忙问："怎么啦？不行吗？"

张掌珠摇摇头："我走没有问题，可扔下我母亲一个人，可怎么办啊？"

林仪贞一听也犯愁地坐在张掌珠旁边叹气说："我也正发愁怎么跟奶奶说哩！"

张掌珠凝神一会儿，说："不能告诉家里人，不然我们就走不成了。忠孝难全，先国后家。"

林仪贞说："对！打败日本军，再回家尽孝。说定了，明天下午5点，我们在码头集合。"

张掌珠和林仪贞分手后，把学校的东西收拾好，都带回家了。回到家，张大姐正在洗衣服，看到张掌珠，感到很奇怪："今天怎么这么早回来了？"

张掌珠说："今天我去工厂了，把要换洗的东西拿回来，准备换换。"说完就跑回她的小房间，挑出几件衣服包起来，很快回到张大姐的身边说："妈妈，我帮你一下吗？"

张大姐生气地说："你怎么又提这件事？不怕你妈妈生气！"

张掌珠搂着张大姐说："妈妈，我已经长大了，过去的规定已经作废了。我都考上师范了。"

张大姐一听，心又酸了："咳！要是家里有钱，你就可以上高中，将来可以上大学，这才是我的心愿。"

张掌珠扑哧笑了："你又说这事，现在日本人都打到合肥了，就算在高中也没法读书了。只有抗日胜利了，才能安心上学。"

张大姐说："好了，好了，一提抗日，你看你的劲就不知有多高。"

晚上睡觉了，张掌珠跑到母亲的床上说："妈妈，这几天我累得很，几天没回来，特别想你，今晚跟你一起睡吧？"

张大姐叹口气："一个女学生不好好上课，下什么工厂，上什么街头啊！"

张掌珠紧挨着母亲说："是为了宣传抗日啊。你看日本军在南京多残忍啊！我们汉口也难逃这一劫了。"张掌珠和母亲就这样唠叨了半夜。

第二天一早张掌珠醒来，母亲早已把早饭做好了，喊着："春兰快来吃饭，不要误了上学。"

掌珠匆匆吃了，回房拿了包袱对母亲说："妈妈，最近抗日活动比较多，就不回来了，你自己要保重。"

张大姐笑了："这孩子，你怎么了，这几天见得少了，婆婆妈妈了，快上学去吧！"

掌珠忍不住走向前使劲儿搂住母亲，颤抖地说："妈妈，女儿不孝顺，不能经常回来看你，你生气吗？"

张大姐说："说什么啊！你是我最孝顺的女儿！读好书，做好人，就是最大的孝顺。"

张掌珠说："妈妈，你记住，女儿现在最大的事情是抗日，女儿绝不会辜负你的。女儿不在家时，你一定要保重。"

张掌珠说完就回身跑出门外，一股眼泪就流下来了。张掌珠跑到街上，回身久久望着那间小小的阁楼，止不住内心的颤动。是啊，要走了，要离开这亲切的小楼，要离开自己最亲最亲的亲人，她的目光始终不能收回来，始终离不开这破旧的小阁楼。终于，她顿了顿足，拎着包袱转身奔向学校。她知道，一个新的生活已向她开启了大门。她带着内疚，带着不安，义无反顾地迎向前去。

这天傍晚，也就是1938年2月初的一天傍晚，汉口码头上停泊着一艘轮船，船头黄宛年和几个女兵正焦急地看着岸上。正当江边海关大楼上的大钟敲响5点整时，三个穿着蓝旗袍的女学生，林仪贞、张掌珠、丁剑影，匆匆地跑向码头，一面跑一面大声喊："等等，等等我们！"跑到船边，林仪贞一步跳上船，黄宛年用手扶住她，吐了一口气："怎么这么晚才到？"

林仪贞顾不上回答，回身看两个伙伴："快！快上来。"丁剑影已经随后跳上来。丁剑影是林仪贞、张掌珠读书会的朋友，听说林仪贞要去新四军，就坚决地跟了来。只见一个英气的女兵把手伸向船舷，张掌珠拉着她的手就跳上了船。这一伸一拉就结下了两个女兵一生的友情。

张掌珠三人站在船边。甲板上、船舱里一眼望去，都是穿着灰色军装的年轻人，他们也正在打量着这三个女学生。黄宛年喊着："杨瑞年班长，这就是你的新队员。"一个很清秀又很英气的女兵走了过来，握着她们的手问名字，突然有人高呼："欢迎新战士入伍！"接着整个船舱都响起了口号声和一片掌声。这就是从临汾南下的八路军学兵队毕业学员，他们被分配到新四军，正赶向南昌刚组建的新四军军部。学兵队一共三十多人，大都是入伍不久的中学生，其中女兵不到十人。

杨瑞年是女生班班长。她把林仪贞三人介绍给女兵们，然后说："按部队老传统，老兵带新兵。小王，你就带小张吧！"

刚才伸手拉着张掌珠的那个女兵，赶快跑上前，拉着张掌珠进船舱，挤了个位子，边坐下边说："我叫王于畔，今晚我们就挤在一起睡吧！"

二、南昌·茜草

1938 年 2 月，三个年轻的女孩，偷偷地离家加入新四军的队伍——战地服务团。三个女兵一到部队，都改成新名字，开始了一种新生活。15 岁的张掌珠改名"张茜"：茜草的根可以做成红色的染料，去染红世界！她们刚换上了灰色军装，就跑到照相馆照了一张合影。三人的军装都不合身，尤其是军帽的大小不一，但每个人的严肃表情都透出一股坚毅的不可阻挡的英气和信心。

船顺江而下，第二天早晨就抵达九江。这批新四军又在一路昂扬的歌声中转乘火车，晚上才到南昌。张掌珠成为了新四军战地服务团的第一批团员，也是新四军中的第一批女兵。

后来新四军副军长项英在 1939 年纪念三八妇女节的大会上热情洋溢地说道："当我们新四军开始组成的时候，有一大批进步青年参加支队的、团的服务团，其中，女同志占极重要的成分。随后，各支队的、团的服务团，合并为一个全军的服务团。于是，在服务团中，成立了独立的女生队，这是新四军有'女兵'的开始，也是'女兵'这个称号的起源。"

张掌珠、林仪贞、王于畊就是新四军的第一批女兵，她们始终为之自豪，为之骄傲。

到了南昌，服务团的第一件事情就是填表登记。每个人在领到一张油印的白报纸表格时，心情都十分激动，又非常严肃、非常慎重。张掌

1938年2月，刚穿上军装的张茜与林琳（左）、丁汀（后）。

珠看着表格却迟迟下不了笔，忽然她对林仪贞说："慢些写，我要改个名字。"林仪贞猛然停住笔："对，用一个新名字，进入一个新生活。"林仪贞很爽快地说："好！在'林'字旁加个'王'字边，我就叫林琳。"丁剑影大声说："太好了，那我就叫丁汀。"说完，两人互相望了望，都很得意地笑了。张掌珠却拿出一本小词典用心地翻着，翻了好一会儿，一拍桌子说："就是它！"林琳和丁汀围过来看，只见张掌珠在报名表上公公正正地写下"张茜"两个字。丁汀念着："张西。"张掌珠纠正着："张倩。"丁汀不解地问："'茜'是什么意思？"林琳拿过词典一看说："茜就是红色，茜草的根可以做成红色染料。对，去染红世界。"

可是，"茜"这个字，十人有八九人不会读，就是在新四军也是十有八九都是"张西、张西"地叫着。开始张茜还认真地纠正：不念"西"而念"倩"，但是大家还是"张西、张西"地叫着，也只好任人乱叫了，就是晚上点名时叫"张西"，也只能答应了。

名字改了，填好了，就该填志愿了。那时服务团划分歌咏、戏剧、舞蹈、美术、通讯和民运六个组。选什么好呢？

张茜早就拿定主意填报戏剧小组，她从小就喜欢戏剧，在抗日救亡宣传活动中，演戏又是她擅长的事。而且她还有一个深藏的心愿，希望一直从事戏剧事业。

丁汀是美术专科的学生，自然选择美术组。而林琳却为了难，她兴趣广泛，活动能力强，什么都想干，反而拿不定主意了。这时，负责发表格的郭宗璞看见了，跑了过来："你发什么呆啊，有什么困难呢？"郭宗璞外号叫"军长"。林琳说："'军长'，你看我选哪个组啊？我喜欢演戏，也喜欢唱歌，又很想参加民运工作，可以报几个组吗？"丁汀也凑上来说："我也想唱歌。""郭军长"一副老师的派头："很好啊！兴趣广泛，志向广泛，是件好事嘛！"林琳看着他那稚气的老领导样子，扑哧就笑了："少摆架子了，老同志！""郭军长"也笑了："这有什么好为难的。"他指着丁汀："你学美术，当然到美术组，我们要画很多宣传画，正缺人，有了你这个正牌的美专生还能放过吗？"又对林琳和张茜说："你们会讲国语，讲话好，正适合演剧。三八节快到了，团里正赶着排戏，特别缺少女同志，你们就报戏剧组。唱歌是全团一起学歌，上街宣传也都是集体合唱，有你们唱歌的机会。民运工作更不用着急，新四军是共产党的部队，走到哪里，民运工作就做到哪里，人人都要做群众工作。"林琳很是心服口服，就填了戏剧组。第二天，林琳和张茜分到戏剧组，丁汀分到美术组。

没几天，张茜三人又领到了新军装。她们换上灰色军装，就跑到照相馆照了一张合影。三个人军装都不合身，尤其是军帽显得大小不一，但是她们每个人的严肃表情都透出了一股坚毅的不可阻挡的英气和信心。

照片洗好了，她们就分别寄回家里。

好几天了，张大姐没见掌珠回来，心慌得咚咚直跳，急忙赶到女师。学校告诉她，张掌珠和林仪贞请了长假，已经离开学校了。张大姐听了，犹如五雷轰顶，几乎站不住了。她急忙跑到林仪贞家，在门口听见林仪贞奶奶在哭："仪贞啊！你到哪儿去了？"张大姐心里一阵阵寒意，原来林仪贞也走了。林奶奶一看到她，就大哭问："张大姐啊，你们家掌珠到底到哪儿去了？"张大姐眼泪早就满面了："我就是不知她的去向，才特来问你们家的仪贞。"林奶奶的哭声更大了："啊呀！两个女孩子跑到哪里去了，这可怎么办啊！"林仪贞的弟弟、妹妹劝她们："肯定去抗日了，别哭了。"

从此，张大姐整日以泪洗面。每天傍晚都会站在掌珠上学必经的一座小桥上，流着泪望着桥的前方，盼着女儿手舞书包，蹦蹦跳跳地跑过来。邻居们怎么劝她，她就是站着不动，眼泪都流干了。直到天黑了，看不清人影了，她才失望地回家。一连几个月，她天天如此。

张爱珍的心也震撼了。掌珠15岁就离家打日本了，我都20岁了还能留在家里？她跑到武汉八路军办事处，坚决要求参加抗日。办事处的人员被她的决心所感动，同意她去延安。这年夏天，张爱珍动员了四名纺纱工友一起奔赴延安，也参加到浩浩荡荡的抗日大军中，这是后话。

大约半个月后，林家收到了林仪贞寄来的照片，弟弟、妹妹高兴地对奶奶说："你看，多神气！没事了，你老人家不用担心了。"林奶奶颤颤巍巍地举着照片，仔细辨认着孙女，用手指轻轻地抚摸着照片，忽然又大声哭起来了："啊呀，怎么当兵了？女孩子怎么能当兵啊？那不是女孩子干的活啊！"

张大姐拿到南昌寄来的照片，心中一阵安慰，一阵酸痛。张耀庭看到照片却是一腔豪情和无比内疚。他说："女儿，你比爸爸强多了，你成了打鬼子的战士、保国家的巾帼。"他对妻子说："别伤心了，女儿出去干大事了，要高兴才对。"张大姐还是不停地流泪。张耀庭温存地说："别哭了！别哭了！女儿走了，还有我呢。过去陪你少了，以后我会常回来的。"张大姐听了，不由地盯住张耀庭。实在没想到，女儿的走，却唤回了丈夫的一颗心，是应该悲伤，还是应该欢喜呢？泪水又哗哗地流了下来。

新四军战地服务团在南昌正式组建，同时开始了抗日宣传活动，每天起床后做早操，早饭后先是集体学唱抗战歌曲，从《游击队之歌》、《义勇军进行曲》到《大刀向鬼子们的头上砍去》，等等。学唱一小时的歌，各组就进行自己的工作。美术组赶画"日本军南京惨案"的宣传画，写抗日标语，下午就走上街头。戏剧组就排戏，编街头活报剧。

1938年10月，新四军战地服务团歌咏小组成员（左起）：王健、张茜、周纫惠、李珉、王于畊、夏希平。

服务团汇集了各地的进步青年学生，朱克靖团长非常重视他们的政治教育和理论水平的提高，每周都要请军部领导人、各部门的老红军来讲课，这是服务团团员最兴奋的日子。新四军当时是南方的抗日中心，有不少进步学者也加入到新四军抗日大军之中，他们也成为服务团的最好的老师。

叶挺军长来讲北伐汀泗桥大捷的故事，八一南昌起义的故事。叶挺每天都是笔挺的军装，锃亮的马靴，立刻成为年轻团员的偶像。

项英副军长更像是一个老战士，敦实的身体，腰板也是挺得直直的，而他讲的党的历史和三年游击战的经历，则把一群什么也不知道的青年学生带到一个崭新的思想境界，他也成为一个老红军、老党员的标记。

袁国平政治部主任戴副眼镜，看上去文质彬彬，更像个教授，可是他讲起红军长征的英雄人物，则感动得年轻人歔欷不止，又是一个被崇拜者。

所有的报告、演讲都在向年轻的战士灌输一个理想：共产主义理想，就是国家独立强盛、社会公平进步和人民当家做主人。

所有的报告、演讲都在向年轻的战士灌输一种精神：共产党员的精神，就是为了理想、为了人民，勇往直前、排除万难、争取胜利的大无畏的英雄主义和百折不挠的钢铁意志。

每个服务团团员都在这充满激情的日子里蜕变着、成长着。红军成了团员心中的英雄。他们每天都在理解什么是共产党的信仰，什么是人民的军队。而对抗战的必胜信念，对党的事业的忠诚，成为了他们坚强的力量。

张茜是个 15 岁的少女，她同样是无忧无虑地在抗日这汹涌的浪潮中遨游，她像海绵一样尽情地吸收着各种各样的养分。这时，认真和爱学习的特点，也成了她最大的优势。在戏剧组，讲国语是最基本的功力。张茜是武汉人，讲的国语带着明显的湖北口音，特别是一些卷舌音常常弄混，比如把"小放牛"读成"小放留"，把"十"读成"四"。张茜就向国语比较纯正的林琳请教。特别是刚结识的好友王于畎，是河北保定人，一口标准的国语，在团里又担任提词员。张茜就一句一句地向王于畎学习说台词，王于畎念一句，张茜跟着念一句。慢慢地，张茜的国语纯正了，她也逐步登上了舞台。在走向皖南的行军中，张茜最多的是在街头演出《放下你的鞭子》。她演的香姐柔弱而悲切，常常感动路人。

三、皖南云岭·女兵

张茜与好友分到服务团的戏剧组，来到新四军总部——云岭。她们一面为部队演出，一面向老百姓宣传新四军的抗日主张，女兵们在不断的磨炼中成长起来，张茜慢慢地成为演剧的重要演员。先后参加了《阿Q正传》、《雷雨》、《第四十一个》、《一年间》等剧目的演出。一次，她收到新四军领导人陈毅的一封信，从此就把她的生活搅乱了。在与好友王于畔交流了对追求"生死之交"的认识后，终于与陈毅走到了一起。

新四军军部在南昌待了不到两个月，就挺进皖南。在歙县的岩寺镇，军部机关和来自南方三个支队部队会合了。8月，新四军进驻泾县云岭镇，军部设在镇东南的陈家祠堂。服务团驻在距军部不到十里路的新村，团部也驻在一栋祠堂里，有一个宽敞的大厅，供服务团开会和排戏用。

张茜和好朋友王于畔、马莲贞等，住在村中间的一处农舍里。这个农舍是典型的徽式民居，正房客厅正面供着祖宗的牌位，厅中放着一张红木雕的四方桌和四张长条板凳，是房主一家用餐、待客的地方。厅的一面墙上，贴满了年画和吉祥的对联。厅前有个天井，上面开了个很大的天窗，一来加强大厅的采光，二来是收集雨水，叫做肥水不流外人田，象征着徽人聚财的企盼。房子主人住在东边的两间房子里。张茜她们七八个人就住在西边的一间，地上顺墙铺着从各家借来的门板，平平地铺着一层松软的稻草，上面一个挨一个铺着白被单。贴着墙则摆着叠成豆腐块状的灰军被，军被下面放着当枕头用的白包袱皮包好的军装、衣服。被子旁边是放学习用品、私人杂物的地方，看过去既整齐又清洁。

服务团的生活是简单的，却又是忙碌而充实的。一早上起来，先洗漱，打绑腿，然后出早操，随后有人去打饭，其他人则在驻地打扫院子、整理房间。饭打来了，就在院子里一蹲，女孩子们嘻嘻哈哈、叽叽喳喳，说笑中很快就吃完饭，然后结队走到团部所在的大院，先集体唱歌，再排戏、学习。下午到街上进行宣传活动，或者听

1939年2月，在云岭新村住房前留影。

报告。定期进行军事操练，半年一年要实弹打靶。晚饭后就是自由活动时间，或三三两两地在溪边洗衣服，或在田间树下散步，或在屋檐下、庭院里和老乡拉家常。

新四军战地服务团除了在云岭附近进行宣传，还经常组织小分队到各支队演出。张茜和王于畔就几次到过战斗在茅山的一支队和二支队，一面给部队演出，一面向群众老百姓宣传抗日主张。同时，他们又请抗日前线的将士们作报告，而最受欢迎的人是一支队司令员陈毅，因为他的报告又

23

诙谐又最有鼓动力，讲到三年游击战争的艰苦和红军战士的坚强革命意志，则深深地冲击着年轻的学生兵的心灵，讲到日军侵略者的残暴，会引起全场的激愤，讲到新四军战士奋勇杀敌的故事，又使服务团员热血沸腾。就这样，张茜、王于畊奔波在抗日前线，为抗日尽着自己的力量，同时在前线荡涤着自己的灵魂。

张茜和很多服务团员是第一次到江南，很快就被江南的迷人风光所陶醉，她们流连在青山绿水之间，她们穿梭于茅舍村庄和繁华小镇之间，他们教老百姓唱歌，宣传抗日形势；老百姓则给她们讲故事，讲历朝历代的笑话、轶事，但更多的是现在新四军打鬼子的故事。这些当今的故事，讲来讲去就会讲到陈毅的故事、粟裕的故事。

最典型的就是，新四军在江南连战连捷，每月都会打几个胜仗，都有不少缴获和俘虏。过一段时间陈毅就会送些缴获品给国民党战区指挥官冷欣。这种友善的态度却让冷欣恼怒，因为他们没有胜利的资本可以回报。终于有一次国民党军队也捉了一个日本俘虏，为了炫耀，冷欣专门搞了个庆功展示，把战区的大小师长、旅长、县长、区长都请来了，也把新四军一支队司令员陈毅请来了。当带上日军俘虏时，这个日本兵大摇大摆地走进大厅，竟然无视大厅的各路大员，跷着二郎腿径直坐到椅子上。冷欣的参谋长无可奈何，就介绍这是某某师长，这是某某县长，日本俘虏根本不动，满不在乎地望着屋顶，一副轻蔑的样子，哪像是俘虏啊，简直就是一个"贵宾"，一个"长官"。可当介绍到新四军一支队司令员陈毅时，俘虏立刻跳起来，双脚一并，恭恭敬敬地向陈司令鞠了个九十度躬，全场顿时失声，各路大员又恼又羞，而陈司令只微微一笑。

冷欣的参谋长气恼地问："你为什么只给陈司令敬礼？"

日本兵大声说："新四军会打仗！"

服务团员听了都哈哈大笑，鬼子就害怕新四军，鬼子都敬重陈司令。陈毅很快就成了年轻团员心中的偶像。

一次在服务团与部队联欢会上，大家都拼命起哄让陈司令出节目。

陈毅挠挠头说："那好我就唱首歌吧！"出乎大家的意料，陈毅竟然是用法文唱马赛曲，唱得激情昂扬，气势非凡，顿时全场欢呼。很多团员听着这熟悉的旋律都目瞪口呆了。

有个团员惊讶地说："啊！老红军还会唱马赛曲啊！还是用法语唱。我们还是专门排练了好几天呐。"

服务团团长朱克靖听见了，转过头来说："你们不要小看人啰！陈司令1919年就去法国勤工俭学，是正经吃过洋面包的。他是大学毕业噢，比你们这些高中生高多了。人家大学生干革命坚决得很！"

朱克靖一席话让大家更加钦佩陈司令了。张茜听在耳里，记在心里，年轻的她也成了陈司令的崇拜者。她庆幸自己选择新四军的道路选对了，有这样的部队，有这样的英雄和领袖，革命能不成功？抗战何愁不胜！

从敌后回到皖南云岭部队驻地，16岁的张茜似乎长大许多，她越来越努力地学习，在工作中不断提高自己，慢慢地，她成为了演剧的主要演员。

服务团到达云岭后，李一氓、朱克靖等人就建议要纪念鲁迅先生逝世两周年，组织人写文章，美术组出版画，戏剧组决定排演话剧《阿Q正传》，阿Q角色选了很长时间，找不到合适人演，就从政治部借来了吴强。吴强解放后写了长篇小说《红日》，成为著名作家。剧中第一女主角吴妈就由张茜担任，导演是戏剧学校毕业的高材生李增援。李增援要求很严格，在一次排演时要求吴妈有个绊倒在地的动作，张茜怎么也达不到李增援要求的又真又美，就这一样一次一次摔倒在地上，军装沾满了土，十几次了，李增援还不满意。

旁边王于畊看着心都疼了，忍不住大声喊："李增援，够了！一个跤值得这样摔这么多次吗？你也不看看演员都成什么样子了。"

李增援猛然醒悟，看着满身是土的张茜，他也不好意思了，只好说："今天就排到这儿吧！"

张茜坐在地上直喘气，王于畊连忙跑上去把她拉起来，气恼地说："这个李增援真不像话，下次小组会上好好给他提个意见。"又说："怎么样？摔得还痛吗？"

张茜叹口气："还好！李增援是正规戏剧学校毕业的，对我们这种业余出身的要求严格也在所难免。我只是老找不到他要求的那种感觉，真是让人气恼。"

《阿Q正传》演出后服务团戏剧队声名鹊起，一次吴强随政治部到二支队巡视，二支队副司令粟裕还称赞道："这不是阿Q吗？吴强你真了不起啊？"

吴强不好意思："我是硬拉来的。"

粟裕笑了，"你还是有那个能耐，人家才拉你，怎么没有人来拉我啊。"

张茜也出名了，军部大家都认识这个漂亮女孩子。张茜既演《放下你的鞭子》这样的街头宣传活报剧，也演大剧了。在服务团一年半时间，她演过曹禺的名剧《雷雨》中的四凤、苏联话剧《第四十一个》中的玛特柳加，特别是陈白尘的话剧《魔窟》中的小白菜，以致当时老百姓和普通战士只叫她"小白菜"……张茜沉醉在这个抗日的小舞台，她专心致志，憧憬着自己的戏剧未来。

一次在军部大礼堂（即陈家祠堂的大戏台）服务团演出抗战宣传剧《一年间》，张茜扮演剧中的新娘子，她一身红装，在台上左顾右盼满台生辉，甜润的声音绕梁回荡。这时在台下有个人看得如醉如痴，他就是一支队司令员陈毅。

陈毅，四川乐至县人，1901年8月26日出生，已经38岁了。他1923年加入中国共产党，1928年4月辅佐朱德带领南昌起义的队伍与毛泽东率领的秋收起义的队伍会师，开创了中国革命第一个井冈山红色根据地和中央苏区。红军长征后，又坚持了三年游击战争，组建新四军任新四军军分会副书记、一支队司令员，在敌后开辟建立茅山抗日根据地，是江南的最负盛名的抗战名将。陈毅在长期革命战争中有过两次婚姻。第一次是1930年10月任红22军军长时，在泰和与红22军秘书肖菊英结婚，婚后才一年，肖菊英为躲敌人袭击"失足落井身亡"。第二次婚姻是1932年10月任江西省军区司令员时，在宁都与中央苏区江西省委儿童局的赖月明结婚，这次婚姻历时两年。1934年12月，为了迅速转入游击战争，陈毅动员赖月明回兴国家乡。不久中央苏区全部被国民党占领，赖月明一家逃向荒僻的山区，很快就传来陈毅已牺牲的消息，赖月明的父亲就强逼赖月明再嫁了。到陈毅出山后派人打听到赖月明的消息时，她已有孩子了，陈毅长叹一声，就不再提了。这样，在新四军他仍是单身一人。

陈毅看到张茜的演出后，一下子就倾心于这个漂亮女孩。他找到老友服务团团长朱克靖，问张茜有没有明确的男朋友。

朱克靖立刻明白了陈毅的意思，他先找林琳问："你的那个朋友张茜有没有男朋友啊？好像小林跟她很近乎。"

林琳扑哧笑了："难怪大家叫你是老妈妈团长，什么都管，连人家的朋友都管。朱团长，告诉你吧！张茜还没有男朋友，小林和我们都是武汉老乡，总是走得多些，说得多些。你又想搞什么拉郎配啊！"

朱克靖笑了："林琳！你最大的优点就是直爽、爽快，你去把张茜叫来。"

张茜走到团部，朱克靖笑呵呵地问："张茜，听说你和小林来往很近啊！是不是啊？"

张茜一下子就紧张了，马上解释："我和小林是同乡，是纯粹的工作关系，一般朋友。"

朱克靖更高兴了："不是特别的朋友太好了。我给你介绍个人吧！"朱克靖就把陈毅的情况介绍了一番。

张茜没想到朱团长竟然是讲交朋友的事，她脸一下子就红了，低着头不吭声。一边是朱克靖滔滔不绝，一边是张茜闷声不吭。

朱克靖碰了个软钉子，不由着急了："你怎么一句话不说？"

张茜抬头，一双明亮的大眼睛望着朱克靖："朱老妈妈，你总得让人想想吧！"

朱克靖拍着额头："对！对，应该想想。"

朱克靖把这次谈话告诉陈毅，陈毅高兴说："只要她没有正式男朋友，我就可以进攻了。"

张茜并没有把朱团长的话当真，因为她感到这根本不可能，一个是红军高级领导，一个是刚参军的小干部，她仍然是那样无忧无虑。

可没几天张茜就接到了陈毅的信，一下子就把张茜平静的生活搅乱了。张茜还不满 17 岁，她不想过早结婚，她还要努力创造自己的事业。另外还有一个秘密，张茜一直想在抗战胜利后也像李增援那样读戏剧专业，从事戏剧事业。她更愿意找个同行作为伴侣，这样双方容易理解。可是来信的却是陈毅，差距那么巨大的陈毅，张茜不知道怎么办？在部队这种事是保不住密的，没几天服务团里都知道了，各种议论都出来了。陈毅的信来的多了，团里的议论也越来越多。

张茜受不了了，拿着信跑到了团部，正好副团长谢云晖在。她气恼地把信推到谢云晖面前说："这些信请组织看了以后，退给陈司令，我现在不想谈这个问题。"

谢云晖明白了，和颜悦色地说："张茜同志，选择恋爱对象确实是你自己的事，任何人都不能勉强。从组织角度，当然更愿陈毅同志这样革命了近二十年的老同志能找到爱人，获得幸福，但并不是要你一定服从，不是不允许你选择。"

好友则在催促，林琳生气地说："你怎么这样固执？这么好的人你还等什么？"

这一切让张茜惶恐、犹豫。她想起了自己的好朋友王于畊。

1939 年 3 月中旬，张茜约了王于畊坐在一片盛开着红杜鹃的山坡上，开始了悠悠絮絮的知心话。张茜拿出一张照片给王于畊，王于畊一看是张茜的一张近照，清丽的面庞绽放着灿烂的笑容，深邃的大眼睛漾着秋波。好漂亮啊！王于畊感叹着。翻过照片背后却密密麻麻写满了飘逸的小字，"在人们面前，我感到惶惑，惶惑得不知如何是好。摘自张茜来信。"王于畊一眼就认出这是陈毅的字，这是劝慰张茜的特别的方式。

王于畊抬起头来盯着张茜的眼睛，她没有看到惶惑，看到的是一双思索的眼睛。

王于畊脱口而出："张茜你用不着惶惑，真的不必惶惑。自己的事，用不着看别人的脸色，自己下决心，选择就是了；惶惑下去，可能后悔莫及，可能是只有自己知道的满怀痛苦。"

张茜沉默了片刻，突然热切地问："你呢！如果你遇到这类事，怎么想呢？"

王于畊毅然地说："我要的是生死之交！"

"生死之交"深深震撼着张茜的心。她遇到了一位知心，张茜也敞开心扉："我想往那种完美的纯净的爱。"

第二天，王于畊随着叶挺军长、邓子恢副主任到皖北四支队和五支队巡视。而张茜在这次少女之间的议论后加快了自己的选择，她已不再考虑别人的议论了，她找着了自己的真心。忽然张茜想起了母亲一直对她讲的话："要找一个可靠的好男人。"这个人就在眼前了。

不久陈毅到军部来了，在云岭田坤大盆村的一个小屋里与张茜第一次约会了，他们整整谈了8个小时，陈毅把自己的经历和两次婚姻全盘托出，他这种光明磊落的品格和无私无畏的气质，深深打动了张茜。这天夜深，陈毅第一次送张茜回服务团，初春的夜寒意仍浓，银色的月光皎洁如玉，他们漫步在田埂上却感受的是无比温馨。

不几天，陈毅从江南水西村寄来一篇记叙这美妙夜晚的散文《月夜》。文中散发的真挚的感情和横溢的才华让张茜惊叹不已，知道自己的心已被人俘获了。

张茜同样用诗一般的语言回了一封信，信中写着："我爱这战斗的春天，我爱这春天的战斗。"陈毅非常赞赏年轻女战士的战斗感情，他特地在自己写的战地通讯"江南抗战之春"引用了这两句话。陈毅还很浪漫地为自己取了个笔名"绛夫"，绛者红也，绛夫就是茜的丈夫。陈毅还有另一个笔名"鲍东"，用以与"张西"（注：张茜的名字常被念为"张西"）相应。

又过了不久陈毅又寄来了一首诗，一首真正的情诗。没有任何政治色彩，只有对所爱之人的深深的爱恋。

> 春光照眼意如痴，
> 愧我江南统锐师。
> 豪情廿载今何在？
> 输与红芳不自知。

这一切使张茜心动不已，除了崇敬、仰慕，又增了倾心、知心，炽热的感情如奔涌的长江潮水，再也止不住了。

1939 年秋天，张茜被调往一支队政治部工作。临行的前一天晚上，她搂着同室的战友大哭一场，她真是舍不得这些生活战斗在一起的战友，真是舍不得教育自己成长的服务团，更是舍不得自己驰骋的舞台。

天亮了，张茜怀着满腔的热情走向了敌后抗日的前线，走向了自己选择的人，开始了一个新的憧憬。

四、大江南北·喜与愁

　　1940年春节的前两天，陈毅与张茜悄悄地结婚了，没有仪式，只有两个大红"囍"字，还专门做了顿肉丁炸酱面。陈毅送给张茜的礼物是一首诗，"一笑艰难成往事，共盟奋勉记佳期"成为历史的记录，其后他们携手共度的艰难困苦也一再见证这一点。

　　在溧阳水西村，刚刚担任政治干事的张茜很快就融入了新的集体，除了起草些宣传材料，整理文件，她和陈模一起办了个小报，自己编自己刻印，因此她经常到部队收集材料，到群众家里访问，小报慢慢也小有名气了。

　　1939年年底，一、二支队合并成立了新四军江南指挥部，陈毅任总指挥，粟裕任副总指挥。部队在粟裕副司令的领导组织下开展了热火朝天的军训，张茜也受到严格训练。女兵和男同志一样每天出早操，练习射击投弹。粟裕对训练要求很严格，每天都到现场督导，看到战士端着步枪练瞄准时，就拿个铜板放在准星上，要求三分钟不能掉下来。这对男同志并不是难事，可是对女同志就很难了，开始一分钟不到，枪就开始颤抖，铜板很快就掉下来。于是张茜和女兵们一起咬着牙不停练习，慢慢可以稳稳地举枪好几分钟了。

　　终于到了打靶的日子了，出乎所有人的意料，陈模打了个全场最高环数，张茜、詹永珠、罗伊打了优秀，机关四个女兵全部优秀，轰动了整个指挥部。陈毅非常高兴，招呼四个人坐好，举起刚刚缴获的日本照相机

1940年1月，打靶归来留影。左起：张茜、罗伊、陈模、詹永珠（楚青）。

说："给我们的神枪手照一张相。"这样就留下了一张宝贵的历史照片，留下了司令员的赞誉。

照片的四个青年女兵从右到左是：

詹永珠，16岁，扬州人，后改名楚青与粟裕副司令结婚。

陈模，19岁，丹阳人，后与指挥部政治部主任刘炎结婚。

罗伊，20岁，上海人，是新四军的特别人物，始终坚持抗战不胜利就不结婚的誓言，不少老红军追求她，她却不为所动。

陈毅也曾给她介绍对象，也被婉拒。陈毅说："罗伊，你是不是瞧不起老红军啊！那介绍个知识分子怎么样？"

罗伊回答："我怎么会瞧不起老红军啊！我说过抗战不胜利绝不结婚。"

确实，到了1945年抗战胜局已了然了，罗伊开始谈朋友了，胜利了就结婚了。罗伊一直坚持工作，到 1946 年罗伊夫妇一同还被派往北京军调处工作，丈夫李进是参谋团处长，罗伊则与王光美同在会议组，王光美担任翻译，罗伊担任速记。罗伊的坚持换来的是一段传奇经历。

照片最左边的是张茜，17 岁，武汉人，正与司令员陈毅热恋中。

在江南，陈毅是抗日的主帅，繁忙的军机使得他难有空暇时间，但只要有空，他就要陪着心上人在树林中漫步，在小溪边聊天。夜深了，天凉了，陈毅就用他的大衣裹住心上人送回驻地。水西村是典型的江南小村，不大的地方，到处留下了张茜的芳影，而旁边必定有一个勇武轩昂的司令员陪同。指挥部的人都笑谈着，该喝陈司令员的喜酒了。

一天政治部主任刘炎对陈模说："明天陈司令要回来，回来就和张茜结婚，你去打扫一下陈司令的住房，要尽可能收拾好些。还有，要保密。"

陈模赶快跑到陈毅的驻地，叫上陈司令的小公务员，把陈毅住房里里外外彻底打扫一遍，陈模还到房东家要了两张大红纸，剪了两个大红"囍"字贴在房门的背后，在房子外看不出什么特别，可门一关上在房里可以看到喜庆的大红"囍"字。陈模非常得意自己的创造，兴高采烈地回到办公室，张茜正在刻印小报，见她来了说："你跑哪儿去了，怎么扔下我一个人刻印啊！"

陈模美滋滋地笑着说："不告诉你，明天你就知道了。"

张茜心中一动，脸一红就不再追问了。

1940 年 2 月 6 日（春节的前两天），陈毅与张茜悄悄地结婚了，没有仪式，只有两个大红"囍"字照着两个幸福的人。

过春节时管理处专门做了肉丁炸酱面请大家吃。

大家问："什么好事慰问我们啊！"

管理员说："祝贺陈司令和张茜结婚，大家同喜呀！"大家没喝上酒，吃了顿炸酱面。

春天悄悄地走来了，政治部敌工科的丘东平和陈子谷相约跑遍了水西村四周的小山丘，采下一大把红红的杜鹃花。他们在村外路口，正好碰到从部队采访回来的张茜。张茜看看他们手上捧着的花，惊奇地说："你

汉江边的兰芝——张茜

1940年2月，溧阳水西村与陈毅结婚后。

们还有兴致去采花呀！太漂亮了。"

丘东平笑着说这是送你和陈司令的。陈子谷一旁作揖说："恭喜恭喜。"张茜又惊又喜接过花来说："多谢了！"青春的脸庞被火红的杜鹃花一照显得更加美丽。她笑得如此灿烂，让丘东平和陈子谷都看呆了。张茜边笑边捧着花向指挥部跑去。

良久，丘东平才说这真是才子佳人，天造一对啊！陈子谷不同意，这是美女配英雄！他们两个向住处走去，还不停地争议着才子佳人和英雄美女的话题。

张茜跑回住处，向老百姓家借了个水罐把这一大捧花插进去，兴奋地摆在桌子上，自己坐在床边静静地欣赏着花。一会儿陈毅回来了，他一眼就看见了桌子上的花："好漂亮啊！春兰，你采的吗？"

张茜摇摇头："是丘东平和陈子谷。这是我收到的最好的礼物，可惜是别人送的。"说完了瞅了陈毅一眼。

陈毅笑了："又不满意了？那你看这件礼物怎么样？"说着递给张茜一张纸，上面是用毛笔写的一首诗，字既飘逸又处处藏锋。

烛影摇红喜可知，催妆为赋小乔诗。

同心能偿浑疑梦，注目相看不语时。

一笑艰难成往事，共盟奋勉记佳期。

百年一吻叮咛后，明月来窥夜正迟。

这一字一字激烈地撞击着张茜的心，她看到陈毅的真挚，她体会到陈毅的承诺。她想到了自己所追求的生死之交，想到自己所向往的那种完美的纯净的爱。有这样的人生死为伴又有什么可求呢？房间里杜鹃花被油灯照得火红，张茜也定下决心，君不负我，我不负君，永远永远！

1940年4月，军部服务团全部调往江南指挥部，张茜和王于畊又重逢了。张茜拉着王于畊在溧阳县水西村又进行了一次悠悠絮絮的长谈，张茜微笑着说："我和陈司令已结为生死之交，这是多么困难的一步、不容易的一步，但靠着对方有力臂膀的搀扶、靠着双方鼓励，终于迈出了这一步。"

王于畊高兴地笑着说："历史上有不少的忘年交这样的美谈和佳话。日久天长会证明你做了正确的选择。这个人生的新阶段，对女性尤其重要的人生新阶段你终于跨过来了，我真为你高兴。"

张茜很高兴："呀！我听了很多人的祝贺了，可是你的话对我却是更高更好的安慰。"

两个女战士没有谈形势而是在悄悄地说着女人情感。

张茜又找到林琳，拉她到住处喝老乡自制的米酒。林琳笑着说："这就是你的喜酒吗？"

张茜羞涩地笑了，叹气说："其实我对婚后的生活还未能完全适应，他工作太忙了。找他的人特别多，我不愿多耽误他的时间，也不习惯见到那么多陌生人。"

林琳宽慰道："人总是要长大起来的，你在新环境里会进步得更快。"

张茜沉思着说："其实我和他的差距并不在于年龄，而是政治水平、文化修养的巨大差距。我一定会努力赶上去的。"从此努力学习，提高自己就成为张茜一生努力的目标、一生努力的实践。

这年夏天，陈毅率江南主力北渡长江到达郭村，下决心开辟苏北抗日根据地，一面抗击日本侵略军和汪伪军，一面还要应付专搞磨擦进攻的国民党顽固派，张茜则在江南指挥部继续做自己的宣传工作。一天，陈丕显急匆匆地跑来对张茜和陈模说："把手头的事交了，三天后我们就出发到江北去和主力会合。"

三天后的晚上十点多，陈丕显、崔义田、张茜、陈模一行十多人在镇江以东三十里的聂家渡口悄悄登上了一条木船。这船不大，十几人就挤得满满的，木船在橹桨的吱嘎吱嘎声中慢慢离开了南岸，在黑夜中悄悄地划向北岸。此时长江两岸早被日本侵略军占领，日伪军沿江修了很多据点，江边的码头都是重兵把守，江面上有日军的汽艇定时巡逻。新四军每次都是利用日军的巡逻间隙、黑夜偷渡。

木船在黑暗的江面上行驶着，看不见前面参照物，也看不清航道，全靠船工的经验慢慢逆水斜上。张茜和陈模坐在一起，她望着那里既无月色又无星星的天空，心早已飞到了苏北。他也是这样偷渡吧，自己随着心爱的人的足迹追赶着，她悄悄地笑了。张茜又想起在服务团经常唱的渡长江那首歌：

> 划呀呦，划呀呦！
> 薄雾弥漫着江面，
> 江水冲击着堤岸，
> 江水冲击着堤岸。
>
> 饥饿困苦算得什么？
> 敌舰江上弋游，我们不怕。
> 长江是我们的，
> 我们千百次自由地来去。
>
> 薄雾弥漫着江面，
> 江水冲击着堤岸，
> 当这黑沉沉的午夜，

我们要渡过长江。

我们要渡过长江，

获得更大的胜利，

获得更大的胜利！

划呀呦，划呀呦！

这不正是今天行军的写照吗？可是自己的江河却被外寇占领，自己的江河却要偷偷渡过，张茜心里唱起了最后一段，我们要渡过长江，获取更大的胜利。所有的新四军战士都有一股挥之不去的长江情结，一定是我们回来解放这神圣的母亲河，一定要让长江回到我们的怀抱。

张茜的心神游在天穹，木船则颠簸于江水，渐渐靠近了北岸。忽然，船老大说："注意了！后面好像是鬼子的汽划子。"只见船后面远处有一缀鬼火似的灯火在闪动，隐隐约约还可以听到马达的声音。陈丕显指挥大家做好战斗准备，警卫员的枪就一直没离开手，幸好此时已经是离北岸不远了，交通和船老大迅速把船靠向江畔，所有的人都下了船，船工和船老大也握着撑杆船桨分散匍匐在芦苇荡中，随时准备战斗。这时敌人汽划子的声音嘟嘟地响着，鬼子的探照灯不停地向四周照着，一束强光从木船上空划过，又从张茜他们头上擦过，汽划子越来越近，探照灯光一次一次地从芦苇丛中扫过，还不时随风飘来叽里呱啦的讲话声。江边静静地，只有风吹芦苇摇摆的哗哗轻响，鬼子什么都没发现，探照灯光无目标地扫着，汽划子走远了，最后连声音也消失了。

陈丕显、张茜他们长舒一口气重新登上船，顺着江边向接头地点划去，天已经蒙蒙发亮了。

下了船，陈丕显一行又急行三十里到了指挥部驻地泰州西边的塘头镇。陈丕显见到陈毅、刘炎，把张茜和陈模送过去，嘻嘻笑着说："不辱使命，送嫂子回府。"

陈毅大笑说："阿丕你们先住下来，中午我请客，专门请你们苏南来的同志，全都来啊！"

陈毅和张茜向住处走去，迎面走来政治部副主任钟期光，张茜高兴说："钟主任，我向你报到。"

钟期光看到张茜很高兴地说:"张茜你来得正是时候,现在形势很紧张,战事一触即发,我们正要创个小报,你是专家,正好和巴一熔一起办吧。"

陈毅说:"唉,老钟啊,她们走了好几天还没坐下就要抓差了。"

张茜说:"没有事啦,你们比我们紧张多了。钟主任,我一会儿就去找巴一熔。"于是,张茜和巴一熔就在政治部边上找了间小屋,两张门板外加一张方桌,就成为新四军江南指挥部抗敌周报的编辑部和印刷厂。

7月29日,张茜随着部队进驻了苏北泰兴的黄桥镇,这时不敢打日本人的国民党江苏省主席韩德勤纠集了五万兵力,企图一举占领黄桥,消灭北上的新四军,黄桥的上空笼罩着压城的黑云,陈毅、粟裕决定反击。

陈毅把正在编印报纸的张茜叫回来:"现在局势很紧张,你把东西轻装整理一下,该扔的扔,该藏的藏,动作要快,战况是瞬息万变的。"

张茜问:"局势这么紧张吗?我们都没有看出来。"

陈毅说:"五万对七千,你说紧不紧张,胜了,我们在苏北就站稳了,败了就只能喝长江水了,甚至要打游击,从最坏打算,所以要轻装。"

张茜第一次体会到战争胜负的严重性,立即清理东西,当她拿起一本她誊录的陈毅的诗时,犹豫了很久,这里有她亲手抄录的陈毅写的梅岭三章和近期作的诗。

张茜问道:"这本也要打埋伏吗?"

陈毅看了看说:"打埋伏!就是丢了还可以重抄吗!"

张茜终究舍不得,自作主张放在了文件箱里。

10月4日上午9时,黄桥战役打响了,张茜参加了后方支前工作,到群众家里收集黄桥烧饼运到前线,又运送伤兵到医院。

三天激战,新四军歼灭了韩德勤16个团1.1万人,新四军在苏北站住了。接着八路军黄克诚部南下,在白马驹与北上的陈粟新四军会师,胡服(刘少奇)也从淮南东进苏北,这真是"江淮河汉今谁属?红旗十月满天飞。"

11月12日,中共中央决定成立华中新四军、八路军总指挥部,统一指挥长江以北的新四军、八路军，由叶挺担任总指挥，陈毅任副总指挥，叶挺未过江前代总指挥，胡服为政委。江北的抗日形势前所未有地发展起来。

战争中时局的变化太快了，1941年1月6日，国民党顽固派制造了震惊中外的"皖南事变"，皖南新四军浴血奋战七昼夜失败，军长叶挺被捕，副军长项英、政治部主任袁国平、副参谋长周子昆牺牲。蒋介石公然定新四军为"叛军"，取消其番号。

中共中央针锋相对，1月20日在盐城成立了新四军新的军部，陈毅代军长，胡服任政委，下属七个师，总约九万人。新四军不但没有被击垮，反而更加强大了，仍然作为大江南北的抗日核心，进行着不屈不挠的反侵略斗争。唯一与过去不同的是，新四军在华中没有了任何限制，完全自主地进行抗战和根据地的建设，这是蒋介石完全没有想到的。中国共产党的强大之处，就在于每次遭遇到挫折和失败，不但不能摧毁其信念和战斗力，反而激化出更强大的战斗力和更坚定的信念。"四·一二"大屠杀是这样，五次围剿是这样，同样"皖南事变"也是这样。

新军部成立后，华中抗日中心移至苏北，张茜调至华中军大做宣传工作，同时利用空暇时间学习政治理论。没有想到有人检举张茜有"托派"嫌疑，她根本不知道"托派"是什么，就受到了审查。虽然一个月后证明是诬陷，但张茜第一次亲身体验到了党内斗争的厉害，她更加谨慎了。

1942年5月，陈毅与张茜的第一个孩子出生了，因为生在盐阜侉周，取名昊苏。陈毅41岁才得贵子，特别的高兴，到军部医院看了张茜一下，兴高采烈地回指挥部了。

奥地利来的医生罗生特，看着陈毅来去匆匆很有些不满："陈军长是一个不负责任的丈夫，这么转身一下就走了。"

张茜苦笑着说："他能来就不错了，这多半还是儿子的面子。"

罗生特摇摇头："我真不懂你们中国共产党人的感情。"

年底，日本侵略军陆续对苏中、苏北抗日根据地发动扫荡，为了便于部队机动灵活反扫荡，新四军军部机关决定转移至淮南二师根据地盱眙县

1942年冬，与陈毅在黄花塘住处前。

黄花塘镇。

这时昊苏刚半岁，不能随军行动，张茜就把昊苏留在淮阴的一户人家，留下一袋米和一些钱，依依不舍地离开，随部队转移了。

1943年1月，军部在盱眙黄花塘安顿好了，直到4月形势略为稳定，才把昊苏接回军部。可怜昊苏面黄肌瘦，腹胀如鼓，已得了严重的黑热病，甚至出现腹水，经过医护人员的抢救和精心治疗，昊苏才慢慢恢复。这个事情给张茜打击太大了，到9月第二个儿子丹淮出世后，她就再不把孩子单独送去打埋伏了，不管情况怎么恶劣，她咬紧牙关自己带着两个小孩，这必然影响到她的工作，但为了孩子，也是为了丈夫，像部队的大多数女同志一样，像中国大多数女性一样担负起家庭的责任。

6月，新四军开展整风和审干运动，10月底，饶漱石借军部整风之机打击、排斥陈毅，一手制造了"黄花塘"事件，给陈毅罗列了十大罪状，并电报毛泽东、刘少奇，新四军军政一把手不和达到顶点。中央决定陈毅到延安参加整风学习和第七次代表大会，新四军工作由饶漱石全权负责。这个决定和当年叶挺、项英之争极为相似，当时中央命令由叶挺任华中总指挥，项英调延安参加党的"七大"，后因"皖南事变"这个决定无法实施，以后中央明确项英犯了错误。所以当中央作了这个决定后，新四军机关都认为陈毅和饶漱石之争，中央已明确饶漱石是正确的，赋予重任。而陈毅是犯了错误，这一走，以后就再不回华中了。

陈毅的心情也很差，很快就交代完工作，10月底将张茜妻儿三人托付给供给部长宋裕和、卫生部长崔义田照顾，把没带走的东西交给张茜，仅带副官和两个警卫员离开军部，踏上去延安的路途。临行时陈毅赋诗一首：

战斗相依久，初别意怆然。
长记叮咛语，早去复早还。

知我二三子，情亲转无言。
去去莫复道，松柏耐岁寒。

时局纵谈罢，举酒祝长征。
明朝策骏马，萧瑟惟此心。

西去路漫漫，风物仔细看。
不知霜露重，应悔着衣单。
　……

这首"赴延安留别华中诸同志"是陈毅诗词中很特别的一首诗，它没

1942 年冬，与陈毅留影。

有诗人之前革命战争时代的军旅诗的那种激情昂扬，那种豪迈直前，却让人看到的是一种落寞不平的心境，体会到的是淡淡的秋天的愁云。但陈毅很喜欢这首诗，他说："余颇喜此诗，以能真切反映当时之心情也。"

陈毅到延安去了，张茜带着两个孩子留在军部卫生队。军部的房子不能住了，因为那是在指挥所里面，何况饶漱石第二天就搬进去住了。张茜颇有种鸠占鹊巢的感觉，原来的一些待遇也无形地慢慢减了，似乎一下子就成了机关的包袱。

要想坚持工作就必须把两个孩子送到农户家寄养，可孩子太小，丹淮还在襁褓中，即使送到老乡家里，也是隔三差五生病。张茜才21岁，就这样独自一人带着两个小孩硬撑着，这是她不愿回首的一段艰难日子。

好在各师的陈毅的老战友纷纷送来了各种安慰，这成了张茜依靠的一个支柱，以后她一直记着这些人和这些事。

陈毅走后，饶漱石开了各种会，用来消除陈毅的影响。陈毅当年三年游击战的战友陈丕显听了饶漱石的批判陈毅的讲话，回到苏中一师，和粟裕商量了，决定不传达饶漱石的讲话。陈丕显又派妻子谢志诚专门带着他们夫妇节省下来治病的钱去看张茜。谢志诚到了张茜住的老乡家，两岁的昊苏在和老乡的孩子们玩，张茜坐在房子里念英文，谢志诚走进去看到睡在床上的丹淮，两个耳朵都塞着棉花，她马上就问："小丹耳朵怎么啦。"

张茜回答道："怕他哭了，眼泪流进耳朵里。"

谢志诚看着空空的房子，心里一酸差点儿流出泪水，她连忙把钱放下，讲了讲他们一师的情况就走了，回到苏中和陈丕显谈起张茜的情况还很伤心。

三师的张爱萍副师长来到军部也总给张茜捎些东西来，有一次他缴获了一架日本的照相机，专门来军部卫生队给张茜照相，这些苦心给了张茜很大的慰藉。

饶漱石知道陈毅为了郭村战役曾狠狠地批评过一师副师长叶飞，于是开会时要叶飞发言批判陈毅，可是叶飞不吭声，两个人闷坐了一个小时，饶漱石非常恼火，但又无可奈何。而叶飞的夫人王于畊则一直与张茜保持着通信，互相安慰，相互鼓励。

在新四军家属打埋伏是经常的事，鬼子一扫荡、清乡，部队要转移，家属带着小孩影响部队快速机动，于是就把家属小孩送到偏远山区找个安全可靠的老百姓家里住下，等形势缓和了，机关住所稳定了，就把女同志和小孩接回来，这就叫做"打埋伏"，打埋伏大多是有小小孩儿的女同志，怀孕的女同志，老病号……张茜带着两个小小的儿子经常到老百姓家打埋伏。

1944年，鬼子扫荡越来越厉害，军部随时准备转移，于是张茜又到乡村去"打埋伏"了，这次是在淮南的一个小村庄自来桥。自来桥是新四军控制的地区，有区委、自卫队、妇抗会、儿童团，群众条件很好，周围由高高低低山丘包围。这儿距津浦线只有十几里路，鬼子却从来没有进来过。村里的老百姓在村后面合挖了一条地洞，里面还存有水和粮食，地洞另一面通往山丘。鬼子过来了，群众就跑进地洞躲避，鬼子真进村了，自卫队保护老百姓可以顺利跑到山上，鬼子是不敢贸然进山的。何况自来桥是个不大的村子，从没有驻扎过新四军，所以也没有引起日伪军的注意。

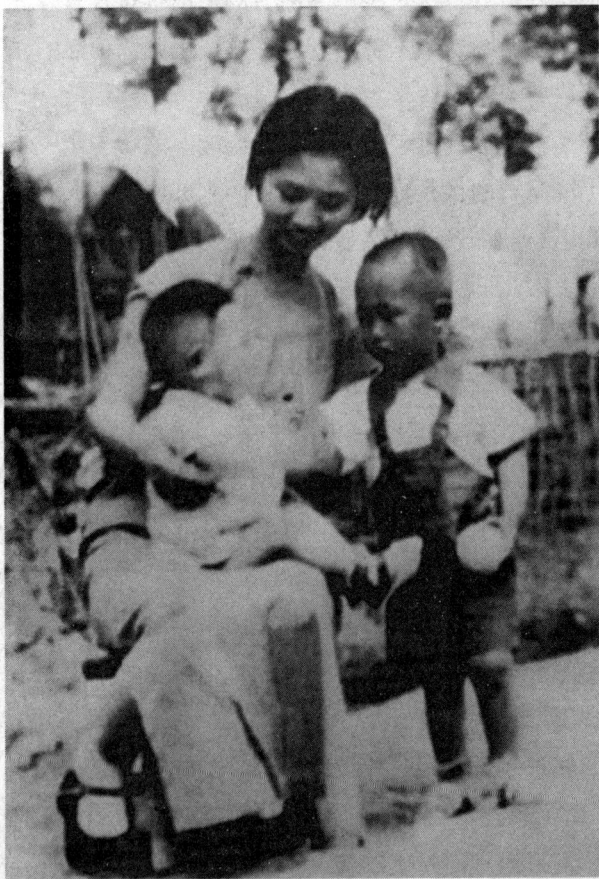

1944年，与儿子昊苏、丹淮。

张茜带着儿子来到村里，就听说还有一个叫方晓的女同志也住在这儿，张茜跑去一看，是个更年轻的姑娘。一问，是淮南军区下来的，再问为什么下来，方晓红了脸了，说害了呕吐不止的病，张茜笑了。张茜和方晓成了好朋友。

由于在山区，鬼子伪军又时常在周围骚扰，老百姓生活艰苦，常用地瓜秧子和着玉米面煮成糊糊喝，做点糠粑粑当干粮。张茜带了些大米来就和房东家的糊糊掺和在一起，大家一块吃。生活苦些，可是和老百姓的关系越来越融洽。最苦恼的是对前方的消息一点不知道。

张茜和方晓每天都要见面，方晓讲淮南抗战的情况，张茜就讲军部抗战斗争的故事，一次高兴了，两个人唱起"雪花曲"。谁想到房东听了告诉周围说："新四军来的两个同志歌唱得好得不行。"于是村里的妇抗会、儿童团，甚至自卫队都来请她们教歌。张茜原是军服务团的，方晓是师服务团的，宣传发动群众是她们最拿手的，于是她们一边教大家唱抗日的歌曲，一面讲形势讲历史，小村镇抗日的气氛更加浓郁了。

孤身打埋伏，远离部队，也还是有风险的。一次，一个自卫队员急匆匆赶来说，鬼子出据点了，沿铁路线搜索，有可能顺势就进村了，请张同志快进地洞。张茜带着孩子和群众向村后走去，这时一个大嫂说："西头二婶家还有十几石稻子还没有转移呢！"张茜听了，马上让老人、孩子先走，她和自卫队、妇救会的青壮年跑到张二婶家，七手八脚地把粮食运进了地洞里。过了半天，又有人报来，这伙出来的二十几个日伪军就是朝自来桥来的，可是途中被我们的武工队收拾掉了，全洞的老百姓都拍手跳了起来，大家从容地从洞里爬了出来。

一个叫小铁牛的小孩患了重病，昏了过去，张茜马上带着准备好的体温表、听诊器和药箱赶到铁牛家，听了一会儿觉得肺没有什么不正常，就打了一针退热药。铁牛醒了过来，又喂了阿司匹林和止咳药，小铁牛慢慢好起来。老百姓又传开了，说那个张同志是"神医"，一针就把小铁牛救了回来。以后哪个孩子有了病都要请张同志看看，张茜也尽量满足大家，自己有的药就让给病孩。方晓知道她的药越来越少，有几分不高兴地说："你是不是打算不要你两个孩子了，药没有了，他们有病怎么办？"张茜说："是啊，这里的老百姓多苦啊！哪花得起钱去看病。我怎么能藏着药见死不救啊！"庆幸的是，这次昊苏、丹淮居然没有生病。张茜在这偏僻的山村，受到了农民群众的尊敬和爱戴。

直到形势稳定了，军部来人把她们母子接回去。这时自来桥的村民才惊讶地知道这是新四军军长的爱人，按当地人讲话："了不得啦！这是军长的太太啊！军长太太住在我们农民的破草房里，军长太太和我们一起吃糠咽菜，一起钻洞跑反，哪朝有过？只有共产党才做得出啊！以后这天下不是共产党的才怪呢。"

1945 年 4 月至 6 月，中国共产党第七次代表大会在延安召开了，这次会上饶漱石和陈毅都被选为中央委员，很出乎新四军一些人的意料。这样张茜的处境又好起来了，但是她最关心的是什么时候全家才能团聚呢？

8 月 15 日，日本天皇宣布无条件投降。

8 月 25 日，中共刘伯承、邓小平、薄一波、陈毅、滕代云、林彪、陈赓、肖劲光、杨得志等 20 名高级指挥员，乘美国军用飞机离开延安，飞机停落在晋东南黎城县的长凝机场，接着这些高级指挥员就奔赴各个敌后根据地。

很快，中共中央决定全力发展东北，山东大多数军队和干部由罗荣桓率领北上，山东则交陈毅、饶漱石领导的新四军接管。指示陈毅改道到山东临沂。张茜久盼重逢又不得不推迟会面，不由伤感起来，她作诗一首寄怀：

> 鸣声凄凄孤蝉哀，
>
> 情思郁郁人伤怀。
>
> 行云慵步回苍穹，
>
> 游子久留羁旅中。
>
> 空向行云凝眸处，
>
> 望穿秋水人不至。
>
> 几番报归盼欢聚，
>
> 几番又传归期误。
>
> 归期误，

直到 10 月下旬，张茜才随军部抵达临沂，陈毅与张茜在分别两年之后团聚了。

1945 年冬，山东临沂全家照。

五、大连行

转眼进入解放战争时期，张茜带着三个儿子撤退到大连。她
与陈毅在战争中饱经磨难和分离之苦，陈毅有诗为证："战争遮断
音尘隔，日日相思鬓带雪。朝朝暮暮理戎机，公义应将私情绝。"
在艰苦环境中，张茜不忘坚持学习俄文，准备迎接全国的解放。

1946 年 7 月，国民党军队包围李先念率领的中原部队，这是蒋介石
撕毁停战协定和政协协议以后国共合作公开的破裂。此后国民党发动向解
放区的全面进攻，共产党奋起反击，中国革命进入了第三次国内革命战争
时期，也就是解放战争时期。山东和华中都在准备迎接从未有过的大战。
这同时，张茜生了第三个儿子，这竟让张茜有些烦闷，她一直希望有一个
女儿，可又生了一个儿子。这时部队条件好了，陈毅手下有了几十万人，
又有了比较稳定的后方，张茜带着孩子随后方机关行动，用不着时时"打
埋伏"了。装备也先进了，张茜有了一匹马，驮着一个担子，两头各绑一
个竹筐，下面放着衣服、用品、书，上面坐着一个孩子，随部队行军就不
那么劳累了。第三个儿子出生了，又牵了一只奶羊，每天可供羊奶给婴儿
吃，于是大家就叫这个小儿子"小羊"，后来陈毅为他起学名陈小鲁。

华东战场的仗越打越大，越打越好，成为了蒋介石的心腹大患，在国
民党全面进攻失利之后，蒋介石又祭起了"重点进攻"的法宝。国民党军
队用近百万之众，用"推土机"的方式，齐头并进推向我山东解放区，妄
想把华东野战军推向大海。

1947 年 5 月，孟良崮战役后与陈毅在沂水县西王庄。

1947 年 4 月，华东野战军在孟良崮打了一个漂亮的歼灭战，全歼蒋介石王牌军 74 师。国民党重点进攻的气焰被狠狠打击了，进攻速度被大大延缓，但重点进攻的战略并没有被打破。山东局势异常严峻，为了粉碎重点进攻，华东野战军按中央指示，分兵两路，一路坚持内线作战，一路跳到外线进攻国民党的后方广大区域。华野同时作出了决定，把重要后方基地和野战军的领导家属全部撤退到大连。

1947 年 7 月，张茜带着三个孩子从威海登上了去大连的轮船，与此同行的有正在病中的徐海东一家、野战军领导的家属和孩子几十人及和平医院。这次渡海是很危险的，国民党军舰在渤海与黄海交界处不停地巡逻，渡海只能是夜晚偷渡。轮船也是长期缺乏维修，常发生故障。果然在渡海一半时，渡船发生故障，船老大开始抛东西，情况非常紧急。这时和平医院的专家站出来，组织警卫员和船员加紧修理，终于安全渡海到达大连。

在大连住在老河口苏联红军指挥部的对面，一个十几幢两层楼的院子，两家一楼。张茜一家和钟期光夫人凌奔一家住在一起，张茜住楼下，凌奔住楼上。当时的紧张情况，陈毅有一首诗、一封信描述得很清楚。

陈毅1947年10月写的《所思》：

> 几番分离，
> 饱识分离苦。
> 誓不分离，
> 分离又我汝。
> 不言分离出意料，
> 如问团聚在何处？
>
> 战争遮断音尘隔，
> 日日相思鬓带雪。
> 朝朝暮暮理戎机，
> 公义应将私情绝。
> 自宽自解去复来，
> 惧将生离成死别。
>
> 蓦然昨夜梦中寻，
> 又见汝身尽是血。
> 醒来虽然知是梦，
> 难解愁肠千百结。
> 誓祝再聚不分离，
> 但愿再会长欢悦！
>
> 长忆送汝登车日，
> 屈指迄今已三月。

军中不羡愚夫妇，

镇日相守到头白。

但望渡海天地宽，

稳渡勿为蛟龙得。

陈毅1948年3月给张茜的信中写道："茜，亲爱的同志和亲爱的妻子：不料鲁中匆匆分别，又远隔山海将满一年，证明那次轻去胶东是失着的。特别九月后胶东战局紧张之际，我十分挂念留胶东所有人员和您及三个儿子。直到你们安渡渤海抵大连后才松了一口气，放下重担子。去年十一月我给渤海曾发一电报告行踪，你复电转至陕北毛主席处，我见到知您及三个儿子均好，十分安慰。此次到阜平开会遇饶政委，谈及胶东去岁吃紧情形并打听到您渡海前的情况，更是一面惊惧一面庆幸。惊惧的是那时节真危险，苦了您和孩子们；喜的是终于安全无恙，证明敌人把咱们无可奈

1947年秋，在大连与康宁（右，朱克靖夫人）合影。

何！记着此后不应分离了，迅速图团聚才是！"

在大连，华东野战军领导的家属组织了一个党支部，由张鼎丞的夫人路凯任支部书记。由于大家都没有工作，支部就组织大家学习文化，学习俄语。开始大家热情很高，都积极参加，后来因各种原因人越来越少，最后俄语班只剩张茜一个人，只好停办了。张茜就自己坚持自学，把家里的各样东西都贴上俄文标签，每次见了就读。

支部还经常组织去参观，一次到旅顺口动物园去参观，集体拍了几张照片，十几个夫人、十几个孩子还真是热闹。

在大连才半年，华东战场的战局发展特别快。陈毅1948年3月给张茜的信中写道：

别来将近一年，七月诸战不利，八月反攻，九月渡黄河，十月到豫皖苏，十一月回渤海，十二月到太行阜平，一月过雁门关，二月初到陕北，三月初回阜平朱刘处开会，现拟月底南下归队。这其间马不停蹄，人很疲困，跑路多，见识亦广，我军的胜利亦大，革命局面又大大不同于以前。现在可以说我们迅速可以看见革命的胜利了，可喜可喜！

我身体如前，无他变化，一切请放心。您身体谅好，孩儿们谅亦好，我是最关心您及孩子们的。

现在此间派人到大连接洽电影材料，趁便寄此简信以慰远望。你不要回信，得此信即设法回山东转前方团聚。在渡海安全的条件下应不迟疑，迅速成行，以快为好，至盼至盼。许多杂事见面畅谈，不在此多写了。布礼！

仲弘吻您并在三个孩子面前提名问他们好。您回时孩儿们可不带，托朱、戴、宋及其他同志照料。此事请您全权处理。您应速回，应于七月雨季前赶到渤海（途间安全第一）。至要至要。

张茜接信后，即将三个儿子托付给华东后方留守处，只身回山东，去中原与陈毅见面，随部队一步步走过长江，进入上海。

六、上海·团聚

　　上海解放了，陈毅成为上海市长，全家终于团聚了。陈毅一家与邓小平一家住在一个院子里。张茜急于寻找多年不见的家人，而母亲已在武汉沦陷后去世，她原谅了父亲……从小在一起玩耍的小姨张爱珍也参加了革命，在延安还与陈毅跳过舞，当再次见面时才知道是亲戚……

　　1949年5月25日，上海解放了，陈毅被任命为上海市市长，这是新中国最大城市的首任市长。张茜带着孩子从济南来与陈毅团聚了。刚进上海时，陈毅与邓小平同住在湖南路的一座小洋楼里，邓家住楼下，陈家住楼上。在楼前的草坪上两家有一张合影，这时孩子的衣服明显变好，女孩是漂亮的裙子，男孩是帅气的短裤，两个女主人脸上是无比自豪和青春。不久，邓小平率部队进军大西南，湖南路的房子就由陈毅一家住了。

　　张茜首先是找自己的家人，汉正街的房子已经被别人租了。张茜甚至在报纸上登了寻人启事，很长一段时间才找到了父亲张耀庭，张茜把父亲接到上海，才知道母亲在武汉沦陷后不久就因难产去世了，张茜听了第一次在父亲的面前落下了眼泪。张耀庭告诉女儿自她走后他就戒酒了，也不赌博了，十年了他一个人四处漂泊，什么工作都干过，生活艰难所以也没有再结婚，就是一心等女儿回来，不再让女儿伤心。张茜感动了，她原谅了父亲的过去，希望父亲平平安安地开始新的生活。

　　张耀庭在上海住了几个月，就回到武汉，他既没有专业技能，又没有

1949 年 7 月，陈毅、邓小平两家在上海合影。

革命资历，继续当了个普通工人，不久和毛巾厂的女工刘文清结婚了，过了几年安稳的日子。1962 年，张耀庭平静地离开了人世，他没有了内疚，没有了牵挂。

当年和张茜一起玩耍，又一起搞募捐的小姨张爱珍在张茜参加新四军以后，也到了延安抗大学习，改名张静。毕业后又回到武汉纱厂做地下工作，解放后担任武汉纺织工会主席，以后又调到全国总工会负责国际交往工作，每年都要陪几个外国工会代表团到上海访问。

一次，张静陪一个东欧国家的工人代表团到上海访问，刚住下，就来了一辆汽车，走下来的是上海市市长陈毅，指名找张静，张静很快出来。

陈毅一见就问："你是张静吗？我怎么看着这么眼熟。你认识张掌珠吗？"

张静回答："张掌珠是我小时候的朋友，我们还是亲戚呢。"

陈毅说:"这就对了,掌珠改名叫张茜了,是我的爱人。"

张静说:"陈市长,在延安我和你跳过舞,只不过你是大名鼎鼎的新四军军长,我是抗大学员,根本没有想到你是掌珠的爱人。"

陈毅笑了:"难怪我觉得眼熟呢。"

陈毅把张静接到家,张茜正焦急地在门口等着,看见张静下了车,顾不上和陈毅答话,拉着张静就说:"真是你啊!爱珍,真是你啊!"她们躲进了房间,关起门来,说着分别十多年来的情况。说着说着又说到了母亲去世的事,张茜眼泪又流下了,说对不起母亲,母亲苦难一辈子,自己却不能照顾,张静竭力劝慰。这样几个小时两人都不出屋。

陈毅推门进去说:"以后有的是时间谈,出来到院子里走走吧!"

张茜摆摆手:"你不要管我们,你自己去转吧!"

张静都不好意思了,陈毅笑笑就出去了,再也不打扰她们。久别重逢的张茜和张静一直谈到深夜。

七、上海北京·耿星

为了学好俄语，家在上海，张茜却选择到千里之外的北京俄专学习。她住在一间二十多张床的宿舍里，面临艰苦的课程，张茜还是选择了中级班，拼命地学习，虽然是第一次来北京，也只去过一次北海公园。后因长期劳累和营养不足得了肺结核，经过刻苦的努力，1955 年她以"耿星"的笔名翻译出版了苏联作家绥拉菲摩维奇的短篇小说集《沙原》，后又翻译出版了苏联军旅作家的剧本《平平常常的人》。

1949 年新中国刚成立，国家建设成为新的最重要的任务，苏联和中国的关系越来越密切。为了向苏联学习，加强与苏联政治、经济、文化的交往，国内急需大量的俄语人才，一个学习俄语的热潮在中国大地蓬勃兴起。上海市政府决定建立上海俄文专科学校，地点设在宝山路医科大学二院。60 多名干部和政治教师从部队调来，俄文教师从社会上招聘，大半是苏俄侨民。张茜就是这 60 名干部之一，还担任了学校的宣传股长。

12 月，第一批学员开课了，张茜不但忙于学校各项建设工作，而且只要有时间一定要到课堂听课，特别是校长姜椿芳讲课时，她必然端坐在课桌旁。张茜除了担任宣传股长，还兼任一个班的班主任，所以她就占据了一个固定的课桌，同座的是一个才 21 岁的常州青年姚以恩同学，每当课上老师提问叫到张茜时，张茜就会红着脸站起来回答老师的提问，有时答不上来，脸会特别的红，姚以恩就会捂着嘴偷偷地笑。后来听说张茜是市长夫人，姚以恩还很难相信。

1951年元旦时俄专搞新年联欢晚会，其中一项是交换礼品的活动，就是每个教师和同学都会拿一件礼品出来，然后大家去摸彩，有趣的是姚以恩摸到的居然是张茜提供的一本橘红色的硬皮笔记本，扉页是一篇娟秀小字写的祝辞："一九五一年新年献礼！希望收到这件礼物的同学好好使用它，用它记载你的工作经验和学习心得，并以永志我们——在革命学校相与共处的革命青年们的团结和友爱。张茜赠于除夕"姚以恩并没有使用这本笔记本，他精心保存了半个世纪，终于在2001年将这个珍贵的笔记本赠送给了张茜的儿子陈小鲁。在上海俄专的这段日子里，张茜和同学一样穿着列宁装，吃在食堂，住在宿舍，说说笑笑，高声朗读，周末回湖南路家里看看。

1950年8月，张茜又生了一个女孩，这是陈毅和张茜的一件大喜事，他们早就想好要一个女儿了，陈毅给女儿起了个名字叫姗姗，取姗姗来迟的意思。也幸运迟来了，否则就没有老三陈小鲁了。在医院张茜做了绝育手术，她终于结束了产育之累，可以一心一意地工作和学习了。

随着朝鲜战争的发展，毛泽东指示陈毅前往南京主持华东军区工作。于是张茜带着一家人又搬到南京青岛路。在安顿好全家的生活后，张茜下决心脱产学习俄文，她选择了北京俄文专修学校。

北京俄文专修学校是中央决定成立的，中共中央主席毛泽东点名他的翻译、中共中央编译局局长师哲担任校长，校名也是毛泽东取的。

毛泽东说："当年瞿秋白不是就办了一个俄文专修学校嘛！"并亲自题字写了校名。校址先设在宽街13号，不久迁至鲍家街原醇亲王府。

张茜上学，是和陈毅商量好的。同年4月，陈毅和张茜在不同地方分别给自己的父母写了一封信。

4日，张茜在北京俄专宿舍里给汉阳的父亲张耀庭写了一封信，信中说："我跌伤已好，便到北京来了。因为想早日把俄文学好，所以下决心进北京俄文专修学校学习，打算专研半年到一年的时间，然后再出来工作。我到北京已一个多月了，小孩们还在南京，两个大的也住在家里上学，有人照顾他们。我独自一个在这儿学习，学校里生活很紧张，比我儿时在家里念书住学的时候要苦得多，但是为了要学得一技之长，就得刻苦耐劳，贪图安逸享受，必无所成。……

我在学校从早晨五时起床，直到晚上九点半睡觉，期间没有一点空闲的时候，可以和最紧张的工作相比，所以无暇多写信。……"

16日，陈毅在给成都父母的信中这样写道："张茜已到北京俄专学习，定今年底结业，彼能完成俄文修业，此后即可担任俄校教务和通译，学有所长，立身有道，甚可喜也，本来她在革命阵营服务已近十五年，历任科员、科长、政治协理等职，并又任上海俄校教务副主任，她如果继续工作是不成问题的，如果评薪水亦将为团级待遇，可月薪四百单元（供给制的计算方法），但仍主张其再学一年，学成专门俄语人才，才更能切实可嘉，有巩固的发展前进，因此不能不让她远走京门一个时期。这是新中国为人做事的基于各有专长的根本原则。"

张茜把孩子留在南京，自己独上京门。为什么不在上海俄专，却要舍近求远到北京俄专？这是因为在上海她的身份和众多的战友，使其免不了很多应酬，而在北京几乎没有人知道她，为了能专心学习，张茜选择了千里之外的北京俄专。张茜确实是这样做的，和同学们住在宽大的宿舍里，房子是照苏联的图纸修建的，一间宿舍放二十多张上下铺床，张茜说笑话："你们看这像不像苏联电影里的集中营？"同学说："还是说像兵营好些。"

张茜到了俄专的干部班就感到两难了，初级班从字母学起，她的水平已经远高于他们了，到中级班她自学的水平又甚感困难。最后她还是选择了中级班，拼命地学。虽然她是第一次来北京，但只去过一次北海公园，其余就是拼命赶进度。

陈毅每个月都进京来开会，晚上接张茜出来改善一下伙食，一次专门和张茜一起到朱德总司令家吃饭，朱老总才知道陈毅的夫人单独一人在北京俄专学习，大为赞叹。

张茜生活的道路总是伴随着种种坎坷，正当她的俄文水平赶上班里同学稍有轻松之意时，又遇上了一道难关。这年秋天陈毅到北京开会，晚上来接张茜，发现她脸色很差。

陈毅忙问："怎么脸色这么差？哪里不舒服？"

张茜不在意地回答："没有什么精神，可能是最近学习太累了，稍微放松些一下就好了。"

陈毅很着急，逼着张茜请了个假到北京医院做了个检查。结果是由于长期劳累和营养不足得了肺结核，张茜只好休学，专门养病。肺结核要静养，俄文成了最适合的伙伴，她就这样边养病边自学了大半年，结核钙化了，俄文水平又进了一大步。

生活中总是有挫折就有机遇，1952年10月5日刘少奇率领中国代表团访问苏联，团员有李富春、饶漱石、陈毅、王稼祥、刘长胜等人。在结束正式访问、会谈之后，苏联又安排他们去苏联南方齐斯洛俄斯克疗养，并安排王光美和张茜随行。当时正值莫斯科的严冬时节，大雪纷飞，陈毅和张茜随行定制了两件皮大衣，这也是他们最贵的一次制装。在新四军时张茜就认识了刘少奇，可王光美她则是第一次认识，没想到60年代他们两个经常同时出现在外事舞台上，成为了当时外交活动的亮点，或者用现代词语讲，成为了中国外交活动的一道亮丽的风景线。

这次是张茜第一次走出国门，她利用这个机会努力来认识苏联，她和疗养院的干部、服务员艰难地交流着，她半听半猜地看着俄语的电视和电影，最终她下了决心，选择中苏的文化交流作为自己的职业。

1953年，朝鲜战争停战谈判再次开启。中国的国际环境也开始发生变化，建设成为国家的主要任务，饶漱石调北京任组织部长，上海工作由陈毅负全面责任，华东军区的工作交给谭震林同志负责。1953年年初，陈毅全家又搬回上海，这次住兴国路一个很大的园子，同园还住有胡立教和刘长胜。搬到兴国路，陈毅的父母从四川也来到上海，全家八口人很是热闹，张茜要管一大家的生活，陈毅后来讲过："我这大家都是张茜管的，她要侍奉公婆，教育子女，又要照顾我的生活，很辛苦，可她又是个很要强的人，又要干好工作，真的很不容易。"

张茜到了上海就调到上海新文艺出版社，担任俄语编辑。在这儿她的同事后来基本都成了著名的翻译家。去了不久她带回了很多的书，都是同事送的文学译著。其中有普希金的长诗《奥涅金》，有儿子最喜欢的童话

1954年夏，与陈毅、三子小鲁在上海。

诗《金鱼与渔夫的故事》，这都是战争年代看不到的书。经过一段时间浏览，张茜选择了苏联著名作家绥拉菲摩维奇的几个短篇小说作为自己的处女作。为什么选择绥拉菲摩维奇，因为他是中国读者比较熟悉的苏联文学家，早在20世纪20年代，曹靖华先生就翻译了他最经典的作品《铁流》，在中国受到了很多进步青年的欢迎，瞿秋白也翻译介绍过他的一些短篇作品。此外张茜很赞赏他对祖国和人民的热爱，对无产阶级和党的斗争的无限忠诚，很赞赏他与苏联群众的紧密联系，经过刻苦努力和坚持不懈的劳作而创作出能够反映时代进程的作品。其实还有另外一个原因，就是当她的好友王于畊问她：为什么选择翻译绥拉菲摩维奇著作？张茜悄悄说："因为大家都说他的文字很美又很博，但翻译起来难度大，我想难的能翻好，那以后其他的文章不就更好翻了。"

张茜的俄语水平只是自学加短训，开始翻译很吃力，凭着字典慢慢地翻着，这期间她有缘结识了两位苏联夫人，使她的翻译速度大大加快了。

1954年夏日，陈毅带全家去青岛，住在海边的花石楼。花石楼是青岛风景区八大关的标志性建筑，是一种融合欧洲多种建筑艺术风格的古堡式建筑，由于外墙是用花岗岩石砌成，楼内用大理石贴墙面，院子里又用了大量鹅卵石装饰和铺地，所以人们就称之为"花石楼"。花石楼是谁建的，何时建的，就是当地的政府也讲不清，有说是德国人1903年建的，有说是俄国人1930年建的。民国时期该楼就成为招待所了。

陈毅在这里疗养，很多战友都来看望，张茜又认识了很多新朋友。一天空军作战部部长谢唯近偕夫人安娜、儿子米东来访，谢唯近是四川南充人，早年与陈毅是法国勤工俭学的同学，后来参加过西班牙国际纵队，在苏联待了很长时间学习军事航空，与苏联女医生安娜结为伉俪。张茜看见安娜很兴奋，寒暄几句就拉着安娜走进书房，拿出自己的翻译草稿给安娜看，请她提意见，又询问一些风土人情，安娜看到这样好学、热情的女主人，也倾力相告，两个人谈得兴致勃勃。

谢唯近与陈毅在客厅里畅谈，回忆着青年时期的冲动。

安娜和张茜在书房里回味着略带忧郁的苏联文学。

谢米东则和昊苏、丹淮在沙滩上奔跑着，叫喊着。两家人几次来访都是这样的情景。

没想到1954年12月陈毅全家搬到北京，住在东交民巷东头八号（当时）院，而谢唯近就住在东交民巷西头的院子里。也是缘分，张茜每个月，请安娜来家一次，讨教翻译文稿，而谢米东也就和八号院的一些中学生混熟了，学下中国象棋，甚至互相交流中苏两国中学课程内容。

1955年3月，张茜以耿星的笔名出版了自己的译作苏联作家绥拉菲摩维奇的短篇小说集《沙原》。译文的风格流畅、细腻。下面节取其中的一段：

毛茸茸的蓝灰色的云层，宛如一群被击散的惊惶的鸟儿，低低地在海面上疾驰。从大洋飘来的刺骨的寒风，忽而将乌云挤成浓密昏暗的一团，忽而又逗弄似地撕裂它，抛掷它，将它堆砌成种种奇异的轮廓。

苍茫的海，由于恶劣的天气而喧腾起来。铅色的水流沉重地汹涌，漩

1955 年夏，全家进京游西山碧云寺。

卷着如沸的水泡，挟着低沉的涛声，向迷蒙的远方奔腾。风凶猛地扫过起伏的海面，把含盐的水沫迸溅的远远的。堆积在浅滩上的锯齿状的白色冰块，沿着弯弯曲曲的海岸，像一列峻岭巍峨地屹立着。这些巨块仿佛是由泰坦神们在猛烈的争斗中投掷下来的。

《沙原》出版后，张茜分赠了很多人，其中当然也包括老战友王于畊。而王于畊刚调到福建教育厅工作，她在攻读师范大学的各门专业书，如教育学、心理学。收到张茜的译著，王于畊很是感慨，甚至成为鞭策自己的动力，两个好友都在为进入一个新的行业而努力着。

紧接着张茜又选定了苏联另一位军旅作家的剧本《平平常常的人》，为什么选择翻译剧本，因为剧本都是对话，可以更深入地诠释俄罗斯民族的语言。

1955 年夏，陈毅带着全家第一次到北戴河避暑，那清风轻拂摇动的松林和波涛涌动的大海，深深地吸引着张茜，在一片迷人的景色中她带着大大小小的俄文字典和中文词典仍在慢慢地爬着格子。

陈毅则在大海中翻跃，累了就坐在沙滩上享受着大自然给予的恩赐。第二天，他遇见了当年在法国勤工俭学的老同学、老棋友李立三，陈毅立刻就邀请李立三到自己住的楼里，摆起了棋盘，开始厮杀起来。张茜跑过来一看是李立三来了，赶快给他们沏两杯茶，对陈毅说："下两盘就行了。"说完又回到自己的房间里爬格子了。转眼到了下午 5 点了。

张茜起来一看，棋已经快完了，就说："下完了休息一下，要吃饭了。"

陈毅也不抬头说："好！好。"

张茜回房又看了几页书，还不见陈毅和李立三的身影，走出来一看，陈毅和李立三又开始了新的一局。张茜火了，伸手把棋子一撸，沉着脸走回房间。

陈毅叹着气对李立三说："唉，唉！对不起老兄了。"

李立三一脸尴尬："是太晚了，我也该回去了。"

陈毅说："吃了饭再走嘛。"

李立三指着房间，"还是回去吃了。"

李立三走后，陈毅回到餐厅，对张茜说："看看，让李立三多难堪啊。"

张茜说："中央让你们来海边是休息休息，你们这样没有节制的，我就不让！"

第二天，陈毅和李立三就没提下棋的事。

第三天，陈毅忍不住棋瘾了，到了海边对李立三说："找个地方，我们再好好杀几盘。"

李立三摆摆手说："张茜能同意吗？"

陈毅忽然看见海里有个外国人在游泳，问："那是谁？是李莎吗？"

李立三点点头："是李莎，她昨天过来的。"

陈毅高兴地说："那有办法了，今天下午到你那儿去，保管可以杀个痛快了。"

李立三不解地问："张茜能答应你来吗？"

陈毅笑了："下午我带张茜一块来看李莎，不过要麻烦李莎了。"

陈毅回楼里对张茜说："下午到李立三那儿去吧！"

张茜立刻警惕道："又忍不住棋瘾了？"

陈毅笑着说："棋瘾怎么忍住呢？只不过是让你和李莎见见面，讨教一下。李莎现在可是外语学院的老师噢，她也在翻译中国的小说。"

张茜听说了，高兴得不行，连连说："去，下午去。"

下午，陈毅和张茜一同去拜会李立三和李莎。说是拜访，各有各的目的，陈毅摇着一把折扇，张茜则抱着一堆书和词典。到了李立三处只寒暄了几句，李莎给每人冲一杯咖啡，张茜和李莎就躲进房间叽叽呱呱地讨教起来，而陈毅和李立三就在宽大的廊厅支起棋盘，大战不止。

太阳慢慢落下了，陈毅和李立三心满意足地站起来走到里面，看到了张茜和李莎还在那里讨论着，不时在纸上写写画画。

陈毅说："该结束了，看都几点了。"

张茜才猛然醒悟过来，赶紧收拾书本，对李莎说："打搅了你这么长时间了，真对不住。"

李莎笑了笑说："我们当老师的就喜欢别人问问题。"

回去的路上，张茜对陈毅说："李莎真是个好的老师。不过今天确实时间太长了，以后隔两天来一次，既请教又不耽误她的休假。"

陈毅哈哈大笑："今天我的安排不错吧。"

其实最高兴的还有小鲁，小小年纪的他很快就发现了秘密，每次他都要跟着父母到李立三伯伯家，先喝一杯又甜又香的咖啡，再看一两盘硝烟不止的杀棋，就跑回家，自己无拘无束地玩去，一举三得，什么都不耽误。

这样，张茜在海边认识了两个俄文老师，每个月她都会请安娜来家里一次，也会去李莎家一次，不但讨教文稿，也会漫谈俄罗斯的风情和文化，使自己更准确地找到书中主人公的喜怒哀乐。

但是由于陈毅的原因，张茜仍不能专心于翻译，中央又交给她两项新的任务。1955年11月，中央派张茜参加李德全为团长的中国妇女代表团赴巴基斯坦访问，一入秋就开始准备服装，学习政策，熟悉礼仪。访问回来总结完已经是12月了。

1956年，中央又决定陈毅率中央代表团到西藏，张茜也是代表团团员，从年初一直忙到4月。回家后，张茜刚专心于《平平常常的人》的翻译中，家中又有一事。原来陈毅由于从西藏回家后没有好好休息，立即投入到繁忙的工作中，所以身体状况越来越差，到冬天两次因血压太高而晕倒。于是陈毅向中央请了一年长假，到广州休养。张茜仍然是带着大大小小的字典随行。尽管困难重重，到1958年1月《平平常常的人》终于出版了，耿星的名字又一次留在了翻译界。

1957年，与陈毅对弈。

八、西藏行

　　1956 年西藏藏族自治区筹备委员会成立，陈毅代表中央政府参加成立大会。但由于长期劳累，当时他的身体状况不好，作为中央代表团的团长前往西藏将面临很多的困难。张茜提出自己可以陪同前往，照顾陈毅的生活，在陪同过程中她解决了不少具体问题，也见证了民族团结的盛况。离开西藏时她与陈毅从拉萨搭乘飞机至兰州，完成了高原载客的第一次飞行。十分难忘的经历，让张茜感慨万分，萌发了要写"滴水赋"的想法……

　　1956 年，中央决定成立西藏藏族自治区，经与西藏各界人士协商又决定了自治区筹备委员会的人选，并派陈毅代表中央政府到拉萨参加西藏藏族自治区筹备委员会成立大会。为了表示党中央和中央政府的重视和全国各民族人民的支持，由各省、各民族，政府各部门、各行业选派代表组成了中央代表团，赴藏参加西藏藏族自治区筹备委员会成立大会。陈毅任团长，汪锋、张经武等为副团长。随团还组织了歌舞团、京剧团、杂技团同时赴拉萨祝贺演出，再加上新闻记者、医护人员、机要文秘、警卫部队、司机和炊事人员等，整个代表团人员多达八百余人，仅帐篷就有一百多个，大小车辆三百辆。

　　当时最大的担心是陈毅的身体，因为自 1955 年后陈毅由于长期劳累，身体状况不好，特别是血压很高，而这是赴高原的大忌。负责具体组织的副团长，民族委员会主任汪锋很担心，就对陈毅的秘书张镜源说："你问问陈总身体到底怎么样，到底能不能坚持下来。"

张镜源回去就和张茜讲了汪锋的担心，陈毅听了说："这次去西藏是中央决定的，是事关民族团结和国家边防安全的大事，是一场大仗，我怎么能临阵退缩，你们不要担心，我一定能坚持下来。"

张茜体会到陈毅的决心，就说："张秘书，你和汪锋说，请他报中央，我陪陈总一起去，他的生活、健康由我负责，一定完成中央的这个重要任务。"

汪锋得到消息后很高兴，有了张茜的照顾，大可放心了，同时也觉得担子轻了些。

汪锋和张镜源很快就选定了陈总身边的工作人员。张茜负责陈毅的生活，张镜源负责陈总与团内各成员、各项行动的协调，汪锋又从上海人民医院调了一位心脏内科特别是对高原病很有经验的唐医生，负责保健治疗，警卫参谋韩宝贵负责保卫与安全工作，警卫员小王则协助韩宝贵警卫工作，协助张茜做好陈毅的生活照顾。这样陈毅身边五人小组就形成了：张茜、张镜源、唐医生、韩宝贵和小王。最后是驾驶员的选拔，汪锋对张镜源说："谁都不带司机，我要的司机是常年跑青藏线的有丰富的高原驾驶经验，又最适应高原气候的司机。"最后几百多位大小车的司机全是从兰州军区常跑青藏公路汽车团里选的，以确保行车的安全。

陈毅和张茜、汪锋、张经武从西安出发经兰州到达西宁，而代表团全体人员和装备也在西宁集中。4月3日代表团从西宁出发，经青海湖、格尔木，翻越唐古拉山，如同一股滚滚的铁流向拉萨行进，那确实是壮观的铁流。走时是大小几百辆的车队，住下是一片帐篷的村落。由于绝大多数人是第一次上高原，为了安全起见，每天行动只限于上午。一早起床后，吃过早饭，就把行李捆好，放在专门拉行李的卡车上，有专门的战士把帐篷折完捆好，放在拉帐篷的车上，这帮人就匆匆先行，到了下一个宿营点，把帐篷卸下来，放好，再一个一个支好。大队人马则慢慢地从营地出发，一个上午时间走到下一个宿营地，帮助战士搭帐篷。

下午就是休息、适应环境，医护人员抓紧时间巡视，演出队的年轻人还要练功、排练。张茜由张镜源陪着，到代表团主要领导人，岁数大的团员的帐篷里进行探视，代表陈毅表示慰问。团里重点照顾的是团长陈毅，但是每次唐医生和张镜源问起健康状况时，陈毅都是回答："很好，不用担心。"

就是张茜问，陈毅也是回答："很好啊，没有问题。"

五人小组就只好从侧面观望，看眉头皱起来没有，看每天的饭量。过格尔木后，海拔越来越高，陈毅的饭量明显下降，有时小王端进去，又原样撤下来，唐医生就知道高原反应严重了，于是加些水果和葡萄糖安倍、加多吸氧次数，这就是当时的最高礼遇了。所有吸氧、服药全是张茜负责，过了几天陈毅慢慢适应了高原生活，饭量也恢复了。张茜的一颗心才慢慢地放下来。

当时青藏公路基本无人，汽车行进中看不到一个村落，偶尔会遇见公路养护班的藏族工人，偶尔会遇见不多的藏族牧民在公路边望着这滚滚的车队，陈毅就会让车停下来，与工人或牧民聊天，了解他们的生活，宣传中央的政策。这时也是团里的青年人最快活的时候，他们纷纷爬出坐闷了的卡车，尽情地享受这高原春天的空气和碧蓝的天空，欣赏着这无垠的荒原戈壁，甚至有人大声喊叫着，让这尘世中的曼妙歌声回荡在这沉寂而又神秘的大地上，感受着一种心灵的净化。

路越走越远，山越爬越高，陈毅和大多数人都慢慢适应了青藏高原，人也越来越精神了。可是秘书张镜源却病倒了，吃什么，吐什么。

警卫员小王告诉唐医生："张秘书肠胃不好。"唐医生大笑："张秘书是'怀孕'了，你看他吃点东西就呕吐。"小王听得莫名其妙，韩宝贵、司机都哈哈大笑。这时张茜正好经过，听到唐医生的话也禁不住笑了。回到帐篷就对陈毅说："张秘书高原反应严重啦。"

陈毅立即把唐医生叫来，询问了情况后对唐医生说："给张镜源增加营养。"

唐医生回来就宣布，从今天起张秘书享受副总理待遇，副总理待遇就是每天增加两个橘子和两个安倍葡萄糖。在大家的关怀下，张镜源慢慢适应了高原，没几天就退掉了"副总理"待遇。

车队爬上了唐古拉山顶，这是青藏公路上的最高点，海拔近 5000 米，奇怪的是这时大家身体突然都好了，每个人都特别兴奋。山顶处有一眼泉水，正应了"山有多高，水就有多高"那句哲理名言，大家纷纷拥到这个圣泉旁洗手洗脸，双手捧着泉水喝上几口，也许是想洗去这连日的劳顿和旅尘，也许是想让自己的精神更加净化，更增加些空灵。陈毅站在山顶回望着这蜿蜒的盘山险路，又转过身望着前方茫茫的苍原，禁不住一阵豪情脱口吟道：

> 拔海四千七百三
> 驱车昆仑顶上看
> 平川大野到天际
> 奇绝雪线浮远山

车队翻过唐古拉山山顶，缓缓向西藏中心拉萨驶去，越往前走，路边的人也慢慢多起来，先是看到零星的帐篷，石堆上插着彩色幡旗；后来是成片的帐篷，小小的寺庙；再后来是藏族的村落，车队 4 月 16 日到达拉萨以西十多公里的东噶宗吴珠不顶村，西藏驻军工委领导人张国华、谭冠三等都已经等候在这里了。代表团特别在这里做了休整，等待着这重要的历史使命的开始。

不久，西藏筹委会领导成员带着西藏官员，活佛几十人专程来迎接中央代表团，他们簇拥着陈毅等贵宾，举行了仪仗队阅兵式，乘着敞篷车进拉萨城。这时张茜和代表团的大队人员慢慢进了城，在拉萨街道两边站满了欢迎的群众，呼喊着口号，激动地欢迎来自全国的各族儿女，感谢中央政府的信任和关爱。

到了拉萨，陈毅和代表团主要领导人住进了宾馆，这是与布达拉宫隔河相望的宾馆，宾馆的阳台正对着布达拉宫，是拍照留影的最佳地点。陈毅和张茜就在这儿穿着藏服留下了见证民族团结的历史照片。

到了拉萨，由于有了地方政府和驻军的保障，代表团的饮食、住宿条件大为地改善。张茜照顾陈毅的任务就自然而然地减轻了很多，地方政府还派了两个女服务员专门照顾张茜的生活。

1956 年 5 月，赴西藏慰问时在布达拉宫前。

陈毅在拉萨的日程排得满满的，他要和西藏自治区筹备委员会的领导和成员谈话，解释中央的民族政策和国家要义，并参加各种各样的群众集会，直接向藏族同胞宣传党和中央政府有关民族团结和社会发展的方针、政策；要到学校，到农场，到部队去慰问。而张茜反而轻松许多了，由于当时西藏特殊的社会环境，张茜少了很多应酬活动，只参加群众大会、联谊晚会等。也安排了几场和西藏上层妇女的会见以及与妇女工作者的座谈，在宣传中央民族政策的同时，张茜还要做些妇女解放、团结爱国的宣传工作。

没有安排工作的空闲时间，张茜就会在驻地附近走走看看，更细致地了解一些藏民的生活和风俗。一天她看到一位藏族大嫂踩着一根长长木舂在打糌粑，她立刻跑过去学着舂打，很快就可以自如操作了，藏族大嫂高兴得直向她伸大拇指。更多的时间，张茜是静坐在阳台上望着雄峙的布达拉宫遐想。

中央代表团从西宁出发，一路走来非常顺利，可是在拉萨活动时却出了点意外。那时拉萨除了城里有几条马路外，郊外就没有路了，车都是在草地、荒原上随意走，司机在开往罗布林卡的草地上时，没想到茂密的草丛中藏着一个树桩，汽车被狠狠地顶住，陈毅和张镜源坐在后排，张镜源本能地使劲儿拽住陈毅的胳膊，两人只往前冲了一下，还好没有什么事。而警卫参谋韩宝贵没注意猛的前冲，头撞在玻璃上，碰出了血，司机心里一下就慌了，回招待所后，司机沮丧地什么话也不说，蒙头就躺倒在床上。张茜闻知，连忙跑来，先看韩宝贵，看到只是皮肤擦伤，唐医生已处理好了，就安慰了几句，然后张茜来到司机床边，把司机叫起来，司机很是羞愧，哭丧着脸也不吭气。张茜说："你不要思想包袱太重了，陈总是很信任你的，一路上你都开得很好，陈总一直夸奖你。这次事情是个意外，树桩藏在草里，看不见嘛，以后接受教训，特别警惕隐藏的东西。下面还要去日喀则，还要翻高山，你的任务还很重，不要老想这件事了。"

司机很感动，心里的一块重石也放下了，他马上就组织人修好车辆，第二天又精神抖擞地执行任务了。

在西藏自治区筹备委员会成立大会上，陈毅代表党中央和中央政府赠送锦旗和礼品。接着代表团就分成几个分团赴日喀则、阿里、藏南慰问，团里建议陈毅坐镇拉萨，陈毅不同意，他说："我们来就是参加民族团结的，我们还要加强西藏内部的团结，我们对前藏、后藏要一视同仁。我一定要去日喀则，不能让班禅失望。"陈毅到了日喀则，班禅额尔德尼十分感动，举行了盛大的夹道欢迎，陪陈毅各处参观、访问。

5月30日，中央代表团完成对西藏各地区的慰问，圆满地完成了中央政府委托的重任，离开拉萨。陈毅的这次西藏之行，在藏族同胞中引起巨大反响，藏族群众对中央政府有了深刻的了解，民族团结和社会安定也大大加强了。就在撤离拉萨时，代表团又完成了一项惊人的创世之举。

中央决定在拉萨建一个简易机场，到1956年基本建成，空军也经过精心准备多次试航，基本解决了飞机飞越青藏高原的诸多难题，中央决定陈毅作为第一批客人，乘飞机返回兰州。5月31日，陈毅、张茜一行和

1956年5月，张茜（左六）在拉萨与西藏妇女聚会。

代表团的主要负责同志乘飞机回兰州，完成了高原载客的第一次飞行，这次成功的飞行为以后开辟进藏的民航路线积累了丰富的经验，打下了高原飞行的基础。

西藏之行对于张茜来讲，是一件意义深远的大事，是一次十分难忘的行程，因为代表团不仅完成了中央交给的民族团结大业的重任，而且给张茜留下了无尽的遐思和创作的灵感。两年后张茜就对儿子昊苏说过她要写"滴水赋"的构思。她设想"在青藏高原上有一滴湖水因为太阳的照射蒸发为水汽，它从亘古的宁静中走出，在高空巡视。它俯看中华大地，见证了古典的荒朴和现代的浮嚣，明白一个新型的文明正在那里构建。由于太平洋吹来了暖气，这滴水又恢复液态化成大雨回到长江之中，与自己在高原结识的另一滴水重逢，彼此陈述分别之后的见闻，加深了对中华国土上发生巨变的体验。它们一起进入太平洋，再次获得生命形态上的升华。它们要随着高空的气流去作全球的旅行，向世界人民传达中国人民的友好情谊。……"

这是何等浪漫的诗意，若不是有亲身历游青藏高原的心灵体会，哪会有这样的浪漫？

若不是亲身经历过中国革命战争的洗礼，哪会有这样的豪情？

九、外交风韵

1954 年陈毅被任命为国务院副总理兼外交部长，为了更好地开展外交活动，需要张茜以夫人的名义出来协助参与有关的工作。张茜开始不情愿，她有自己的专业，也取得了一些成绩。在邓颖超大姐的动员下她服从国家的需要，张茜不无惆怅，又义无反顾地转换工作。在复杂的国际外交环境中，她兢兢业业，恪尽职守，焕发出令人惊异的风采！

当《平平常常的人》出版时，张茜十分激动，她从 1947 年在大连学俄文开始，几经曲折和历练，终于在 1958 年 1 月翻译出版了第二本书。张茜的十年寒窗苦读终于带来了无比的欢乐，她觉得自己成功了，终于可以去完成自己的文学梦了。可是命运却往往在捉弄人，一个新的使命正悄悄地走向张茜，可她沉醉在成功的喜悦中，完全没有发现中央在准备另外安排她的工作。

这事要从陈毅工作转变开始说起，新中国成立后周恩来总理一直兼任外交部长，总理工作是最繁忙的。而随着新中国的发展，国际地位也越来越高，外事接待任务也越来越重，中央开始为周恩来物色一个外事助手。陈毅的留法资历，在抗日时出色的统战成绩，管理上海的游刃有余，使他成为中央的最终人选。1954 年 9 月 28 日，在全国第一届人民代表大会上陈毅被任命为国务院副总理。不久邓小平同志代表中央和陈毅谈话，调他到中央工作并逐渐转向外交工作。10 月 3 日，陈毅率中华人民共和国政

1958年，（左起）张茜、陈毅、陈昌礼（陈毅的父亲）、黄培善（陈毅的母亲）、杨三姐（陈毅的妹妹）于中南海庆云堂。

府代表团访问民主德国和波兰，开始了他的第一次独立外交活动。随后陈毅就频繁地出现在各种外事活动中，几乎每天都要会见来访的外国朋友，上至总理、首相、大使、部长，下到足球队、舞蹈队、青年，等等。1955年4月，陈毅随同周恩来参加亚非会议（万隆会议），等于公开了陈毅是周恩来外交助手的身份。1958年1月，全国人民代表大会任命陈毅为国务院副总理兼外交部长。

随着新中国的国际影响越来越大，外交活动越来越多，特别是东南亚国家成为当时中国外交活动的重点之一。这些国家领导人访华都携夫人一起来，而中国却没有一个固定的夫人参加接待，常常是临时拉人，接待工作效果自然要差些。陈毅后来讲过："新中国成立后在全世界最吸引人，世界上许多人都想来中国看看。外国领导带夫人来了，如果我们只招待男国宾，无人招待他们的夫人，就不合规格，人家会认为一个革命的国家，却对妇女不重视。柬埔寨西哈努克亲王即将带夫人来访，我们领导同志的夫人去陪陪，是合乎人性的，而且还可借机做友好工作。外国总统夫人来了，总理夫人、部长夫人来了，或者妇女界士人来了，我们相应的人不出面接待，会使人家感觉到我们是大国主义，看不起他们，我们有关领导人的夫人出面接待，跟她们谈谈很有好处。敬人者，人敬之！"

为了打开夫人外交沉闷的局面，陈毅首先动员自己的妻子张茜，安排她和自己一起参加驻华使馆的宴会，一起接待来华的外国团体。1956年，外交部专门安排张茜参加由李德全率领的中国妇女代表团访问巴基斯坦。代表团成员都是妇女界有名的人物：龚普生、刘清扬、韩幽桐、张茜、拉希达、黄甘英、钱行。其中刘清扬是团员中声名最显赫、年纪最大的老大姐。她是我党最早的党员，在1921年年初就参加了巴黎共产主义小组，是中国共产党成立时的56位党员之一。她参加过同盟会，在天津，和周恩来、邓颖超组织了觉悟社，她还是周恩来的入党介绍人。张茜是代表团成员中年纪最轻的。

临行前，全国妇女联合会副主席邓颖超在参加代表团的准备会上还专门提到，这次到巴基斯坦访问接待方可能会对张茜的接待规格高些，除了李德全团长，张茜可能会被排靠前些，这是因为陈毅同志是国务院副总理，在外交活动中十分活跃。巴方如有这样的安排，也是做给我们政府看的，希望团里的其他同志不要有意见，要支持团里的工作，也要支持张茜同志的工作。邓颖超的这番话已经明显表露出对张茜今后工作的设想。1957年又增补张茜为全国妇联执行委员。

为了更好地开展外交活动，陈毅动员张茜出来专门做外交工作和夫人工作，张茜不愿意，她已经有了自己的新目标，还在想一年内翻译两本书，几年内有十几本的成果，她希望有自己独立的事业，因为文学艺术一直是她的最大喜好，喜欢读书，喜欢戏剧，喜欢写作。陈毅几次动员，张茜就是不答应，临时客串可以，专职不干。陈毅无法，就向周恩来总理和邓颖超大姐告急，说无法做通张茜的工作。周恩来总理就对邓颖超说：

"你去做做工作，女同志之间总好说话。"邓颖超就把张茜约到西花厅劝她出面挑夫人工作的头，她说这是项外交工作，也是一项妇女工作，你的条件非常好，非常适合这项工作，一定能干好这项工作。最后强调说这是一项政治任务，周恩来同志希望你能担任这项工作。事已至此，张茜也只好服从了，她回到家里，把铺在桌上和放在枕边的心爱的几种中俄大词典和她几年积累下来的上百个单词本都集中起来，堆进了书架的角落里。

陈毅看了很奇怪，问："怎么把你最宝贵的东西收起来了，为了不参加夫人工作，连外语都不要了？"

张茜笑着说："这些可以放放了，现在最需要的是英文的东西了。"

陈毅高兴地说："到底是邓大姐说话灵，一说就通了。"

张茜不无惆怅地叹道："我这是第三次转工作了，都是为了你，连自己的专业都没了。"

陈毅理解她的郁闷，第一次是1940年他们结婚，张茜放弃了她最喜爱的服务团演剧队，第二次是她又放弃了刚刚取得成功的文学翻译工作。陈毅动情地说："我知道你是为了我，放弃了很多。不过我不也是转行了好几次吗？在军队待了20年，不也转向城市管理了吗？这不又转向外交了。为了革命，为了国家，我们俩一起干吧！"

张茜作为中国外长夫人的第一次外事活动，是代表陈毅外长出席各国驻华使节和经济代表团举行的宴会。这次宴会本来是陈毅作为新一任外长与驻华外国官员的首次正式见面，可是在宴会前陈毅突然病倒，临时决定由外长夫人张茜代表陈毅外长出席会议并致辞。这一行动在中国是罕见的，各国大使和团长也大吃一惊，感受到了中国外交的一种崭新的灵活性，同时也认识了美丽而大方的外长夫人，这是张茜以夫人身份出现在外交界的处女作，也留下了一段佳话。

张茜是一个做事十分认真的人，一旦决定了要做某件事，就一定要做得很完美。首先，她决定从头学习英语。为了提高自己的文化素养，她从学习楚辞开始，学习中国古典文学，向一些专家，特别是向陈毅请教。

1958年7月，中国与柬埔寨王国建交。8月，当时的柬埔寨首相西哈努克亲王第一次访华，带来了柬埔寨王国和人民对中国人民的良好祝愿，在华期间陈毅陪西哈努克到了很多地方，从东北到华东，最后到广州。新中国的建设成就给西哈努克亲王留下了很深的印象，坚定了柬埔寨王国与中国发展友好的决心，明确了他走独立、中立的路线。期间西哈努克多次代表他母亲王后邀请周恩来总理夫人和陈毅外长夫人在柬送水节（11月25日至27日）时到柬访问，他将亲自主持接待。西哈努克的盛情和诚意使人无法推辞，陈毅爽快地答应由其夫人张茜率一个妇女代表团前去访问。

国务院外事办很重视这次访问，和外交部、全国妇联多次协商，组成了11个人的代表团，团员9人，翻译2人，于1958年11月23日至12月11日到柬埔寨进行友好访问。除了团长是外长夫人张茜，另外8名团员均是各行各业中的女性佼佼者，每一个人的经历都可以写成一本书。

范瑾，北京日报社社长。1936年参加革命，长期从事新闻宣传工作，1964年任北京市副市长，她是"文革"中第一批被打倒的干部。

郭建，上海市妇联主任。她是清华大学"一二·九"学生运动骨干，1936年当选为北平妇女救国联合会副主席，抗战初期一直从事国统区妇女界抗日救亡活动，40年代在江苏、上海从事经济财经、工商管理工作，50年代中期又转入妇女工作，后任全国妇联书记处书记，曾出访过30多个国家和地区，参加过很多国际会议，成为我国著名的国际妇女活动家。

陈舜瑶，对外是清华大学校长助理，真正职务是清华大学党委副书记。她是清华大学毕业生，1937年到延安抗大，后任周恩来秘书，在南方局文化处工作，与文化艺界人士有密切的交往，新中国成立后又转入教育系统。

丁雪松，中国人民对外文化协会理事。1937年入党，1938年到延安抗大学习。与朝鲜教师、作曲家郑律成结婚，郑律成是中国人民解放军军歌和《延安颂》的作曲者。新中国成立后她长期从事外事工作，多次出国访问，成为中国的女国务活动家。1979年她出任驻荷兰特命全权大使，成为中华人民共和国的第一位女大使。

吴青，对外文化联络委员会第二司副司长。一直活跃在民间对外交往的舞台，是当时国内少数任司长的女性。

倪斐君，中国红十字会副秘书长。抗战时期她一直协助宋庆龄从事社会福利救济事业，曾任甘肃妇女抗敌后援会主席、重庆难民妇女服务团团长、重庆国际难童学校校长。她的丈夫贺耀祖曾是蒋介石侍从室主任、重庆市长和卫戍司令，1949年在香港宣布起义，1961年病逝。倪斐君长期担任红十字总会副秘书长一职，"文革"初期被迫害致死。

丁志辉，时任解放军总医院副院长，之后曾任协和医学院附属医院副院长。因此，对外以协和医院副院长身份出国访问。她1939年参加新四军，和张茜是同一支部队的。在战争年代，丁志辉一直担负战场救治工作，救治了大量伤兵员，成为我军医疗工作的一面旗帜，参加过全国的劳模大会。一直是我军卫生工作中的女领导干部和模范。

马玉涛，著名女高音歌唱家。那时她才22岁，是全团最年轻的，当时已在第六届世界青年节上荣获声乐比赛的金奖。在访问柬埔寨时，她宽厚洪亮的歌声受到柬埔寨王室和群众的赞誉和欢迎。访柬埔寨后，1959年她的一曲"马儿啊，你慢慢走"风靡神州大地，成为最受欢迎的歌唱家之一。

就是这样一个由中国各行各业的妇女精英组成的代表团，在柬埔寨获得了极大的尊重和高规格的接待。柬埔寨国会的唯一女议员方秉祯夫人出任接待委员会主席，而实际上全部接待工作都是由西哈努克亲王亲自组织，柬埔寨哥莎麦王后宴请代表团，金边各大报纸专门发表专版和大幅报道。

八天里，代表团访问了金边市和磅湛等四个省，参观了学校、工厂、医院、农社、橡胶园等50个单位，访问了柬埔寨红十字会、妇女协会等团体，游览了吴哥窟等古迹名胜。在各种场合发表了正式讲话10次；不但会见了王室的各成员，而且与政府首相、大臣夫人、各省省长、省长夫人及社会妇女代表热情相见。

张茜作为团长，她的美丽、她的大气受到了柬埔寨各界的赞扬。张茜在各场合的讲话始终强调中华人民共和国妇女对柬埔寨王国奉行民族独立、和平中立政策的同情和支持，感谢柬对中国政治上的支持，希望进一

1958 年 11 月，张茜（右二）访问柬埔寨，在西哈努克亲王（右一）的欢迎宴会上。

步加强中柬妇女的交往和进一步巩固中柬友谊的愿望。张茜还多次向柬王室传达中国国家领导人对柬王室和各成员的敬意，代表全体团员对王后、王姑、西哈努克亲王的才能与对社会的贡献表示赞扬。

这次访问是中国与柬埔寨王国建交后的第一个由我国政府派出的正式访柬代表团，而且是由清一色女性组成的代表团，不但向柬王国展示了新中国的热诚和昂扬，而且又展示了中国女性的从容美丽和独立的魅力，完全打破了当时国际上对中国革命的种种误解，受到各界人士的纷纷赞扬。而居柬华侨则更多地受到鼓舞，他们十分兴奋，代表团所到之处，华侨几乎全体出动，夹道欢呼，表达了对祖国亲人的欢迎和对祖国的思念。

中国妇女代表团成功地完成了这次出访，她们带去的是中国和平共处五项原则的理念，是中国人民和中国妇女对柬王国的友好祝福和坚决的支持。她们带回来的则是柬埔寨王国人民和妇女对中国的友好和支持，是柬埔寨王国坚决走和平中立道路的决心。

访柬之后，代表团临时应越南妇女联合会的邀请，于 12 月 1 日到 8 日访问越南，在越南受到越南妇女界的热情接待。甚至受到胡志明主席的两次接见，胡主席送给各团员一张亲笔签名的相片留念。胡主席还专门请代表团团长张茜给越南妇女做报告。在越南，代表团接触更多的是基层妇女群众，参观基层单位，与越南妇女代表、妇女干部联欢，还对口进行红十字会、新闻报纸的专业访问，取得了令人满意的访问成果。

进入 20 世纪 60 年代，中央对外交战线中的夫人工作更加重视了。

1960 年 12 月 12 日，国务院外事办公室召开夫人工作会议。邀请外交部、全国妇联等单位领导和 30 多位负责工作的夫人出席会议，讨论如何加强夫人工作。陈毅和邓颖超在会上讲了话。

1958 年 12 月，越南劳动党主席胡志明向来访的张茜签名赠书。

汉江边的兰芝——张茜

1960 年 5 月 15 日，周恩来、邓颖超、陈毅、张茜同游广西桂林、阳朔。

　　1961 年 1 月，外交部在第五次全国外交会议期间专门召开了驻外使节夫人座谈会，参加这次会议的有 15 位回国开会的使节夫人，5 位外交部副部长夫人，邓颖超、孔原、张茜、曾宪植和郭建等领导同志都出席了这次会议，邓颖超和外办负责人孔原都作了指导讲话。

　　1961 年 9 月，中央批准成立夫人外事活动指导小组，组成成员为：刘新权、张茜、郭建、龚普生、俞沛文、郝治平、丁雪松、吴青。指定国务院外事办公室副主任孔原为小组召集人，张茜任副组长。12 月，召开了夫人外事活动指导小组会议，邓颖超到会上表示祝贺，强调夫人工作的重要性。陈毅则讲道："我们动员了许多女同志以夫人身份参加对外工作。中央已批准，周总理也很支持。……目前女同志对外活动，一是外交工作，二是参加国际妇女组织的活动。我们现在来开展这项工作还不迟，很有意义。这不是小事，应端正认识，别认为就是出风头的事，外国领导人和外交官的夫人出来了，我们的女同志不出来对着干不行。应把这项工作看成是党的工作、国家的工作。"他还特别鼓励到会的女同志要敢于同外国朋友交谈："毛主席对我讲过，和外国人谈话要采取攻势。我体会不要把外国人估计过高，要有自信心。就拿建国 12 年的情况说，我们妇女所经历的耳闻目睹的各项斗争，是其他国家妇女不可想象的，地位是争来的，谁也不会恩赐。"

张茜担任了夫人外事活动指导小组副组长，不但自己成为职业外事干部，又担负起组织指导外事活动中的夫人工作。

1961 年，陈毅到昆明接待缅甸总理吴努，张茜原定 4 月 8 日赶到昆明参加接待吴努夫人。可是突然接到总理办公室的电话，说总理要提前到南宁临时有个重要任务，请张茜一起随机去趟南宁，再同机去昆明。张茜也不知什么事，第二天匆匆赶到南苑机场，看见外交部的康岱莎也在机场，问道："你也去南宁吗？"

康岱莎回答："是临时通知我来的，交代任务是照顾好总理。你想想总理身边那么多人，哪用得着我。你呢？"

张茜说："我是搭机的，到南宁没事，主要是搭机到昆明接待吴努总理夫人。"

一会儿周恩来总理也到了，看见张茜和康岱莎很高兴，就催着上飞机，到南宁住进了国宾馆，总理也没讲干什么，张茜和康岱莎也没敢问。

第二天，一早上吃早餐，才吃到一半，周恩来的秘书进来，对周恩来轻轻说了几句话，周恩来就起身出去了。过了一会儿，周恩来陪着越南劳动党主席胡志明走进了餐厅，张茜和康岱莎才明白，周恩来是来和胡志明会谈的。

张茜和胡志明是老朋友了，在 1958 年张茜率妇女代表团访问越南时，就受到胡志明的接见和赠书，后来张茜还专门织了件毛衣送给胡志明表示感谢。康岱莎先在印度尼西亚使馆工作，最近又调往柬埔寨使馆工作，对胡志明主席也很熟悉。胡志明主席见了她们很高兴，打了个招呼，就坐在隔壁的桌子用起早餐，周恩来也移过去了。张茜和康岱莎知道他们要谈事了，就赶快退了出来，张茜笑着说："原来总理去昆明之前，还要和越南朋友会谈，真够忙的。"

第二天早饭后，周恩来对张茜、康岱莎说："交给你们一个特殊任务，把胡主席送到边界去。这次越南朋友是秘密来访，所以我不能出面送行，你们两人负责送行，目标要小些，也不能怠慢，任务是代表我安全保密地送胡主席到友谊关出界。"

1961 年 1 月，在仰光，陈毅与张茜着缅甸服装出席缅甸总理招待会。

1960 年 9 月，张茜在机场欢迎出国访问归来的陈毅。

　　张茜和康岱莎这才知道周恩来总理点名让她们来的真正原因。在宾馆门口胡志明主席与周恩来总理告别后，就上了汽车，张茜和康岱莎坐在胡主席左右，放下窗帘向凭祥出发了。一路上胡主席和她们愉快地交谈着。张茜还说："胡主席，你什么时间抽个空到北京来多住会儿，度个假休息休息。"

后来胡志明果真到北京休息了一段时间，期间刘少奇主席、周恩来总理专门为胡志明举行祝寿家庭宴会，又引来了一些尴尬趣事，这是后话了。

胡志明高兴地满口答应。中午时分车到了友谊关，张茜和康岱莎把胡志明送到界桥，越南那边早就等着一大群人，接上胡志明就走了。这边张茜和康岱莎也长长舒了一口气。

1961 年 5 月，解决老挝问题的国际会议在瑞士日内瓦举行，在中国称之为第二次日内瓦会议。11 日，张茜随陈毅率领的中国代表团一起来到日内瓦。陈毅一到日内瓦就开始了频繁的外交活动，与会议两主席苏联外长葛罗米柯、英国外交大臣霍姆会面，与西方的法国、澳大利亚代表团会晤，与亚洲的印度、柬埔寨等代表团会晤，宣传中国的主张。张茜则与各代表团团长、大使的夫人交谈，活跃在各种宴会、酒会上。在老挝富马亲王、苏发努冯亲王举行的酒会上，张茜在和各国夫人交谈时，忽然

1961年，日内瓦会议休息时的陈毅（右）、乔冠华（左）。

看见美国代表团代理团长哈里曼夫人径直走了过来，对着张茜说了一些交际的话，因为事先国内有纪律，不主动与美国官方人员接触，张茜不动声色，耸耸肩装着听不懂的样子，旁边的翻译也不作声，只是微笑地望着哈里曼夫人。哈里曼夫人碰了这样一个软钉子，很着急，忙着跑去找翻译，张茜顺势转到另一个夫人圈里，兴致勃勃地谈起来。没过几分钟，忽然在另一边陈毅的周围又响起了一片笑声。原来是哈里曼大使和夫人又挤到陈毅身边，伸出了手，陈毅大大方方地握住了哈里曼的手。各国记者一下子抓住了中美两个代表团团长握手的瞬间，立刻报道。法国巴黎《快报周刊》评论称："美国的政治家主动和中国政治家握了手，这是多年来破天荒的第一次。"

这件事充分表现出张茜的性格和沉稳，她知道哪些话是自己可以说的，哪些话是自己不可以说的。哪些时候自己应该出头，哪些场合自己不应该出头。

夫人工作的最高潮应当是 1962 年接待印度尼西亚总统夫人哈蒂尼的工作。

1962 年 9 月 23 日，印度尼西亚总统夫人哈蒂尼应刘少奇主席和周恩来总理的邀请访问中国，这是一次十分隆重的外事接待活动。所有的中国领导人都接见了哈蒂尼夫人，连毛泽东主席也接见了哈蒂尼，可见外事规格达到了最高。这次接待的规格之高还表现在所有的夫人都出席了对哈蒂尼的欢迎盛宴，而且都是身穿旗袍，连蔡畅、邓颖超这样的大姐也都穿着深色底料胸前印着浅色大花的华贵旗袍，宴会大厅里夫人们多彩的服装使人目不暇接。张茜选择了一件金黄的旗袍，猛一看比较普通，只是明亮一些，可是在灯光下一照，料子却反射出紫色，显得十分华贵。

连邓小平都叹为观止，回家后对他的女儿们说："今天宴会太漂亮啦，不过最漂亮的是两个人，你们猜是哪两个？"

邓家女孩说："张茜阿姨，肯定是张茜阿姨。"

邓小平点点头："那当然，张茜一直是最漂亮的，还有一个呢？"

邓家的女孩互相望了望，这个说王阿姨，那个说郝阿姨。

邓小平却摇摇头说："都不对，是你们妈妈，卓琳。"邓家几个姑娘不太相信。

这时卓琳已经换了一身家常衣服走了过来，听见他们父女对话，笑着说："不要听爸爸的，最漂亮的是张茜，她穿的是一件金黄的旗袍，在灯光下一照又会变成紫色，那才是真漂亮了。"

邓小平说："张茜漂亮，你也漂亮，两个人最漂亮。"

邓家女孩更有兴趣地说："妈妈，你穿的什么衣服，也让我们看看。"

卓琳说："我的不好看，刚换下来，谁那么麻烦再穿上。"

邓家女儿不干了，非要妈妈换了过来，几个女孩拥着卓琳回到卧室，逼着卓琳换上宴会的衣服，卓琳被逼无法，只好又换上旗袍，那是一件镶着黄边的大红的旗袍，卓琳走过来，就像一团火照亮了客厅，邓家女儿们都惊呆了，从来没有见过妈妈穿这样漂亮的衣服，从来没有看到这样青春洋溢的妈妈，都拍手叫好："就是漂亮，爸爸说的对，就是漂亮。"

9月25日，陈毅、张茜陪哈蒂尼游颐和园，由于是郊外活动，张茜选择了简练的裙子，外罩一件大衣，又显得十分干练和时尚，张茜陪着哈

1961年，陈毅、张茜、郝治平、罗瑞卿（右起）合影。

蒂尼在长廊里散步，不时地讲解着长廊上面的图画的各种来历，西游记的神话呀，白蛇传传说呀，张茜陪着哈蒂尼泛舟在昆明湖上，介绍中国古典园林艺术，让宾客感到十分温馨，十分亲切。张茜听着歌唱家用印尼语唱印尼歌曲时，她忽然兴致来了，顺手按印尼民歌《哎哟妈妈》的曲调，填写了两段新词，改歌名为《哎哟兄弟》，献给印尼朋友：

嘹亮的歌声从哪里来？

从满载佳宾的船上来。

印尼歌曲从哪里来？

从南天邻邦学过来。

哎哟兄弟，唱起这战斗的歌曲，

哎哟兄弟，唱起这战斗的歌曲，

哎哟兄弟，唱起这战斗的歌曲，

一定要解放西伊里安！

盘中的鲜鱼从哪里来？

从昆明湖里捕来。

清香的莲子从哪里来？

从荷叶丛中采的来。

哎哟兄弟，请把这纯朴的友谊，

哎哟兄弟，请把这纯朴的友谊，

哎哟兄弟，请把这纯朴的友谊，

带到印尼三千岛屿上去！

当歌唱家用印尼民歌曲调高唱这一新词时，餐厅一下子变得分外欢腾，女外宾拥抱着张茜，又是亲吻，又是蹦啊，跳啊，简直有些忘乎所以了。

中国的盛情接待深深打动了哈蒂尼，她回国带给苏加诺总统的信息是，中国对印度尼西亚的尊重，中国对印度尼西亚的友好。哈蒂尼在回国的飞机上发了一封信给张茜，信中这样写道："在这些新朋友中，张茜姐妹是属于我们最亲近的朋友。在这个现代化的时代，我们妇女也参加和协助我们丈夫的工作。我们访问中国领导人的夫人并建立直接的私人友好关系后，印尼和中国关系这一重要工作，再不单纯是官方的事务了。"信中反映了哈蒂尼的热情和自信，回国后她在印尼进行了一系列宣传活动，接见报纸记者发表长篇访华观感，在印尼中国友好协会作了报告，热情接见中国妇女代表团，表现了对中国的高度友好。

1962年11月，在全国第六次外事会议期间，还召开了第二次驻外使节夫人工作座谈会，有大使夫人、参赞夫人、外交部门领导的夫人，共25人参加了这次会议。邓颖超在会上做了重要讲话。张茜代表国务院外办夫人外事活动指导小组，报告了1961年以来的国内外夫人工作开展情况，其中她特别谈道："在总的国际形势下，我们的夫人外事活动也必然是敌友分明。那就是说，夫人外事活动的任务，有进行友好活动的一面，又有对外斗争的一面。通过同世界各国上层妇女的友好交往，建立我们同各国妇女的友谊联系，促进国家间友好关系的发展，这种友好活动开展得越广泛、越深入，便越有利于我们对帝、修、反的斗争。"把夫人外交工作紧紧地服从于当时我国外交工作的战略。

1963年9月，根据陈毅外长指示，外交部礼宾司专门邀请了郭沫若夫人于立群，黄炎培夫人姚维均，程潜夫人郭翼青，李四光夫人许淑彬以及傅作义、蔡廷锴、刘文辉等17位民主人士的夫人到中南海紫光阁座谈。

邓颖超首先动员到会的夫人说："你们应该出来，不要躲着，这是一项政治任务，你们夫妇一起参加有代表性，可以起很大的作用。"随后，张茜代表国务院外办夫人外事活动小组，向与会夫人介绍了我国夫人外事工作开展的情况和主要经验，热情地动员大家为外事活动尽力。到会夫人感到很受启发，纷纷表示今后将积极参加外事活动，做好外宾的接待工作。

1966年正值"文化大革命"高潮之时，又一项出国访问任务落在了张茜的头上。事情要从1966年柬埔寨的国内形势说起，当年柬右派朗诺组阁，其路线右转，而李先念副总理访问柬埔寨刚刚与西哈努克亲王商定，支持越南南方的反美斗争，因此西哈努克感到压力很大，急需中国的

1963年，与周恩来总理步入人民大会堂接见外宾。

支持来对抗国内亲美势力的巨大压力，于是 9 月 1 日就正式致电中国外交部，邀请中柬友协代表团访问柬埔寨。鉴于国际斗争和外交战略的需要，国务院外办同意派中柬友好代表团出访柬埔寨。先准备王昆仑为团长，可是王昆仑当时正在受批判，是政治上很敏感的人物，几经酝酿，最后决定还是由张茜率团访问柬埔寨。这次访问充满了"文革"的痕迹，首先组团特别选了一位农民劳动模范陈永康，和一位工业劳动模范瞿兰香，在排位置时，专门把两位劳模排在前面，让他们做宴会的主桌，与柬埔寨的王公与大臣同桌。

张茜开始穿的是长裤中式套装，和团员们一样胸前别着一枚毛主席像章，后来因柬埔寨的天气实在太热才换上了短袖和裙子。在饭店团内吃早餐时，忽然有个别人举着毛主席语录喊毛主席万岁。大使夫人康岱莎因为一直没有回国不知道国内的情况，很是惊讶，说搞什么名堂；看看张茜和其他团员却低头吃饭，不吭一声，更是觉得奇怪。吃了饭，张茜和陈叔亮、康岱莎大使夫妇在花园散步，就悄悄讲了国内"文革"的一些怪事，让他们大吃一惊，但还是想象不出国内的情况。

西哈努克非常隆重地接待了张茜率领的中柬友好代表团，三次接见，三次宴请。而五月李先念副总理率政府代表团访柬时，西哈努克只参加了一次会见和宴请。张茜代表周恩来总理和陈毅副总理表示坚决支持西哈努克的中立政策，西哈努克和张茜谈得很融洽，以致在代表团去外省访问时，道路两边的欢迎人群中，居然打出了一幅"陈毅元帅夫人张茜万岁"的标语，张茜看了大吃一惊，心想这下子回国可不好交代，只好不动声色地继续向前走，代表团团员也都看见了，知道事关重大，都像没看见一样。所幸回国后没有一个人提到这个标语，张茜和代表团也就逃过一劫。事过三十年后，当时的翻译吴建民和大使夫人康岱莎才笑谈了这件事。

张茜对柬埔寨的访问，稳定了西哈努克的情绪，使中柬两国友好的关系延长了大半年，在"文化大革命"中的极左思潮的影响下，中柬两国关系在 1967 年又遇到一次重大危机，不过已经与张茜无关了。

新中国成立以来，张茜共出国访问 21 次，到过苏联、瑞士、印度尼

1964年3月，外交部在成都召开使节会议，会议代表与周恩来、邓颖超、陈毅合影。左二为张茜。

西亚、越南、柬埔寨、缅甸、巴基斯坦、印度、尼泊尔、锡兰（斯里兰卡）和阿富汗。算上后来成立的孟加拉国共 12 个国家，在国内，张茜接待过许多的总统夫人、王后、公主、首相夫人、总理夫人、部长夫人和妇女界人士，为中国的外交事业，特别是在和东南亚的友好往来中都留下了自己的名字。

十、生活浪花

在与陈毅结婚以后，张茜自己下定了一个与丈夫缩小差距的决心。新中国刚成立初期，跳舞成为时尚，她却很少参加舞会，而总是躲在自己房间里读书。古典诗词是她主要的学习方向，有机会张茜还到大学听中国古典文学的讲座，平时坚持钻研诗词格律。学习占据了她的大部分业余时间，还特别对终身喜爱的戏剧格外关注……

1954年"高饶事件"之后，陈毅从北京回到上海，把自己写的"手莫伸"的诗给张茜看，张茜想到在新四军黄花塘，自己一度无家可归的境地，禁不住流下眼泪。她拿出笔拟了几句话："满招损，谦受益，莫伸手，终日乾乾，自强不息，为了工作，必须休息。"陈毅看了大为称赞，大笔一挥写在纸上，张茜就请人刻在一个铜墨盒的盖子上，并注："春蓝自制"。这成为了陈毅和张茜共同遵守的砚铭。

张茜自从1940年与陈毅结婚之后，自己就下定了一个逐步缩小与陈毅差距的决心，为达到这个目的，她不断勤奋学习。在新中国刚成立时，跳舞成为时尚，张茜却很少参加舞会，除了周六电影或看戏她参加外，其他的舞会就不参加了，而是躲在自己的房间里一本一本地读着书。古典诗词是她主要的学习方向之一，在陪陈毅广州疗养时，她坚持到中山大学听中国古典文学的讲座，与她同时听课的还有粤剧最著名的女演员红线女，可见那时学习也是一种追求，也是一种时尚。张茜学习古典诗词还专门研究唐诗和宋词的格律，她对广泛使用的词牌——标注平仄对仗，标注古韵，分析得多了，干脆编成册子，自题"春蓝词谱"为乐。

张茜不但自己勤于学习，对儿女的要求也很严格，连每次郊游都不放过学习的机会，只要挂有对联的地方，就要儿子读对联，讲对联，遇上一些长联，更是要断句，这也让儿女们叫苦不已。

1954年，砚铭，张茜拟文，陈毅手书。

1963年8月7日凌晨1时半，陈毅在北京给在北戴河的儿子昊苏写了封信，并告丹（淮）、鲁（小鲁）、珊（珊）："望你带着3个弟妹，与妈妈好好度过此一暑期。这样全家团聚的机会一天少一天，不珍惜地加以利用，岂不可惜！我明日陪索（索马里共和国）总理到上海，9日回北京，10日送索总理返国后，我当争取机会到北戴河住几天，请勿念。家里房子要8个月才能完工。你们20日后返北京为宜，不要忙。你们多温习功课，注意锻炼身体。珊珊要听妈妈话，丹淮要注意增加体重。你们要劝妈妈多休息，她看书太劳累了。我现在很好，工作多还能担负得起。当然也要注意休息和睡眠。已经深夜1时半，今晨7时起床，8时起飞，不多谈了，我作为父亲，总是希望你们四个能成为有学问有品德的人，这一点心事，老放不下去，只惭愧我对你们教育太少，还是妈妈帮助你们大一些。好好听妈妈话吧。"这是陈毅对张茜的十分中肯的评论，也是陈毅一家生活的小小写照。

张茜的最大爱好是戏剧，这不但是因为童年时的汉剧班给了她童年最欢乐的日子，而且更由于在新四军服务团她又成为了一个抗日的宣传战

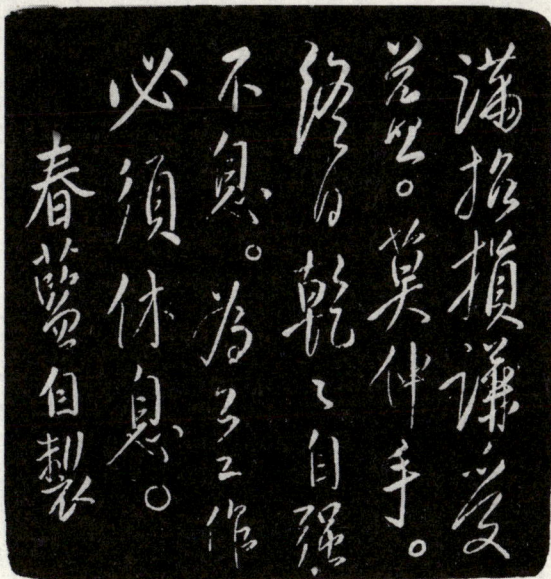

汉江边的兰芝——张茜

95

士，舞台曾是她战斗，并引为自豪的地方，虽然后来她离开了，可是看戏仍是她最大的乐趣。进驻上海之后，每周末华东军政委员会都在华山路俱乐部组织一台戏剧晚会，只要张茜在上海，她就会带着全家去看戏。而其他舞会就很少参加了。最经常看到的是李玉茹、黄正勤的京剧《白蛇传·断桥》，范瑞娟、吕瑞英的越剧《打金枝》，金采风、陆锦花的《盘夫》。还有一个金钱豹武打戏也是常演的。

到了北京之后，看戏的条件没那么多了，但张茜还是会不放过一次机会，戏看多了，小故事也就多了。

在上海市第一次看川剧，张茜对陈书舫、袁玉堃的《柳荫记》和许倩云、曾荣华的《彩楼记》赞叹不已，大家对川剧的帮腔既新奇又不习惯。到北京后，一次和罗瑞卿总长谈到川剧时，张茜说还是听不习惯帮腔，罗总长立刻激动起来："这是川剧最独特的，就像意大利歌剧中的合唱，在中国戏剧中是独一无二的。"

张茜看罗总长这样郑重其事不由好笑，回去对陈毅说："罗总长对川剧之爱到了极点，不允许有任何批评，也太专断了。"

陈毅也笑了："这就是四川人的情有独钟，哪有那么多的理性噢。你看彭真不是北京人，可他对京剧也是宝贝得不行，特别是北京京剧团的几个台柱子，他也是不容别人议论的。"

1958年的一天，总政文化部部长陈其通请陈毅看他编排的歌剧《两个女红军》，陈毅正好抽不开身，就让张茜去看。《两个女红军》讲的是红军长征后，留在南方的红军坚持三年游击战争的故事，所以陈其通要请陈毅去看。这部戏是由著名女高音歌唱家张越男主演，另一个女红军由女中音王淑会扮演。因为牵扯到陈毅，张茜表态很谨慎，当演出完毕，陈其通征求意见时，张茜首先表示祝贺，对现代革命题材表示赞赏，对剧中的两个女红军留下来表示决心的表演形式提了个意见，《两个女红军》按照中国古典戏剧中的方式，边唱边舞，张茜说："这不成了游园惊梦的小姐丫环了么，这是十分残酷的革命战争，与牡丹亭两者之间差别太大了，移用戏曲中的身段动作要有选择和修改。"《两个女红军》公演后，反应一般，倒是很多地方戏移植了这个剧目却获得成功，像上海越剧院著名演员傅全香和吕瑞英主演的越剧版《两个女红军》连演几个月，上座始终爆满。

1962年后，各省市都大排现代剧，云南京剧团也排了反映少数民族的京剧《黛诺》，由著名演员关肃霜主演。张茜又受到邀请去观摩，她问几个儿女："你们看过这戏吗？"丹淮说："我看过电视转播，不过感觉唱的一般。"张茜怀疑说："不会吧！关肃霜可是文武兼备的名角，在昆明我看过她演的《铁弓缘》，很好。"结果到了剧场一看，黛诺唱得又高又亮，有时还有会让声音产生飘在半空的感觉，丹淮都听傻了。

张茜说："你是怎么搞的，这还唱得不好？"

丹淮说："那次看电视，哪有唱得这么好！"

后来丹淮学了专业课后才知道那时我国的电视机水平不高，音频带宽太窄，所以高低音都会滤去了不少，唱得越好反而失真越大。所以看戏，听歌还是要现场才好。

1965年，山东京剧团的《奇袭白虎团》和青岛京剧团的《红嫂》由山东省委宣传部长严永洁带队，到北戴河准备给毛泽东和中央开会的同志看。张茜在北戴河请严永洁和两个戏的主演宋玉庆、张春秋吃饭。严永洁是山东省委第一书记谭启龙的夫人，谭启龙和严永洁都是新四军的干部，和张茜都是老朋友了。席间大家聊天很高兴，饭后在松林小径上散步，继续闲谈，忽然张茜问严永洁和张春秋："我看了好几个现代京剧，为什么没有用南梆子"？南梆子是京剧中的一个曲牌，在传统京剧中常被采用，最有名的就是梅兰芳先生唱的《霸王别姬》中"看大王在帐中和衣睡稳"的那段。张茜一问，严永洁和张春秋都被问愣住了，好一会儿严永洁无奈地说："领导不喜欢啊！"

张茜也默然了，好一会儿才说："这也不能以一个人的好恶为标准吧？"

1964年夏，越南劳动党胡志明主席访问中国，一天他专门邀请中国领导人全家欢宴，刘少奇、周恩来、邓小平、陈毅等都携夫人和子女到会，就是很少参加这种活动的叶群也带着林豆豆（林立衡）、林老虎（林立果）参加。席间最活跃的是刘少奇子女从涛涛到亭亭大小5个人，给胡志明主席唱歌、表演节目。

陈毅在旁边看着看着，忍不住对刘少奇说："涛涛长得很像王前（刘涛的生母——编者注）啊！"

王光美在一旁听了很着急，连忙轻轻委婉地说："我们没告诉他们这事，她们都不知道这事。"

陈毅没有反应过来是怎么回事还在说："是很像她妈妈。"

张茜赶快拉了拉陈毅："不要说了，咱们去看看胡主席在干什么？"

这边丹淮也遇到了不解的事，吃饭时他正好和林豆豆、叶群坐在一起。丹淮是第一次见到她们，他看着林豆豆娇小的身躯，穿着一副整齐的空军军装，肩上扛着一块少尉的肩章，很是奇怪，问林豆豆："你怎么都工作了？"

林豆豆红着脸也不回答。

丹淮又想起了同学林晓霖，就对叶群说："叶阿姨，林晓霖和我是同班同学，暑假她留在学校，你有什么东西要带给她的，我可以捎去。"

叶群听了一愣，也委婉地说："不用你捎东西了，我们有人专门给她送东西。"就再不理丹淮了。

回到家里，张茜对陈毅说："人家王光美多不容易，对涛涛都当亲生的女儿，你却跑去乱说话。王光美都说了不想让女儿知道王前的事，你还不停嘴。"

陈毅说："我哪里晓得噢，只不过说了实话。"

丹淮又问母亲："我问叶群阿姨有没有东西要捎给林晓霖，她却好冷淡啊！"

张茜和陈毅对望了一眼，忍不住笑了，丹淮一头雾水茫然地说："我说错了什么吗？"

张茜说："真有你们父子两个，告诉你吧！林晓霖不是叶群的亲生女儿，她们关系很不好！所以不让林晓霖回家，你可好，哪壶不开提哪壶，怎么会在一个宴会上你们父子犯同样的错。"陈毅和丹淮却无奈地笑了。

张茜是个感情很细腻又很丰富的人，她哭过很多次，每次都有她的理由。

在离开母亲走向码头的时候，她怀着深深的内疚望着阁楼默默地流着泪水。

她在皖南各地进行宣传鼓动工作，在演《放下你的鞭子》里的香姐时，就会情不自禁地为亡国丧家而流下悲苦的泪水，就是演完了剧，她还会止不住地哭泣。

1939年秋，她用泪水告别了服务团离开舞台，她抱着战友大哭一场。

1954年，当陈毅告诉她饶漱石出事了，她禁不住把当年自己单独在新四军时的委屈哭着宣泄出来。

她会一边流着泪一边读《安娜·卡列尼娜》，惊异着书中人物的栩栩如生。

她看电影《家》时，梅表姐的出场使她"呀"的一声惊艳，而瑞珏的离去又使她泪流满面。

当然她最多的泪水，是送给了她的儿女。

1961年7月，丹淮去哈尔滨军事工程学院学习，临行时在宣武区一个中学集中。北京的夏天十分炎热，远行的学子都是个个情绪高昂，只是盼望早点登上北去的火车。而作为母亲考虑的就不是这些了，张茜带着吴苏、小鲁、珊珊一起乘公共汽车赶到集中点，张茜专门捧着一个大搪瓷杯子，装满凉开水来送儿子，经过汽车的颠簸，水只剩下一半了，可是丹淮接过水马上就让几个同学喝了，张茜心里一阵酸苦。不几天，王于畊送她的女儿叶小楠到清华大学上学，张茜约王于畊和凌奔在家里吃饭聊天。聊着聊着就说到丹淮离家到哈尔滨了，张茜想着儿子不由地流下泪来；凌奔也刚把大儿子钟德苏送到20军当兵，看到了张茜流泪，也心中一阵酸苦说："我好几个晚上都没睡着，哭了好几次。"也流下泪了。

王于畊在旁边看着，哈哈大笑："不就是儿子离家出门了，还至于这样吗？想想你们离家到新四军时比他们还小哩。"

凌奔一下子就跳了起来指着王于畊说："好啊！你女儿在身边，你就唱高调，少给我来思想教育，你回福州以后，你不哭那才是好汉。"

王于畊犹自嘲笑着说："孩子离家走向社会是好事，我为什么要哭啊！"

凌奔说："好！等着瞧，你王于畊要是不流泪我就不姓凌。"

过了一个月，王于畊给凌奔写了封信："你说对了，我回福州以后才体会到你和张茜的心情，我也偷偷地哭了好几次，还怕老叶和其他孩子知道！"

这就是母亲的心，母亲的泪。

丹淮每年寒暑假都回家，每次回家，张茜都会在院子里等儿子。可每次返校离家时，张茜总是在房间里嘱咐好几遍，然后送丹淮出房间，就不出来了。丹淮在院子里和昊苏他们道别就去火车站了。一次，丹淮在院子和昊苏告别过，忽然想起还有件事没有好好讲，就跑到妈妈房间，一推门看见张茜正在窗帘旁边流眼泪边向院子里看。丹淮一下子愣住了，原来每次不是妈妈不想到院子里送别，而是心里难受，躲在房间里流泪，一个母亲的爱原来这样深重。以后每次回学校，张茜还是不出房间，丹淮出院子时一定会向母亲的窗子挥挥手，因为他知道母亲一定在窗户后边凝望着，流着泪凝望着。

1965年福建省委内部团结出了问题，中央让陈毅去福建了解情况、解决问题，陈毅和华东局魏文伯11月21日来到福州，张茜从没有到过福建，也就随行而来。当时王于畊情况很不好，一方面是叶飞被人整，另一方面教育部对福建省高考红旗又另有看法。好朋友张茜来了，王于畊正好借机陪同，离是非远些。两人离开福州，一路慢慢走向厦门，两个老战友一路上走走停停看看，看了工厂、公社、侨区，也少不了名胜古迹，还去了王于畊蹲过点的厦门八中，在陈毅题字的纪念碑前，张茜和王于畊留下了少有的几张合影。晚上两人共宿一舍，买些各自爱好的风味小点心、小坚果，天南海北聊天、讨论。

在漳州参观水仙花养育基地，张茜表现了极大的兴趣，王于畊就送了她几块水仙花根茎。

她们看似很洒脱，其实内心都有很多的疑惑，一次张茜对王于畊说："现在，北京都在讲是该我们三八式干部犯错误的时候了！你看呢？"

王于畊说："犯错误难道还要按参加革命时间来划吗？"

张茜说："我也不知道？可能是因为我们这批干部在领导岗位的人越来越多，工作担子越重的缘故吧！"

王于畊说："工作干得多了，也是错误吗？我不懂。"

张茜说："我也不懂！反正现在出问题的人越来越多了。"

她们不知道就在她们议论犯错误问题时，上海正在蕴蓄一场重大的政治风波，半个月后，中央就在上海召开批判总参谋长罗瑞卿的会议，老红军干部错误还没有犯完哩！三八式抗日干部还要往后推了。

又一次张茜说："现在上面让大家看《李固传》和《黄琼传》，只记得大满则溢、月盈则缺。也不知道是什么意思，又不是学历史，又搞不清有什么现实意义。"

王于畊说："是《后汉书》中的吗？有时间找着看看吧。是不是又指什么事啊！老这样猜谜，我们愚钝啊。"

到了年底，中央专门印了大字版的《李固传》、《黄琼传》单行本，发给中央负责人。

张茜就各寄了一本给王于畊，王于畊看了几遍，不知其所以，写了封信给张茜："《李固传》即使读得烂熟，我也不懂要我们做什么！"

张茜回信了，不谈这两本书了，反而讲起了在漳州王于畊送她的水仙："水仙在案头清雅无比，而那阵阵清香足以醉人。"

从影响政治的历史故事最终转向了休闲水仙散文，可以看出那时很多人的疑惑和无奈。

十一、"文革"初期

　　"文革"初期，陈毅对于不正常的现象不断地发表看法，却被称为"黑话"、"反话"……他在去工厂接受"教育"中生病了，不久查出患了癌症……当陈毅得知林彪事件后，他从书柜里取出《白香山集》，翻到《放言》那一页，给张茜看，张茜看了叹息不止，连忙将白居易的五首五言诗都抄给在外地部队的丹淮……

　　1966 年，毛泽东发动的史无前例的"文化大革命"在神州大陆蔓延，开始张茜和广大干部一样，以极大的热情投身到这场"反修、防修"的运动中，她参加了外办组织的工作组，进驻外文印刷厂。不久工作组撤离，张茜被外文印刷厂造反派游斗，又不久，毛泽东一句话解脱了工作组的责任，张茜才从运动的风暴中逃了出来。

　　"文化大革命"开始，江青、林彪就执行着一套倒行逆施、打倒一切的反动路线，受到很多老干部、革命群众的抵制和反对。陈毅就是一个代表，他不断地讲话，却被称为"黑话"、"反话"，张茜劝他少讲话，陈毅不理，仍然讲着不同意见的话。1967 年 2 月终于在怀仁堂与"中央文革"的对抗中败下阵来，失去了公开讲话的权力。张茜只能叹口气，甚至松了口气，因为陈毅的"黑话"就此止住了，也算一件"幸事"。陈毅不再参加中央的各种会议了，连外交部也不用去上班了，只能到工厂里去接受"教育"。张茜也无事可干，每天到单位国务院外办参加学习，她骑着一辆绿黄色的女式自行车往返于单位和家之间，一天，车子忽然歪倒了，张茜的小腿骨摔裂了，只好告假在家。行动不便，她就在床边放一溜椅子，直通卫生间，又省去拐杖的使用次数。生活不便了，但可以不参加那无休止的学习和批判，也是一件幸事。只是在家里偷偷地翻着那些被批判、被禁止的"封、资、修"的书。

"文化大革命"后不久，各种谣言就缠绕着张茜一家人，开始是讲陈毅在何处讲了什么话，比如：陈毅对造反派说，翻开《毛主席语录》第271页，毛主席教导我们："陈毅是个好同志"，其实当时《毛主席语录》小红书只有270页。这完全是群众的一种善意的风趣，可是很快传遍了各地。又传陈毅的小儿子"陈小虎"大闹北京城，甚至要带炸药炸中南海，这就是有明显政治目的的谣言了。张茜在中南海还不止一次地接到外省的电话，说陈毅的小女儿在西安没钱了，要求寄钱去，不几天更无中生有地说陈毅的大女儿在长沙又没钱了，而这时珊珊就在张茜旁边听着电话，真让张茜啼笑皆非。最后又传，张茜逃跑了，跑到柬埔寨去了。开始时每有一个传言，张茜都要紧张一阵，后来听多了，反而当成了笑话。

1967年，"文革"继续深入，社会也越来越疯狂，派性无限放大，派性斗争蔓延到各个角落。这时，有关陈小鲁的传言和谣言越来越多，也越来越离奇。其实这些谣言矛头是指向陈毅的。周恩来总理不相信，但是为了保护陈毅，还是决定将小鲁送到部队去，临走那天，张茜拿了五百元钱给儿子小鲁，小鲁拒绝了，他要依靠自己的努力来证明自己，来养活自己。陈毅和张茜站在院子里看着小鲁离开，这时张茜才跑回房里大哭起来。陈毅也黯然地闷坐在客厅里。

1968年夏天，女儿珊珊也离家参军了，剩下陈毅和张茜老两口。好在丹淮在去部队报到之前买了一架缝纫机，一套冲洗放大相片设备，把自己房间的卫生间布置成了一个暗房，张茜就在这儿学会了冲洗照片，学会了做衣服。她定期给分散在各地的儿女们写信，讲讲北京家里的事，每次写信都是用复写纸，一次写四份，为了写清楚，她用力地写，三份分寄给在干校的昊苏，在部队的丹淮和珊珊，另一份是给不知地址的小鲁，她悄悄地放在抽屉里，默默等待着小儿子的消息。

1969年10月，张茜陪陈毅来到了石家庄，仍然在工厂里接受"教育"。

1970 年 9 月，陈毅感到腹部隐隐作痛，在石家庄治疗条件有限，想吃点止痛药拖过去，可是没有效果，张茜着急了，就写信给周恩来总理，要求回家治病，很快就得到中办的通知，回京治病。10 月 20 日回到北京中南海家里，已是离京一年的日子，回家后陈毅要求住三〇一医院检查治疗，未及答复。

在一周后三〇一医院才通知住院，从 10 月 20 日回家到 10 月 28 日等了七天。原来是"文革"新贵军委办事组的黄永胜也在住院，听说陈毅要住进来，住在他这层病房，蛮横地说："陈毅要住进来，我就走。"三〇一医院的院长当然不会为了陈毅而得罪正红得发紫的黄永胜，这样等黄永胜出院了，陈毅才住进三〇一。一个"元帅"住院竟然等了一个"上将"七天，也是"文革"中的咄咄怪事。住进病房不久，陈毅一次在走廊散步时忽然遇见了另一位办事组新贵李作鹏，李作鹏很不高兴，拉长了脸回病房

1971 年夏，与陈毅、女儿珊珊在北戴河。

了，也不散步了。第二天三〇一的领导就跑到陈毅处，说这儿太吵，你搬到南面病房吧！陈毅知道又是办事组新贵的旨意，为了避免再碰上不愉快的事，就欣然同意搬到隔一条走廊的病房去了。张茜来探视扑了个空，才知道陈毅搬了病房，问怎么回事啊？陈毅笑了，说："又碰到办事组的人了。"张茜长叹了口气。

陈毅在三〇一检查了一个月，还没查出腹痛的原因，反而在腹中产生了一个硬块，三〇一医院向周恩来总理报告，是阑尾炎要动手术。结果在动手术时发现是直肠癌，整个直肠都梗阻了。在匆匆作了处理之后，陈毅开始了化疗和放疗的漫长治疗和恢复过程。5 月 1 日，陈毅又出现在天安门的晚会上，他看上去恢复得不错，张茜也很高兴，给儿女们写了很详细的信，讲病情，讲治疗方案。

三年不通音讯的小鲁突然回家了，他穿着一身没有帽徽和领章的旧军装走进了家门，张茜搂住儿子大哭，陈毅也禁不住流下眼泪。小鲁掏出三张五好战士的奖状递给父母，这是他没有寄出的喜报。

陈毅身体开始恢复起来，因为陈毅已不是中央政治局委员了，所以供给关系转为军委系统供给，工作人员也要减少，中南海是不能住了，于是张茜又张罗着搬家和安排身边的工作人员。房子选定在北新桥前永康胡同9 号军队所属的一个四合院。房子修好后，子女却不在，全靠工作人员才搬到新居，迁出中南海张茜并不难过，甚至还有些喜欢，因为警卫可以自己做主了，朋友来访也方便多了，她只是对亲手种的两棵柏树有些依恋，这是 1963 年夏重修中南海庆云堂时，她亲手种的两棵小树。转眼八年过去了，长成了参天大树，张茜和陈毅在树前合了张影，又情不自禁地写了诗：

> 迁居，辞别故宅小院中手植松柏。
>
> 青青松与柏，亲手栽堂前。
> 倏倏已八载，树冠高过檐。
> 寒暑曾同度，炎凉尽共谙。

前徙外地去，伤怀别经年。

而今遽迁居，长辞意黯然。

世事叹须臾，独尔长滋繁。

夏天，张茜陪陈毅来到了北戴河，还是住在最西边的 110 号楼，这是时隔六年再回旧庐。8 月中旬，周恩来和邓颖超来看望，与陈毅、张茜谈了很长时间，周恩来走后，陈毅很有些疑惑，他对张茜说："现在中央不

1971 年秋，搬离中南海时，与陈毅在亲手种植的松柏前合影。

在北戴河开会,总理那么忙怎么会有时间到海边来休养啊?"陈毅和张茜更没想到,就在9月中旬,在北戴河竟然上演了一场震撼中国政治生活的急风暴雨。陈毅回到北京后,就得到中央传达林彪出逃了,所乘飞机在蒙古的温都尔汗坠毁了。陈毅回到家里向张茜说了林彪事件,又在书柜里取出了一本《白香山集》,翻到《放言》那一页给张茜看,张茜看了叹息不止,连忙将白居易的《放言》五首诗抄录给还在外地部队里的丹淮。

丹淮收到信,看着远方寄来的诗,很是思索了一阵,其中第一首和第三首最耐人寻味:

> 朝真暮伪何人辨,古往今来底事无。
> 但爱臧生能诈圣,可知宁子解佯愚。
> 草萤有耀终非火,荷露虽团岂是珠。
> 不取燔柴兼照乘,可怜光彩亦何殊。
>
> 赠君一法决狐疑,不用钻龟与祝蓍。

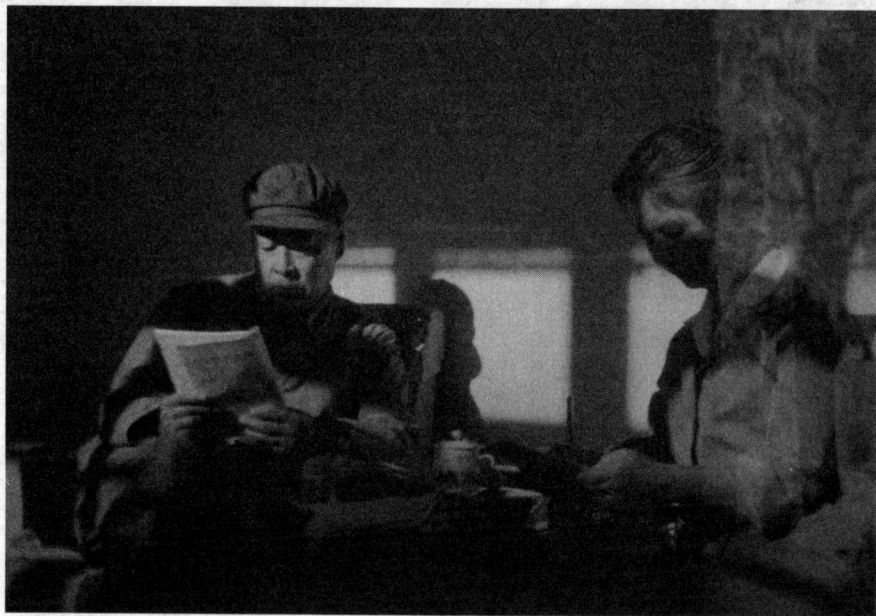

1971年春,与陈毅在家读书。

试玉要烧三日满，辨材须待七年期。

周公恐惧流言日，王莽谦恭未篡时。

向使当初身便死，一生真伪复谁知？

丹淮看着远方寄来的诗，看着1000年前大诗人的表述，觉得母亲一定是在传递一个重要信息，看着看着他忽然想这多像那个"最亲密的战友啊"、"最忠实的学生啊"！历史是何其相似，历史的轮回总是不断重复。

1971年冬天到了，对张茜来讲，这是一个最寒冷的冬天。陈毅的病情急剧恶化，张茜原来还很乐观的心情一下子就被破坏了，她拿着一叠诗稿到病房给陈毅看，陈毅翻看着诗稿，看着这从1927年开始留存了四十年的诗稿，就像是又回到了那历史的长河，陈毅还乐观地对张茜说："先把这诗稿放在那里，等我病好了再整理吧！还有很多事在我心里，我还想再补写一些，有的还想再修改一下。"想了一下又说："可以按编年整理。"张茜把诗稿收起来，可心里却很痛苦，她已经知道这是陈毅的最后的嘱咐了，这是她和陈毅之间的最后的生死之托。

寒冬越来越冷，陈毅的病情也越来越重，过了1972年元旦，陈毅陷入了昏迷。

十二、前永康胡同·无言的抗争

　　陈毅去世前后发生了不少风风雨雨的事情，张茜后来收到了很多老战友和普通群众的来信，还有很多感人肺腑的悼诗，其中最多的是希望读到陈毅的诗词……张茜开始带病整理陈毅诗稿，她决心要让陈毅诗词像锋利的匕首投向那伙伤天害理的恶人。她在《陈毅诗词选集》编后自己的诗中深情地写道："把卷忆君平常事，淋漓行会溢行间"……

　　1972年元月6日，陈毅去世了。在医院作最后抢救的时刻，张茜把自己关在了隔壁的一间房子里，她捂着嘴，不让悲痛的哭声发出来，可是眼泪却不住地流着。她不敢相信他就这样地走了，再也听不见他那豪爽幽默的四川话了，她的心被撕碎了。

　　陈毅安详地躺在病床上，他终于解脱了，从病痛的折磨中解脱了，从无休止的政治重负中解脱了。

　　张茜站在病床前，望着亲人，她的心剧烈地疼痛，可是眼泪却已流干了。她紧紧握着陈毅冰冷的手，轻轻地唤着"仲弘、仲弘"。声音低得只有他们两人的心灵可以体会，满病房的人都低着头不敢看这一悲惨的画面，也不敢去打扰这心灵的交汇。大家都在默默地等候着，时间一分钟一分钟过去，突然张茜滑倒在病床边沿，她再也撑不住了，她的悲痛再也压不住了，她放声大哭，儿子们连忙边哭边扶住母亲，儿子们说："妈妈，走吧！走吧！"

张茜回到家里已经半夜3点了，厚厚的窗帘严严地拉着，仍然挡不住严冬的寒气侵入。她坐在陈毅的办公桌前，一动不动。丹淮陪着母亲，轻轻呼唤："妈妈！休息吧！"张茜像是没有听见，仍然望着黑黑的前方。就这样一个小时、两个小时过去了，天渐渐蒙蒙亮了，她忽然说："是该进入一个新的生活了。"丹淮的心又收紧了，新的生活却是从最悲痛的时刻开始。张茜站起来说："快休息吧，以后的事情多了，不睡好怎么应付呀。"

9点多钟，张茜和全家又回到日坛医院。病床已收拾成临时的灵堂，陈毅躺在病床上，身上覆盖着一张洁白的床单，就像他离去的灵魂一样洁白，窗前摆放着几盆绿叶植物。张茜站在门口等待前来吊唁的人们。

王震第一个来到，他带着小孙女向陈毅鞠躬，又让小孙女跪下叩头，然后握着张茜的手边哭边说："保重！保重！"

刘伯承元帅来了，他双目已经失明，在秘书的扶持下巍巍地走过来。一走进门口，还没有等人引导，刘帅站在病房的中间就连鞠三躬，然后转九十度方向又鞠躬，顿时全屋的人失声痛哭，在一片哭声中，刘帅朝四个方向都鞠了躬。张茜捂着嘴不让哭声发出来，走过来扶着刘帅走到病床旁边，轻声说："仲弘在这儿。"刘帅又恭恭敬敬地三鞠躬，转身走了，刚出门口，他才"呀"的一声哭出了声。

赵朴初来了，还带了他的一首悼诗：

殊勋炳世间，直声满天下。

刚肠忌鬼蜮，迅雷发叱咤。

赖有尧日护，差免跖斧伐。

众望方喁喁，何期大树拔？

岂徒知己感，百年一席话。

恸哭非为私，风雨黯华夏。

周恩来总理来了，他安慰了张茜之后，听取了军委关于丧事的汇报，听到丧事的规格按军委领导人办理，只请与军队有关中央领导人和军队各级领导参加追悼活动。周恩来总理马上决定所有在京政治局委员都参加，国务院领导、各部部长都参加。这实际上已是周恩来总理可操作的最高规

1972 年 1 月 10 日，毛泽东出席陈毅追悼会与张茜交谈。左一为柬埔寨元首西哈努克。

格了。张茜很感谢周恩来的安排，对子女们说："总理现在也是困难时期，我们不能给总理添任何麻烦，不让他有一点为难，什么条件都不提，一切听组织的。"

元月 8 日，在三〇一解放军总医院，举行正式遗体告别仪式。很快陈毅的悼词送过来了。其中有"有功有过，功大于过"八个字，征求家人的意见，张茜默默无言，私下对子女说："只要有优秀党员，人民的好儿子就够了，别的都无所谓。"

陈毅追悼会的规格和悼词，在中央政治局会议上讨论通过了，送到毛泽东主席手里，毛泽东主席把"有功有过，功大于过"八个字划掉，同意了政治局讨论的结果。

元月 10 日，陈毅同志追悼会在八宝山举行。张茜全家提前来到休息室，只见周恩来总理匆匆赶到了，他说："张茜同志，毛泽东同志马上就要到了，他决定也参加陈毅同志的追悼会，宋庆龄同志也参加，我还通知了西哈努克夫妇，他们都是陈毅同志的老朋友了。"说完，他又匆匆出去检查八宝山的安排。张茜感到很意外，因为政治局决定毛泽东是不参加追悼会的，周恩来总理也亲口告诉她，除了毛泽东主席外，其他的在京政治局委员都参加。可是现在毛泽东自己决定来了，张茜的心感到了一阵阵的慰藉。张茜想起了陈毅在病中已经进食很困难时，却不忘在 12 月 26 日吃寿面，为毛泽东主席过生日；想起了陈毅弥留之际，呼唤的是红军。一直向前，战胜敌人，他和朱德、毛泽东一起创造的红军是陈毅最后的思念。今天毛泽东来向老战友告别，向老战友表示悼念，确实也没有辜负陈毅的一片诚心。

张茜紧紧握住毛泽东的手说："主席，你怎么也来了。"

毛泽东则挥动着他另一只手动情地说："陈毅是个好同志！"

"文革"中流传着一个笑话，陈毅在造反派批斗他的大会上说，请大家把《毛主席语录》翻到第 271 页（实际上语录只有 270 页）"陈毅是个好同志。"没想到这个笑话，却在陈毅的追悼会上印证了。

毛泽东继续说："悼词上不是写了吗，为人民服务，为社会主义作了贡献。"说着毛泽东也哽咽了："我是来悼念他的。井冈山的人已经不多了。"

在肃穆的哀乐声中，周恩来总理几经哽咽才念完了悼词，毛泽东率领大家向陈毅遗体三鞠躬。

毛泽东参加陈毅的追悼会立刻成为当时政治形势的一个标志。陈毅所代表的真正的共产党人的力量在与"四人帮"反革命集团的斗争中站稳了脚跟，解放老干部成为了不可逆转的潮流。

张茜收到了很多老战友和普通群众的来信，还有很多感人肺腑的悼诗，其中最多的是希望读到陈毅的诗词。当然在那种无公理的日子里，总有一股见不得的暗流在涌动，立刻有人讲："陈毅只会写几句歪诗。"上海也传来了这样的话：毛泽东是待亲者疏，待疏者亲，参加陈毅追悼会，只说明与陈毅是疏者。这些人毫不遮掩对毛泽东情感的丑化和歪曲。张茜愤

1972 年，与新四军水西村时的战友楚青（左）、陈模（右）在前永康胡同家中合影。

怒了，她决心要让陈毅的诗词像一把锋利的匕首投向那伙伤天害理的恶人。

后来张茜写道："一九七二年一月十日，毛泽东亲自出席了为陈毅同志逝世举行的追悼会，这是对死者的悼念，更是对生者的慰勉。从消息公布之日起，我收到许多来自全国各地的吊唁函电和慰问信件。其中有熟悉陈毅同志的老战友、老同事、老部下缅怀旧谊，追忆往事的，而更多的信件则是跟他从未有过直接接触的普通工农兵群众和青年，出于他们对老一辈革命者的尊重和怀念的心情写来的。不少人寄来了他们写的各种形式的悼词和挽词，并且建议我将陈毅同志的诗词整理出版。以上这一切给了我巨大的精神支持和勉励，使我得以在连遭不幸的时刻，不被哀痛之情所压倒，不被恶疾之势所慑服。经过手术之后，我想我应该像陈毅同志在病中表现的那样，一息尚存，努力不懈！因而催促自己要抓紧时间做一点力所能及的事情。"这里的不被恶疾之势所慑服，既是指身患的癌症恶疾，更是指当时横行中国的"四人帮"恶势力。

在陈毅病重之时，张茜也时有咯血，但为了陈毅的治疗，她顾不上自己的身体，就在这段最悲痛的时刻，病魔也击倒了张茜，在陈毅追悼会后，她的身体急剧变差，时常咯血不止。叶剑英元帅马上安排张茜住进了三〇一医院，张茜带着厚厚的一堆书稿，住进了医院。在看了很多陈毅手稿后，她想起，1971 年 11 月初陈毅病情开始加重，她拿了陈毅的一叠诗词同陈毅商量如何进行整理，陈毅就定下了按写作年月依次编纂成集的原则。

陈毅说："这件事暂且放一放，等我好起来的时候再着手进行，我还想写一些诗，好些事情在我脑子里留着很深的印象，我打算好好写出来。"陈毅还说："要花点工夫对这些诗稿进行修改和加工。"

张茜下定决心要把陈毅的诗稿整理出来，而且要把这事公开来做，2月初，张茜写信给毛泽东主席，报告了整理编辑陈毅诗词的计划。在那个所有的文艺作品都被禁封的年代，在那个只有"八个样板戏"的年代，张茜的信是冒着很大的风险，也可视为寻求冲破禁锢的探路石。张茜的信自然没有回音，她仍然勉强支撑着日渐羸弱的病体，开始了整理工作。在整理过程中她很想得到专家们的帮助，张茜忽然想起了赵朴初写的那首悼词，充满了对陈毅的敬佩之情，充满了对正义的渴望和对邪恶的声讨，赵朴初和陈毅还是在上海一起工作过的战友，张茜确认赵朴初同志是一个值得信赖的朋友，而赵朴初的诗词功夫又是全国闻名的，那一首"某公三哭"嬉笑怒骂无不入木三分，被全国老百姓争相传闻。于是张茜郑重地向赵朴初提出请求，希望在整理陈毅诗词的过程中给予帮助。赵朴初当时身体并不好，政治状况也不好，可是他慨然允诺，并付出了极大心血。

张茜在医院里开始翻阅诗稿，诗稿是各种各样的：有过去发表在报纸上的剪报，有陈毅自己用笔抄存的文稿；也有自己抄录保存下来的，有打印的小册子，也有只是手写的几张纸。有相当的诗稿是凌乱的，看得出还在修改之中，也有抄得很工整的诗稿，却有着不同的字句，看来陈毅已做了修改，可是并没有留下时间顺序。这都要张茜去整理去选择去定夺。

1973 年秋，张茜请赵朴初帮助整理陈毅诗词时合影。左起：长子昊苏、赵朴初、陈邦炽、张茜。

一天，叶剑英同志把昊苏兄妹叫到三〇一医院的一间会议室，他手里拿着一叠会诊报告，心痛地告诉他们，你们母亲的病是肺癌，这一句话就像是一声晴天霹雳。

昊苏兄妹都惊呆了，什么话都讲不出来，只是默默地承受着第二次心灵上的打击。叶帅很体会大家的心情，没有再讲，直接走进张茜的病房。

张茜一看神情严肃的叶帅走进来，后面跟着很多院长、主任，心里就明白了，但是张茜还是风趣地问："抓住了那个小东西了吗？"

叶帅说："抓住了，抓住了就好部署消灭它。"这是无奈的风趣，却又是一种平静的豁达。

一天姬鹏飞外长的夫人许寒冰来医院看张茜，谈到我国进入了联合国，外交外语人才极缺，外交部决定把"文革"前各地外语附中的学生集中部分，选派一些好的到英国学几年英语和外交知识，许寒冰对张茜说："你们家珊珊不就是北京外语附中的吗？让她也出去学习吧！"张茜听了很高兴，当即表示同意。当珊珊的手续办完了，外交部干部司表示珊珊可以晚去些，等张茜手术后再去。张茜坚决地回绝了，她说："我宁可再见不到女儿，也不耽误女儿的学业。"她要珊珊一定按时出国，她对珊珊说："去吧！你去了我反而安心了，不过你一个女孩子，出国一定要自重，自尊。不要忘记你爸爸。"同时她又写了一篇八十行的长诗，给女儿送行。诗题目就是《珊珊出国》，下面节选一部分：

> 丹淮昔离家，
> 父写送行诗。
> 儿今出国去，
> 父丧母孤悽。
>
> 临别意怆恻，
> 翻检父遗篇。
> 与儿共吟诵，
> 追思起连绵。

汝父叮咛语，
句句是真知。
情义最深沉，
尽述平生志。

劳绩长不没，
遗爱在人间。
文稿盈数尺，
诗词三百篇。

名标丹青史，
诗传千百春。
遗风留天地，
化育后来人。

父丧永默默，
诗教仍旦旦。
寥寥虽数言，
根源于实践。

写诗送儿行，
吟罢泪涟涟。
汝父平生事，
愿儿记心间。

　　珊珊到英国进修了，带着母亲的期望和决心到了异国他乡，每当晚上闲暇时就面向东方，在夜空中寻找那颗父亲的星星，默默地祈祷母亲恢复健康，一定等她回来相见。

珊珊出国了，但是张茜全家的气氛仍然是那样的压抑，没有笑容，没有欢乐。张茜反而平静了，她对儿子们说："你们不要为我难过。当我知道自己得了和你爸爸一样的病时，我反而觉得心头的创伤渐渐平复了。让我踏上一年前你们爸爸走过的路程，跟着他的脚印一步一步走去吧！"怎么能不难过呢？我们知道陈毅与张茜当年定下的"生死之交"，难道生死之交就是这样的同走一条路吗？丹淮忽然想起了陈毅悼念叶挺的诗：

> 我不信命运，
>
> 故不言命运之悲惨；
>
> 我不信天道，
>
> 故不言天道之不公；
>
> 我只说斗争需要你贡献雄才，
>
> 我只说法西斯正待人民去葬埋。
>
> 你之牺牲是革命长恨，
>
> 人百其身赎不回。
>
> 我只望你的遗风长存，
>
> 化育无数后继之英才。

1972 年 3 月 17 日，张茜接受了手术治疗，三天后就躺在病床上让昊苏念陈毅的诗文。一周后能够下地了，就自己看稿。整理这些诗词她倾注了全部的心血，比如陈毅去延安的路上留下了十几首诗，可是文稿上没有注明时间，张茜就根据陈毅留下的一个小本里，记下的行军里程和宿营地村名，一点一点在地图上探索和推断，又走访了很多曾在那些地区工作过，而且又熟悉交通情况的老同志，才慢慢确定了这些诗篇的写作时间。为了对战争年代的诗进行编次，她查阅了大量的新四军和华东野战军的战史。为了熟悉、弄清陈毅的一些咏史的诗句和引用的典故，张茜又看了大量古代史籍，如"二十四史"、《资治通鉴》等，她不能通读，但对诗稿涉及的内容却看得很仔细，甚至不怕麻烦一行一行地断句和圈点。至于在诗词艺术上的加工与选择，则得益于张茜十几年的积累，她在广州向中山大学教授学习的中文古典知识，她经常与陈毅在诗词上的交流和学习，她对于诗词格律的认真研究，这时都充分地用上了。尽管如此，张茜还是把一本万树［清］的《词律》总是放在案头，随用随翻，而《楚辞集注》、《李太白集》、《白香山集》、《东坡乐府》等书也轮流放在床头。不止古典文学，就是现代的《鲁迅全集》、《沫若文集》、《柳亚子诗词》也是她经常翻阅的。手术后恢复得不错，张茜开始了拼命式的工作，每天吃完饭就伏在桌子上看文稿，翻书籍一坐就是几个小时。

三〇一医院的医生劝她："张茜同志，你现在的健康情况，不允许你过分劳累，你要保重，要节制些。"

张茜笑了："谢谢你们的医治，我身体恢复得很好，我感觉自己的体力和精力都还可以，我会注意的。但是必须努力工作。"

一天赵朴初在谈论诗词整理时，看到张茜日渐瘦弱疲倦不堪的样子，便关切地问："你现在身体怎样？是不是太累了？"

张茜叹气："目前感觉还好，但是得了这种病，是有不测风云的，我是在和病魔抢时间，我一定要完成我的心愿。"

赵朴初说不出任何安慰的话，鼻子一酸，赶快转向诗词的修订话题。

一次丹淮说："赵朴老，你给我父亲写的那首悼诗，对我们来说真是一种极大的安慰，不过那句直声满天下，还真是感到有点担当不起。"

赵朴初认真地说："为什么担当不起？我问你，陈毅'黑话'是不是直声？"

丹淮说："那是造反派称其为'黑话'的，其实那就是父亲的真话，是他经过考虑说出的对'文革'的不同意见，说直声倒也不差。"

赵朴初继续问："陈毅'黑话'是不是流传全国。"

丹淮说："是，全国老百姓都传说陈毅'黑话'，我走到哪儿，都有人和我谈起'黑话'。"

赵朴初说："流传全国不是满天下是什么？所以'直声满天下'我可不是随便写的。"

还有一次，赵朴初问昊苏和丹淮："除了'梅岭三章'和'大雪压青松'外，你们最喜欢哪些诗？"

1973年秋，张茜与三个儿子在整理诗稿。

　　这一问使昊苏和丹淮都怔住了，他们从没有做这个比较，过一会儿又不约而同地指着红军时期的那几首诗。

　　赵朴初语重心长地说："我最喜欢的是你父亲在新四军的那几首写景小诗，你们看1943年在淮河边写的那几首小诗，每一首诗都是一幅多么美丽的图画啊！诗味最浓，真有几分唐诗遗风。正是他有着对河山的倾心，才有那种勇冠三军的豪气。"

　　后来丹淮把赵朴初的意思告诉了母亲张茜，张茜也深为叹服。

　　有时张茜再翻检遗稿时，会忽然失神呆呆地望着远处，默默地坐在那儿几分钟，十几分钟；有时又会捧着陈毅的诗词留下行行热泪，当然也有时她会眼含欣慰而轻轻地发出笑声，那一定是她从诗中回想起了过去的欢悦。有人劝她保重，尽量少看引起悲思的稿子，张茜却笑着说："我是在做着一种有益的学习，从中找到精神上的慰藉，我觉得这是和陈毅同志在对话，你们以为我流泪很悲很苦，其实我是乐在其中。"后来张茜在《陈毅同志诗词选集》编成题后两首诗中就写道："把卷忆君平日事，淋漓兴会溢行间。"这正是她最后两年生活的准确写照。

1972 年在张茜身边发生了太多的事，丈夫陈毅去世了，毛泽东主席破例参加了陈毅的追悼会，自己又检查出身患绝症，然后是开始了陈毅诗词的整理工作。

这一年，中国的政治形势发生了新的变化。林彪的叛逃身亡使林彪反革命集团的力量顿时土崩瓦解，而江青反革命集团的势力则乘势迅速膨胀，王洪文进入北京中央核心领导层，上海帮也就是"四人帮"夺取了我党的极大的权力，仍然是倒行逆施，使国家深陷灾难。另一方面由于毛泽东参加陈毅追悼会这一特殊的举动，又使被污蔑为走资派的老干部的遭遇大为改善，平反、落实政策，恢复名誉慢慢成为干部政策的主流。而中央军委由叶剑英元帅主持日常工作，使得中国的政治力量对比产生了极大的变化，至少周恩来总理有了一个强有力的支持者。

这年夏天，张茜的好友王于畊在被批斗关押六年之后突然宣布解放。王于畊立即来到北京，要求探望也被关押了六年的老伴福建省委书记叶飞。张茜得知王于畊来到北京就把她请到家里，两个老战友从 1965 年共游福建到现在已经分别了七年，这七年里她们每个人都承载着不同的苦难。张茜把王于畊拉到自己的房间里，拉上厚厚的窗帘，两人急切地问着对方的情况，避而不谈自己的经历和痛苦，终于张茜忍不住了，提高了声音问道："你打算怎样营救他（指叶飞同志）？说吧！我关心的是这个。"

王于畊忍住激动和愤怒，介绍了她探望叶飞的情况，说到她测数叶飞的脉搏后，要求让叶飞住院治疗，王于畊说："我怕他们敷衍，想写封信给周总理，请求治病。"

张茜说："完全对，写信吧！快写，要我给你转递吗？"

王于畊怕连累了张茜，很明确地说："不要！我们递到中南海西门收发室，总理收得到。"

张茜问："你是不是怕麻烦到我？我不怕，我愿意为保存干部多做点事，今后中国的事还多得很呐。"

两周后叶飞住进了医院，第二天就发起了高烧，张茜又请王于畊来到家里。张茜叫昊苏取来一个纸盒，装满柑橘，又取来榨果汁的玻璃器皿送到王于畊面前急切地说："这是送病人吃的，我只有这些，让病人吃吧！"

王于畊不接，也不能接，因为张茜也是个病人，而且万一传出去她是和一个关押的"犯人"来往，又有谁能保护她呢？昊苏追上来把东西硬塞在王于畊阿姨的手里。

张茜大声地说："你用不着为我担心什么！带去吧，只有这么多了，给发烧的病人增加点水分。"

王于畊抱着柑橘赶到医院马上就榨了杯橘汁给老伴喝，叶飞喝了很喜欢，王于畊笑了，她想，如果告诉张茜，张茜也一定会笑的。

张茜住三〇一时忽然听说，张爱萍将军因骨折也被关在了三〇一医院的病房里，有一个警卫班看守着，对外严格保密。她马上将朋友刚送来的荔枝装了三个大信封，叫人直接送到张爱萍的病房。守门警卫挡住了，送荔枝的同志大声说："这是张茜同志送来的。"拨开了警卫的手就跨进去了，他把信封送到落难将军的手里说："这是张茜同志送的，她请你多多保重。"张爱萍这位从未在专案组面前低过头的坚强的人，竟然落下了眼泪，他也回答了一句："请代我向张茜同志道谢。"

张茜用一盒柑橘、一袋荔枝表达着自己对老战友的支持和对"文革"迫害老干部的抗议。那个年代人们做的一切都会被人向上汇报，都会有人在背后算计，但是张茜不怕，她向战友们说："陈老总已经去世了，我不过是个患有绝症的遗孀，早已视死如归了。"这是一个轻声发布的宣言，却是一个至死不悔的宣言。

这年夏天，张茜到北戴河去疗养，仍旧住在过去陈毅所住的那幢别墅110号楼，不同的是她住到了陈毅那间卧室。她坐在陈毅的办公桌前，就连披在身上的那件外套，也是用陈毅的海蓝色的元帅服改制的。她坐在宽敞外廊的竹椅上回想着与陈毅共度的日子。

在松林覆盖的小路上，她仿佛看到陈毅和自己携手拜访刘伯承，两个四川人天南海北地大摆龙门阵。

在海浪漫涌的沙滩上，她仿佛看到了自己在海水中认真地按教科书写的收腿、蹬腿、并腿重复着，却总是一动不动地停在原处。而陈毅则不拘姿势在海中畅游。

陈毅上岸对张茜说："不要老这么死搬背教科书，首要是熟悉水性。"

可张茜说："这是科学。"

陈毅哈哈大笑："你这样的科学，是学不好游泳的。"

她又仿佛看到陈毅与李立三在棋盘上杀得忘记了时间，自己走过去一下就把棋盘掀了。咳，那时怎么不让他们再多玩几盘。

张茜低声吟着陈毅在北戴河写的诗，继续回顾着陈毅的足迹，探寻陈毅的情感。

从北戴河回到北京，张茜感到自己恢复得不错，体力和精力都增加不少，就更加奋不顾身地工作着，那时由于周恩来和叶剑英的关心，三〇一医院仍然配备了护理人员随家而住。张茜为了减轻医护人员和儿子的负担，每到晚上 9 点钟，就早早休息，睡下了。等过了 12 点，全家都睡了，她却悄悄爬起来，在办公桌的台灯下，继续工作，到了凌晨 4 点多她又躺回床上睡一会儿，直到 6 点多大家起床了，她再起来。有一次，丹淮半夜起来发现客厅有灯光，以为是忘了关灯，走到门口才发现是母亲在纸上写着，她是那么专注，竟然没有发现有人走近。丹淮一阵心酸，知道这是母亲的痴心，是无法劝阻的，就慢慢地退回自己的房里。

经过九个多月的努力，12 月初，张茜先选了 100 首诗词编成《陈毅诗词选集》，全部由昊苏手抄，日后也称为"手抄本"。她终于长舒了一口气，毕竟在有生之年，她的第一个目标已经完成了。12 月 15 日这天，尽管北京严冬，寒风凛冽，张茜还是在昊苏、丹淮的陪同下，来到碧云寺。

五十年前，也就是 1922 年冬天，陈毅来到在碧云寺的中法大学就读，就在这个 600 多年古刹里，陈毅加入了中国共产党，办了文学社，完成了大学的学业。这里是陈毅走向革命的起点，陈毅始终不忘这个起点的地方。1955 年，陈毅全家迁居北京这一年的夏天，他就带着全家来到碧云寺，那时已经完全见不到当年办大学的模样，又恢复了古刹的庄肃，全家在一个假山上照了一张全家福，那是一张全家欢乐的照片。张茜漫步在碧云寺，不知是否又在想陈毅的足迹。陈毅在这里留下了很多诗文，其中有一首《西山葬礼》是追悼孙中山先生，自己又何尝不是在凭吊着自己的亲人陈毅。张茜登上石塔的塔顶远远望去，她是在告慰亲人：我终于完成了你对诗词的愿望，而且还要继续走下去。

1972 年就这样过去了，虽然匆匆却也充实。

1973 年走过来了，张茜来到了广州，住的还是那么熟悉的小岛宾馆和从化疗养院。1956 年底，她陪陈毅到广州来养病就是住在小岛和从化，陈毅在这里写了大量的诗，尤其那座良口水库，景色秀丽，水淼浩浩常使陈毅流连忘返，留下了四游良口的佳作。1962 年，陈毅在广州发表了著名的对知识分子脱帽加冕的讲话，向知识分子鞠躬道歉，赢得了广大知识分子的欢迎和赞誉，也同时遭到了"左派"们的攻击和鼓噪。

张茜站在从化温泉疗养院的一个亭子中，好像看见也正是九年前的这个时候，陈毅和自己也是在这个亭子中聊天，迎面走过来了张治中老先生和他的夫人，他们四个人就在这亭中上说了一个小时话，陈毅和自己专门把张治中夫妇送回他们的住所，第二天下午张治中夫妇又专门来回访。可是现在，他们都不在了，只有自己在独撑残躯。

张茜边感叹边走出亭子，忽然看见前面走来了一位老太太，走近一看原来是曾山的夫人邓六金，她由儿子曾庆洋陪同也在从化疗养。曾山是陈毅的老战友，在新四军华东时更是在一起工作，邓六金是少有的几位经历全程长征的女红军，在华东被大家称为三姐，与张茜是从新四军就开始认识了。曾山在参加陈毅追悼会后，1972 年 4 月 13 日，又主持了陈正人的追悼会，两个红军老战友的相继而去，使曾山十分悲伤，4 月 16 日曾山也撒手人寰。张茜和邓六金同样的遭遇使她们紧握着对方的手，却讲不出话来，就这紧握着的微微颤动的双手，传送着彼此对对方的慰藉。后来邓六金也写了本书，是回忆和曾山的峥嵘岁月，这点张茜与邓六金又太相似了。

张茜为了保持健康，每天坚持走路，一天看见一个老人坐着轮椅在几个人的相拥下散步，张茜走过去一问，原来是空军副司令员谭家述在夫人沈阳和工作人员陪同下散步，张茜赶快走上去握了握老人的手，老人茫然地看着，旁边沈阳同志说："老谭中风了，虽然脑子还清楚但已失语了。"沈阳在谭家述耳旁大声说："这是陈毅同志的夫人张茜。"说了两遍，谭家述像是听懂了，立刻激动起来，手比划着，嘴张着，啊……发不出声来。过了一会儿就泪流满面，又用手比划着要写字，工作人员递过一张纸、一支笔，谭家述接着，用力在纸上划着，可无论如何看不出一个字的样子。谭家述激动得乱扯衣服，沈阳含着泪安抚老人，张茜看着心痛了，连忙握着谭家述乱晃的手，使劲儿握着，大声说："保重！保重！"沈阳把谭家述推回来的路上，一面挥手向张茜告别，一面弯着身子安慰着谭家述渐渐远去了。

张茜非常害怕过分激动情绪会影响到谭家述的恢复，就尽量躲着他们的轮椅，只在沈阳单独时互相谈谈。后来谭家述去世后，沈阳以海岩的笔名也出了一本诗集《雁南集》。其中三首诗就是特别回忆在广州与张茜的交往。沈阳这样写道：

想到陈毅元帅的夫人张茜，就使我心中掀起激动的波涛。这首"如梦令"就是忆及张茜君似蜡烛般点燃自己，照亮他人的崇高品德而填的。

建国初期，我们经常会晤，她总是彬彬有礼地微笑着向大家亲切打招呼，那温文尔雅的翩翩风度给人留下了难忘的印象。

陈老总逝世后的一个深秋，我们在花城珠岛宾馆相遇了。茜君的秀发上飘落了"霜花"，一双明眸里包含着沉郁、忧伤和坚毅的神情。她没有诉说怀念陈老总的痛苦悲哀，没有讲她身患癌症已至后期，正争分夺秒整理陈老总遗稿的艰苦，而是热情关怀地看望被迫害成残病交加的家述。家述当见到茜君时异常激动，心中的千言万语不能说出而急得用左手边比划，边流泪。这是我看到他大病中第一次这样激动哭泣。茜君轻轻地抚摸着家述那已然失去知觉的手，眼中流露出极大的痛苦与同情，她千叮万嘱一定要照顾好病人，并怕家述练习走路穿塑料底鞋滑倒摔跤，特地为他量了鞋样寄回北京，为他做了一双布底绒鞋。家述感激地捧着鞋久久凝视，难以抑制的泪水滴滴淌落在绒鞋之上……

如 梦 令

烛光曲

青发飘霜何早？履薄临深多少。

坎坷路迢迢，还有雨风相扰。

多傲，多傲，红烛泪高身小。

忆 王 孙

谢张茜

凄凉苦雨泪湿衫，

整理行装百万千。

唯有绒鞋扣心弦，

十三年，

正气豪情天地间。

纥 那 曲

歌张茜

相遇在花城，茜君高节风。

天涯同冷暖，仙子寄情浓。

沈阳又和张茜、邓六金一样，三个女人后来拿起笔都是走着同一条路。

不管如何，完成了100首诗词的选编使张茜心情十分愉快，她对健康充满了信心。除了散步之后，又和丹淮打起了乒乓球，打了几个她总是接不住丹淮的发球，她就专门练接发球，丹淮看母亲兴致这样高，也就拿出了发球的本事，说："这个球下网。"一个下旋球过去，张茜一伸拍子，球直落网底，丹淮又说："这个球要出界了。"一个上旋球过去，张茜拍子一挡，球横飞台外。张茜笑了："这球怎么这么听你的话？我不服，再发。"丹淮一个右侧旋球过去说："球向右。""再来。"丹淮说："这次是向左出界！"只是张茜拍子用力向右一挡，小球居然落在台子上了，张茜高兴地说了："怎么样，我挡住了吧！"大家都笑了，笑得都那么开心。

一天，在广州的街上昊苏和丹淮看到有卖彩色胶卷的，特别高兴就买了一卷，又买彩色洗相药。回到宾馆装上那个1954年陈毅从民主德国带回来的莱卡相机，在宾馆照起来。

张茜说："你们能照出彩色来吗？"

昊苏说："总是试试再说啦！"

于是，张茜很高兴地选择景物摆好姿势，让昊苏、丹淮照了起来。照完了，昊苏和丹淮就到宾馆的一个俱乐部暗房中，用专用药冲洗胶卷。可是洗照片就不那么容易了，开始洗出来的照片颜色总是发蓝，经过很长时间摸索，才洗出了较好的彩色相片。拿回去给张茜看，她很高兴："还不错嘛，有颜色，这比黑白的生动多了。"这样在影集中就增加了一些彩色照片。

张茜还按照陈毅在广州写的诗，再次参观了很多革命遗迹，尽管在"文化大革命"期间很多遗址都不对外开放了，可是张茜还是通过省革命委员会的接待人员打招呼，实现了走访。在参观广州农民运动讲习所旧址时，这个馆的负责人特别把张茜带到后面的一个未开放的大厅，里面赫然立着一个高2米多、宽近6米的油画架，上面巨大的画布尚未最后完工，画的是井冈山会师。画正中是毛泽东和朱德亲切握手，陈毅站在朱德后面，四周是欢呼雀跃的红军战士和自卫队员。张茜站在画前一动不动，凝视画中的亲人。旁边主创人员则郑重地表示对林彪一伙篡改历史表示愤怒，他们就是想以这幅画来反映真实的历史。张茜凝视画中的陈毅，足足有十分钟，流下了热泪，张茜匆匆转身而去。在回归的路上，她一直捂着嘴抽泣着。这幅画给她极大的慰勉，她从画中看到了民心所向，从画中也闻到了一息春意。这幅画后来是否展出不得而知，但却在张茜的心中留下了极美好的回忆。张茜仍是那样夜以继日的工作着。终于在一天的上午，她把一叠抄写整齐的稿子交给了吴苏、丹淮，她说："我终于把我的体会写出来了。"吴苏、丹淮一看文稿题目是《〈陈毅诗词选编〉序》。其中最后一段写道："三月十七日是我手术后届周岁之期。在这一年之内，我勉力完成了陈毅诗词稿的编辑，差可告慰于关心我的许多同志。谨将此集作为本年清明节日奉献于陈毅同志灵席前之奠仪。"这一天是 1973 年 3 月 8 日，地点是广东从化温泉。

天气渐渐回暖，张茜又回到北京，虽然她的第一个目标已经完成了，但她给自己订了很多目标：要整理影集，要编订《陈毅诗词全集》，要编订文集，等等，所以一直不敢懈怠。

当时政治形势也在悄悄地发生变化，从 3 月份开始一些被迫害的老干部陆陆续续被放出来，暂时住进了中央组织部万寿路招待所。四川省委书记廖志高首先合家团聚，接着浙江省委书记江华，江苏省委书记江渭清，陶铸同志夫人曾志都来了。到了 6 月 22 日叶飞也被放了出来，王于畊全家团聚。随后东北局书记宋任穷也来了。万寿路小楼里顿时春燕绕树，喜鹊纷飞，就像是一块红色的根据地向世人宣告着真正共产党人的精神。

没过几天，张茜特地来到万寿路招待所，来看自己的好战友王于畊和叶飞。因为这是一个喜悦的日子，张茜还特意地打扮了一下，选了一条素花绸的缎带，在王于畊看来，她就像一朵白荷，惊叹着又是那样的光艳照人，又是那个美人张茜回来了。张茜一进门就轻快地走向前，拉住叶飞的手问好，她仔细地审视了他的气色说："叶飞同志，你还不足六十吧！还不老，好好保重。"转过身来紧握王于畊的手："祝贺你们全家团聚。"

王于畊拉张茜坐下来，张茜却兴致勃勃地说："这里不是还有一些老同志们吗？我去看看他们。"

话音未落，门外就有人接话："不用去了，我们来了，都来了。"说着宋任穷和钟月林、江渭清、江华、廖志高和郑瑛、曾志都相拥而进。张茜1955年全家进京时就和宋任穷一家住一个大院里，做了近四年的邻居；1963年陈毅全家在成都过的春节，就是廖志高夫妇接待的；江渭清、江华、叶飞都是1966年秋天陈毅宴请华东书记的参加者；曾志多次在广州接待陈毅和张茜，甚至在1967年1月还打电话给陈毅，问陶铸情况。面对这些老战友，这些承受过极大苦难的"被解放者"，张茜真是恍若隔世，喃喃自语："能坚持下来，太好了，太好了。"

万寿路小楼里的那间客厅，现在显得太小了，王于畊指挥着把楼上楼下所有的椅子都搬到客厅，十位战友挤坐在一张破旧的沙发上和几张各式的椅子上，各家的子女们都只能站在门口、墙边，高兴地看着他们父辈的聚会。这是"文革"七年来难得的一次聚会。

7月，张茜又到北戴河疗养，这时她的心情好多了，《陈毅诗词选集》已经基本定稿，她又投入到修改序的工作，她要认真地把《陈毅诗词选集》推荐给世人，所有这些心血全部都写进了《陈毅诗词选集》的序里了。

一天早晨，张茜在海边散步，看见一只只渔船从海上靠岸了，渔民们搬着满满网箱在沙滩叫卖起来，张茜凑上前一看是一堆堆横爬竖卧的肥大螃蟹，她想起来上个月在万寿路聚会的战友们，这些劫后余生的战友，几经家破人亡，刚刚全家欢聚。张茜满怀喜悦，一下买了一大筐，让昊苏带回北京，交给王于畊，并亲笔写了封信："于畊：小侉①返京，嘱其带回海滨所产螃蟹，分送你及二江、宋、廖、曾六家。按成人计，每人能尝到一只，我约估计为三十人。褓褓捧负的娃娃们，还不会剔肉吮膏，不算在内，故送上三十只，未知够分否？若不足数，下回再补。你们几家比邻而居，各有家人欢聚之喜，我远道送的几只螃蟹，凑趣而

---

① 即昊苏，他出生在江苏阜宁亭翅港附近的侉周村，故名。

已，请你代我分送各家，人多者，多分几只，人少，少分。并转致问候之意。"

这封信王于畎一直保留着，在 1990 年她写的文章中这样写着："我对她从没有说过感谢的话。我只把她在北戴河写的这封信保存至今，现在我又把它带回了北戴河，并在涛声中重读了它，我再一次感到了信上每一个字的烫热。于是写下了上面这些怀念她的悠悠絮絮的文字。她给我的是终生的友谊，我也是自将她的信和其他遗物保存终生。我知道，对我说来，这也是保存一颗至诚至纯的心，一份至纯至诚的战友之情。"①

----

① 此文收入《往事灼灼》一书。

十三、程家花园·最后的日子

中央军委任命张茜为军事科学院外军部副部长，程家花园见证了她生命的最后历程……她曾动情地对子女说："我看不到你们爸爸诗词选集的出版了，可我相信总有一天会出版的，一定会有那一天，那时你们就要像陆放翁写《示儿》那首诗那样告慰你们的爸爸妈妈……"

1973 年初，中央军委任命张茜为军事科学院外军部副部长，于是张茜就搬到西山军事科学院的程家花园。程家花园原是著名京剧大师程砚秋先生的院子，日本侵略军占领北京之后程砚秋拒绝上台演出，归隐西山务农，与梅兰芳先生蓄须明志成为了当时的新闻。程先生在院子中间建了一个高三尺的舞台，用于教授学生和排演新剧。新中国成立后程家花园成了军事科学院的宿舍。

程家花园是个典型的北京四合院，正房五间，厢房各三间。从门口到正房都有游廊通道。正房前面用玻璃隔了一个很大的大厅，既明亮又暖和。大厅西面放一个圆的茶几，四周围着一圈沙发和一个躺床，正房中间三间是客厅，但没有人待在那儿，张茜总是在明亮的廊厅中接待来访的客人。戏台和廊厅之间是个宽敞的庭院，种着一些树木，靠廊厅墙边栽着一排竹子，风一吹冉冉地摇动，总是让人想起了陈毅 1952 年写的莫干山记游词："莫干好，遍地是修篁。夹道万竿成绿海，风来凤尾罗拜忙。小窗排队长。"张茜在程家花园完成了《陈毅诗词选集》的选编工作，程家

此处为陈毅改衣服时的毛衣。

1973年秋，在西山程家花园。

花园见证了张茜生命的最后历程，程家花园记录了张茜对陈毅的矢志不移的爱。廊厅的东面放着陈毅原来的办公桌，桌子上的文房四宝仍然是原样摆着，只是放书不再是各式文件报告了，换成了陈毅的文稿和各种古典诗词的参考书。张茜就是在陈毅的办公桌旁用着陈毅的文房，争分夺秒地整理着陈毅的诗词。这真是痴心女子痴心情，满腔血泪满腔爱。

张茜搬到程家花园不久，邓颖超送来了檀香山的一束花，其实就是现在常见的红掌，可在20世纪70年代初，我们都没有见过，所以感到漂亮极了。张茜把花放在廊厅的圆茶几上，红彤彤的花瓣映辉了半个廊厅。张茜还专门在花旁照了相，她要把这美丽的花和邓大姐的关心永远留下。每当张茜在书桌旁写东西累了，就会远远望着这美丽的花束，好像听见了西花厅传过来的安慰，她笑了，笑得像花一样绚丽。

张茜搬到程家花园不久，叶剑英元帅也来看望，叶剑英和张茜愉快地交谈着，张茜还询问当年他们延安的生活。叶帅听着张茜的话，翻着张茜手写的厚厚的草稿，很是赞叹，又很奇怪地问为什么不打印呢？张茜笑笑不作声。叶帅明白了，当即叫军事科学院派一个打字员来，专门为张茜服务。有了打字员，就用不着来回手抄草稿了，整理好的稿子很快就打了出来。又好看，又便于修改，诗词选集编辑的速度明显加快了。她笑了，笑得像蓝天那样清澈。

1973 年 10 月 14 日，张茜最后一次登上西山碧云寺，这时她的心情已经完全平静下来。她望着满山斑斑的红叶，在秋风中再次领略着"西山红叶好，霜重色愈浓"的耐人意境，情不自禁地念起了陈毅 1925 年写的"西山的葬礼"：

> ……
>
> 如今你归来
>
> 归到了山林
>
> 有流泉幽咽
>
> 有翠柏森森
>
> 有石塔峥嵘
>
> 有风雨凄清
>
> 还有白云依恋
>
> 伴明月长照丹心
>
> ……

张茜感到从未有过的共鸣，最爱的人陈毅也归回了山林。张茜望着远远的天边，喃喃地说："仲弘，不久我就可以把你的诗带给你了。"

11 月 18 日是张茜病后最高兴的日子，因为小鲁回来探家了，珊珊也从万里之外的英国飞回北京度寒假，全家团聚了。张茜意识到这可能是自己看得见的最后一次全家团圆的日子，于是忙着和珊珊、小鲁照相，又穿上棉大衣，在初冬的寒风中照了好几张全家福，三个儿子，一个女儿，两个媳妇紧紧地围着母亲，留下幸福的影像。

张茜拿出修改的《〈陈毅诗词选集〉序言》交给昊苏去打印，又拿出四五张或横写或竖写的《陈毅诗词选集》字条，说："你们选一张作为书名题词吧，我终于完成了第一个目标。"张茜很兴奋，全家都处在无比兴奋之中。

兴奋仍在继续，可也就持续了三天，11 月 21 日张茜又咳血了，又住

1973年11月，全家在程家花园戏台前。前排（右起）：珊珊、张茜、秦昭（吴苏妻）、鲍燕燕（丹淮妻），后排（右起）：丹淮、小鲁、吴苏。

进了三〇一医院，从此就再也没回到程家花园。住院不久，老同学林琳约集了好几个当年武昌读书会的同学来看张茜，这都是三十多年前的中学同学了，大家见了面分外喜悦，不约而同地回想起了少女时代的各种抗日救亡活动、生活情景，甚至亲昵地回想起当时每个人的外号，而凑巧大多是与瓜相连的。

林琳故意一本正经地说："今天是瓜园大会啊。"

张茜没有反应过来："什么瓜园啊？"

林琳笑得合不拢口，指指点点说："你看啊！这是南瓜，她是冬瓜，还有那个丝瓜也来了，不是瓜会又是什么？"又得意地说："这么多瓜就我什么瓜都不是。"

其他几个人就嚷着："那你就当黄瓜吧！"说着满屋子的人都笑了。

说着笑着，她们又唱起了当年的抗日歌曲，张茜气短不能高声，就轻轻地吟唱着。她们宛如回到了少女的岁月，仍然是那样激情，仍然是那样真诚，仍然是那样百折不挠的坚毅。

在三〇一医院，周恩来总理专门安排来华访问的巴基斯坦总理布托会见张茜，会见时布托很有感情地回忆起十几年前他当巴基斯坦外交部长时与陈毅的几次会晤，甚至还代表他的女儿小布托（后来也从政担任过巴基斯坦总理）向张茜问好。张茜很是感慨，回病房后说："这是我最后一次会见外宾了，过去的事都结束了，不过还是留下了很多朋友，这也是陈老

1964年2月，周恩来、陈毅、张茜会见巴基斯坦外交部长布托一家。

总给我带来的荣光。"

1973 年 12 月 23 日，张茜已经预感到自己的病情恶化，时日不长了。她把吴苏、丹淮、小鲁、珊珊叫到病房，说："时间不多了，我有几句话要跟你们说。"

丹淮也感到情况不好，但不想碰这个痛心的话题，就说："妈妈，不要多讲伤心的事，还是争取治疗最要紧。"

张茜摇头说："不！我今天一定要把心里的几句话告诉你们。你们谁都不要阻拦我。"

吴苏四兄妹都静默了，病房的空气忽然沉重起来。

张茜缓缓地说道："人总是要死的。我这一辈子我自己觉得过得很幸福。我是穷家小户出生的女孩子，那时候要读书很不容易，每个月为交学费，老人尝尽了艰难。在旧社会我没有被毁灭，没有堕落，保持了清白，参加了革命。在党的培养下，我才学到一点知识，能够担负一点工作，能够有一点作为。你们比我幸运，生长在解放以后，环境太顺利了。"

"我这个人一辈子都是理想主义的，总追求一个很高的境界，又总觉得自己的能力不足，达不到理想的境界，非常苦恼。我跟你们爸爸结婚时，距离相差很大。我总想缩小这个差距，使自己能和你们爸爸相称。这成了鞭策我前进的力量。我在现实生活和家庭生活中追求的不是安逸和享受，而是孜孜不倦的苦学上进。我几乎没有什么娱乐。遗憾的是我的时间太少了，很多事情都来不及做。等你们爸爸去世之后，我才感觉到失去的一切太宝贵了。"

"我原来想只要有三五年时间，就可以把你们爸爸留下来的东西整理出一个头绪来。现在不行了。希望你们能继续下去。你们要懂得那些纷扰的争斗和虚浮的颂词都不过是过眼的云烟，不值得计较和迷恋。在你们爸爸的文章、讲话和诗词作品中，却有一些真正价值崇高的东西，你们不要等闲视之啊！"这些话字字如千斤，深深地刻在了陈家人的心里。

转眼 1973 年过去了，1973 年有三次令张茜愉快的聚会：6 月在万寿路的老战友的聚会，那些劫后余生的老战友的聚会充满了斗志和豁达，这已经是胜利的曙光了；11 月在程家花园的全家聚会弥散着天伦的幸福与安慰；12 月的同学聚会则是抹不去的回忆，抹不去的激情。

　　1974 年元旦，昊苏带着全家一早就来到医院，他们捧着一百多本打印装订好的《陈毅诗词选集》来到病房，作为新年的礼物送给母亲张茜。当张茜看到整整齐齐摆满桌子的一摞一摞的书时，她又落泪了，她轻轻抚摸着这一本本没有任何装潢的素书，不由感慨万千，这是自己两年的心血，又是多少人的支持和期望。她一页页地翻着，看着这么工整的一首首诗，当翻到自己写的题后二首诗时，不由得停下来，心轻轻地颤抖着，"把卷忆君平日事，淋漓兴会溢行间"，今天终于完成了，"一卷编成慰我情"。这岂止是一本诗词选集，这是张茜的最后两年的生命啊！

　　张茜抚摸着诗集笑了！她当即决定给每位中央领导人寄一本，不管他们对陈毅的态度如何！向毛泽东、周恩来、叶剑英、朱德、董必武送去是为了感谢他们的关心和支持，为了表示陈毅与他们的友情。向令人愤恨的"上海帮"也送去，是要他们看看陈毅的高风亮节，是一种抗争，更是投向这些诽谤者的一把匕首。

　　剩下的书一部分送给万寿路的老同志和原来家里的工作人员。还有二三十本。

　　张茜对子女说："拿去送给你们的普通群众的朋友，让你爸爸的诗集保留在老百姓的手里，让诗词在老百姓中流传。'中央文革'可以不让诗集出版，但他们阻止不了人民的心声，他们阻止不了老百姓的流传。"张茜动情地说："我看不到你爸爸诗词选集的出版了，可是我坚信总有一天，你爸爸的诗词会出版的，一定有那一天。那时你们就要像陆放翁写的《示儿》那首诗那样，用你爸爸公开出版的诗词来告慰你们的爸爸妈妈。"

　　于是昊苏兄妹把剩下的诗词选集送给了自己的一些朋友。陈毅的诗词在普通老百姓中慢慢地传开了，都是以手抄形式传递着。"文革"结束后，一下子涌现出很多手抄本，的确印证了张茜的预见。

　　元旦下午，邓颖超的秘书赵玮受周恩来总理的委托来到了病房，她

1973年11月，在三〇一医院与出国学习回来探家的女儿珊珊。

送来了安徽冒孝鲁先生写的《敬挽副总理仲弘先生》一诗，周恩来还专门在诗后附笔致意："张茜同志：这是如皋冒鹤亭老先生（已于一九五九年去世）之三子冒孝鲁来信附挽诗一首，送你一阅，祝新年好！周恩来一九七四年一月一日。"

张茜看了很感动，拿了一本刚打印出来的《陈毅诗词选集》，交给赵玮说："你带回去给总理和邓大姐看看，这是我两年来的工作。"

张茜看着冒孝鲁的挽诗，想起当年陈毅曾专门设宴招待过冒鹤亭老先生，还安排他与毛泽东见面。现在看到冒老儿子冒孝鲁的挽诗，她看到了一个老知识分子的心声。

周恩来收到张茜的书立即翻了一下，又听赵玮说张茜身体情况不好，第二天（元月2日）就亲自来到医院。张茜完全没有想到周总理会到病房，十分感动，但她还是先问："陈总的诗选你看到了吗？"

周恩来答道："看到了，昨天我就看了，你写的序言很好！陈毅同志的诗词是他自己坚持战斗、辛勤工作的纪实。"张茜感到了从来未有的安慰，的确，知陈毅者莫过于周恩来。

就在珊珊出国的前一天（元月8日），周恩来和邓颖超专门把珊珊接到了中南海西花厅，周恩来说了很多勉励珊珊的话，他还特别对珊珊说："你妈妈年纪很小就自愿参加了革命，一生都在努力学习，努力工作，在病中能编成你爸爸的诗选并写出那样的序言和题诗，是值得钦佩的。你爸爸妈妈在'文革'中是经受住了考验的。"

张茜在日记中写道："珊珊转述这些话，我颇感愧悚。"在国事家事都极端困难的时刻，中国共产党最受拥护的领袖，共和国最坚强的栋梁，有如此高的评价，应当是对张茜艰难尽瘁的一生的最高褒奖了。

元月9日，珊珊离家返伦敦继续她的学业，她是在张茜的坚决要求下，含着悲苦和担忧，不拂母意而离家的。张茜虽然坚决不许珊珊延长假期，但是珊珊一走，从第二天起她是天天盼着女儿的消息，每天儿子到医院，张茜的第一句话就是：珊珊来信了吗？看到新闻中讲莫斯科大雪，张茜就会嘀咕衣服带够了没有，转机会不会冻着啊；看到伦敦铁路工人罢工的消息，又会查问航空班次是否受影响；当传来英伦三岛被飓风扫掠，张茜又在担心飞机能否安全降落。就这样每天都担忧，直到月底收到珊珊的来信，说已正常回到伦敦开始上课了，张茜才放下心来。以后就再也不提珊珊了，这就是张茜的刚强的外表和柔弱的内心。

元月21日，也就是春节的前二天，邓颖超知道张茜的病越来越重，就赶到医院探望，安慰病人。张茜看到邓大姐很高兴。

她说："大姐，我身体撑得住，陈总的诗也编出来了，我对儿女的话已讲完了。"

说着说着，张茜又讲起来了一个月前她对子女的讲话，当时她在和昊苏兄妹留话的时候是非常平静的，是平静而坦然地迎接着命运。可是当面对着长期关心和支持自己的老大姐时，她却忍不住流下眼泪。邓颖超一直是一个很冷静、最能够控制自己情绪的人，听了张茜深情的话，也忍不住落下泪了，两个人就这样相对而泣，在泪水中告别。这是她们相见的最后一面。

就在邓颖超离开后，陈毅的妹妹陈重坤从江苏赶到北京，当她看到二嫂张茜憔悴的面色和气喘不停就止不住偷偷地擦着泪水，张茜却反过来安慰她，还说前两天董悯儿大嫂（堂兄陈修和夫人）送来了一件亲手织的毛背心。陈重坤回到程家花园，就跑到厢红旗的百货商店买了布和棉花，她一边流着眼泪一边赶制，终于在除夕晚上做了一套新的棉衣棉裤。正月初一陈重坤把衣服带到病房，张茜看了很感动，她知道这是小姑的一片至诚，就很高兴地穿上新衣服，又特地在外面套上大嫂董悯儿织的背心，和小姑照了几张相片，这就是中国传统家庭中的姑嫂情吧！

张茜所有的心事都已了却，她静静地等待着回归，可是国家的灾难，人民的痛苦却无法回避。大年初三丹淮上午没有去医院，张茜很着急，又有什么事吗？下午丹淮来了说："今天上午紧急传达江青的讲话。谁也不准请假。"

张茜问："又讲什么了。"

丹淮答道："大年初一在怀仁堂开大会，江青报告，夸夸其谈了半天，什么实际问题不谈，专门在那里制造混乱，还要逼总理表态。"

张茜听了很愤怒："我真想看看他们的下场。可惜我看不到了，他们一定会自绝于人民的，那时你还是要像陆放翁讲的那样，用捷报来告诉我。"这是张茜第二次提到陆放翁的诗了，她愤怒，但坚信正义一定胜利，人民一定胜利。

张茜的病越来越重，但她每天都要坚持起床活动，支撑着生命。全家都盼望着奇迹的出现，但是奇迹并没有出现。

终于有一天早上醒来，张茜无法起床了。

她问："今天是几号？"

昊苏答道："今天是 3 月 14 号了。"

张茜笑笑："记住这个日子噢！这是我卧床不起的日子啊！"

这悲惨的日子值得记忆吗？不！不值得！可是昊苏却记住了这个日子，因为这是母亲交代的。

1974年3月20日，那一颗最清丽的耿耿晨星再也没有升起来，她骄傲地飞向了宇宙无垠的深处。

那一朵生在汉江边的兰芝凋谢了，她融归到秀美的山林，却留下一缕淡淡的馨香。

才女教育家——王于畊

引　子

  1921 年中国共产党成立，宣告一个伟大的革命时代拉开了大幕。这一年冬天，一个女婴在河北保定的一个院子里呱呱降生。也许就是这个年份上的巧合，注定了这个女孩一生追随着共产党而走。

  她就是王于畊——新四军的才女，新中国杰出的教育厅长，开国上将叶飞的夫人。她自比为终生的女兵。

  王于畊踏着红色的理想而来，迎着灿烂的朝霞而舞，最终化为美丽的英雄花，骄傲地装点着她无限钟情的红色大地。

一、启　蒙

　　英儿的二哥是保定二师的学生，秘密加入了共产党。在二哥的启蒙下，英儿 10 岁就接触到鲁迅的《呐喊》，知道了共产党。"二哥"在"保二师学潮"中被捕，遭到严刑拷打，后不幸病逝。英儿将二哥的照片立在书桌最显眼的地方，并在遗像背后写上"死去的太阳"。英儿在二哥的好朋友黄先生指引下，加入了"民先"组织。"七七"卢沟桥抗战爆发后，英儿投身伤兵护理工作，保定陷落前毅然与家人不辞而别，怀揣介绍信投奔八路军……

　　王于畊，原名王桂英，1921 年 11 月 29 日在保定省府前街八号降生，乳名英儿。

　　王家是耕读世家，祖上几代人都识文断字，是个传统的小康之家。英儿的父亲是读书人出身，后到一个军阀手下做事，是一名文职人员。他到过遥远的福州，曾经穿着长袍马褂在著名的鼓山"喝水岩"拍照留念。后来，他厌倦了混战不止的军旅生活，回到保定，用攒下的一点积蓄在老城开了家铺子，在省府前街买了个四合院，过起了平淡又安定的生活。

　　英儿五岁时，生母因肺病不幸去世。父亲悲痛欲绝，把对逝去前妻的怀念之情全部转移到英儿身上，给了她特殊的父爱。后来，父亲续弦，英儿便有了继母。这位继母姓杜，虽不识字，但心地非常善良，对英儿视如己出。英儿六岁时就上了小学，是全家唯一的一个上学的女孩，这在当时并不多见。

王家没有分家，老大、老二早逝，英儿的父亲是老三，成为家里的主心骨，抚养着老大、老二的家人。英儿称大伯的二儿子为二哥，与他最亲。英儿上小学后，二哥考上了河北省立第二师范学校，很快他就成了学校的活跃分子。

英儿特别喜欢与二哥聊天，总是缠着他问一些稀奇古怪的问题，很多话题已经远远超出了一个10岁女生探讨的范围。二哥对妹妹的这种转变感到高兴，不再把她当小孩子看待了。有一天，他偷偷塞给妹妹一本红皮子书，让她读一读。英儿接过一看，是鲁迅的《呐喊》。二哥告诉他，鲁迅是中国最伟大的一个作家。二哥不愧为学师范出身，他爱讲故事，任何深奥的大道理，经他一转换，立即变得通俗易懂。每到晚上，英儿总是等父母睡下后，悄悄溜进小西屋。大槐树下，那一线微弱的灯光，一高一矮两个人影，经常跳动到深夜。二哥成了英儿心目中光彩夺目的太阳。

在所有的谈话中给英儿最震撼的是，二哥对她说："在杀人场上，和几个人绑在一起的哥哥就要被枪毙了，弟弟在旁边的人群中挤着看。哥哥唱着国际歌，其他的几个人在大声呼叫着口号。'砰'的一声枪响，哥哥倒了下去。弟弟在旁边咬着牙说：'哥哥死了，还有弟弟！'"说这些话的时候，二哥眼里泛着泪光。这一刻起，英儿看到了一个理想存在及其穿透一切的力量。她问道："二哥，共产党里面有女的吗？"二哥说有的。也就是从这一天起，英儿立下一个志愿：做一个这样的"女英雄"！

死去的太阳

1931年，英儿年满10岁，是个无忧无虑的小学生。但就在这一年，中国发生了九一八事变，半封建半殖民地的中国因日本侵略者的到来更加动荡起来，她的生活也从此不平静了。

由于忙于"剿共"的蒋介石奉行"不抵抗政策"，国民党在东北三省的20万军队不战而退。不到半年时间，上百万平方公里的国土尽被日军侵占，东北人民沦为亡国奴。中日民族矛盾逐步上升为国内主要矛盾之时，中国共产党人发出了全民抗战的强烈呼声。各地中共地下党组织在中央的部署下积极发动群众，不断掀起新的救亡浪潮。尤其在高校云集的北平，共产党抗日救国的思想被广大爱国学生所接受，并通过他们迅速传播到更广泛的人群中去。

保定是距离北平最近的华北重镇，中共地下党很早就在这里开展工作。其中创办于1904年的河北省立第二师范学校（简称保二师，又称红二师），是中国共产党在北方开展地下斗争的大本营。二师的老师和学生，很多是思想进步的左倾分子。

1932年"一·二八"淞沪抗战爆发后，全国掀起更大规模的抗日救亡运动。3月，中共保属特委以保定学联的名义召开群众大会，号召全市各界联合起来，声援淞沪抗战。保二师学生中的党团力量也随之迅速壮大，这引起国民党反动当局的极大惊恐。4月，国民党河北省教育厅为阻止保二师学生宣传抗日，参加革命活动，宣布学校提前放假，进行整顿，所有学生一律离校回家。不久，省教育厅以参加共产党和共产党嫌疑为名，开除学生20余人，停学40余人，并以包庇共产党革命活动为由，撤销张腾霄校长职务。留校学生闻讯后，立即开展护校斗争，要求省教育厅收回成命。到6月中旬，50余名返校学生成立了护校委员会。6月21日，保定军警包围了二师，割断了学生与外界的联系，要求学生家长到校劝里面的学生回家。护校学生毫不畏惧，与数百名武装军警顽强对峙了15天。7月6日凌晨，武装军警在国民党驻保定十四旅旅长陈冠群的指挥下，突然扒倒围墙，冲进校园，对学生展开疯狂屠杀。学生们奋起抵抗，用棍棒、大刀和长矛同军警展开殊死搏斗。结果，13名学生惨遭杀害，2名学生受伤，36名学生被捕，酿成震惊全国的"七·六"惨案。惨案发生后，国民党反动政府仍不肯善罢甘休，大肆捕捉、审讯二师的进步学生。学生被捕后，在狱中遭受了坐老虎凳、压杠子、灌凉水、火烫、吊打等酷刑的折磨和摧残。之后，有4名二师学生被北平绥靖公署判处死刑，10名学生被判处10年徒刑，7名学生被判处两年零八个月徒刑。

二哥也是参加"保二师学潮"的积极分子。"七·六"惨案发生后，他在家里的病床上被当局抓走，遭到严刑拷打，被折磨得遍体鳞伤，奄奄一息。英儿的父亲情急之下，动用了几乎所有能动用的人脉关系，终于将二哥保释出狱。二哥一回家就卧床不起，肺病逐日加重，一年多后便离开了人世。

家里的惨剧发生后，英儿的父亲深受打击，人一下子苍老了很多。他把二哥藏在床下的红色书籍搬到院子里一把火烧个精光。英儿急得直跳脚，终于趁父亲不注意时偷出了一本书，正是那本红皮的鲁迅的《呐喊》。

二哥之死，是英儿一生难以治愈的伤痛。她知道，二哥是为了那个红色理想而献出生命的。她还清楚记得与二哥的那次刻骨铭心的谈话。几年后，英儿考上了河北省立保定女子师范学校。该校的前身是始建于1906年的"直隶女学堂"，名气很大。父亲为女儿能考上这样一所学校感到自豪，同时也加强对她的看管，常督促她专心学业，有时还要检查她看些什么书。父亲之所以这样做，也是为汲取"教训"，防止再失去一个女儿。

小西屋自二哥去世后就不再住人，了无生气。英儿放学一回到家，就隐入这间小屋，捧着那仅存的红皮书默默地坐上半天。她思念着逝去的二哥，也回味着往昔与他谈话的内容。穷人是怎样穷的呢？他们的出路在哪里？

英儿将二哥的照片立在书桌上最显眼的地方。她特意在二哥遗像背后写上这样几个字："死去的太阳。"

抗战的呼声

这时候，全国的局势更加严峻，日本侵略者得寸进尺，将魔爪又伸到华北，操纵地方汉奸搞所谓的"华北自治"，企图把这里变成第二个"满洲国"。而此时的国民党顽固派不肯放弃"剿共"立场，继续对日奉行不抵抗政策。1935年7月，华北军分会代理委员长何应钦代表国民党政府，与日本华北驻屯军司令官梅津美治郎达成了丧权辱国的《何梅协定》。依据该协定，国民党将取消在河北及平津的党部，撤退驻河北的军队，取缔河北省的反日团体和反日活动……12月初，国民党又成立冀察政务委员会，以适应日本帝国主义提出的华北政权特殊化要求。国民党政府接二连三地向日本摇尾乞怜、出卖主权的行径，激起了全国人民的极大义愤。

1935 年 12 月 9 日，在中共北平临时工作委员会的领导下，六千多名北平爱国学生举行声势浩大的抗日救国示威游行，遭到反动军警镇压，三十多人被捕，数百人受伤。这就是震惊全国的"一二·九"运动。次年初，"平津学生南下扩大宣传团"分批南下，突破重重阻挠抵达保定。南下宣传团后更名为"中华民族解放先锋队"（简称"民先"），转变为共产党领导下的抗日团体。接应平津学生南下宣传团的保定涿县城内高小老师、共产党员黄雨秋，成为第一批"民先"队员。

黄雨秋与英儿二哥是保二师的同学，两个人是非常要好的朋友，共同参加过"保二师学潮"。在保定，黄先生想起了牺牲好友的妹妹王桂英，那个小名叫英儿的聪明小姑娘。他特意到省府前街八号院来探望。

此时桂英已出落成十四五岁的婷婷少女了，但她的情绪非常低落。二哥的逝去，让她曾经看到那个理想如太阳般地沉入西山再未升起。她只能在黑暗中苦苦等待与思索，没有人能够帮助她。她悲愤地看到，在华北告急、国难当头之际，国民党当局却对学生们大搞"奴化教育"。校舍楼顶的国旗被降了下来，礼堂墙壁上孙中山先生的遗像也不见了。拿到手里的新教科书换了模样，少了"抗日"的字样，却增添了令人乏味的读经课。

共产党员黄雨秋的到来，让苦闷中的桂英萌生了新的希望。黄先生正在联络很多当年闹学潮的同学加入新成立的"民先"组织，也联络到了桂英，桂英毫不犹豫就参加了这个组织。她相信二哥，也相信这位曾与二哥并肩战斗的黄老师。

成为"民先"组织的一员后，桂英感觉与二哥的那个红色信仰大大接近了，就像换了一个人。黄雨秋经常找她聊天，从思想上关心和引导着她。她又源源不断读到了红色书籍，逐渐进入了那个理想世界，她听说西北有一个叫延安的地方，女人可以当兵受训，到处飘扬着鲜红的旗子。她决心像二哥及他的战友们一样，担当起挽救民族危亡的重任。

1937 年 7 月 7 日，北平近郊的卢沟桥响起日军轰轰的炮声，宋哲元领导的二十九军奋起抵抗，中国抗战由此全面爆发。7 月 20 日，保定成立抗敌后援会，黄雨秋等一些共产党员和"民先"队员参与其中。抗敌后援会组织学生和民工为前方将士运送弹药、给养，抢运、救助伤兵。桂英的学校已经停课，学校成了临时伤兵医院。礼堂、教室、图书馆，以及沿楼廊下，所有能住人的地方都塞满了伤兵。桂英和一些同学，在抗敌救援会领导下做伤兵护理工作。

随着卢沟桥失守，平津沦陷，敌机开始轰炸保定城。民众仓皇逃难，国民党溃兵趁乱洗劫了一些卖场。有汉奸为敌机打信号，被中国守军捉住，人头被挂上城门口示众。

桂英的父亲准备带领全家到乡下老家避难，桂英却极不情愿。她不愿意做"亡国奴"。桂英想去延安，于是拎着一个小皮箱，态度坚决地对父亲说："我要走。"父亲也是一脸的固执，没好气地问她："到哪儿去呢？"父亲要桂英一起逃往乡下，桂英坚决不从，父女大吵一架。这时十几架敌机在城市上空盘旋，外面响起了刺耳的防空警报。父亲一把将小皮箱抢了过来，以近乎哀求的语气对女儿说："要死，一家人死在一块儿！"但桂英仍然激烈地争辩着，坚决不从。最后，父亲不得不折中，同意女儿暂时在学校里护理伤兵。桂英一赌气住到学校，不再听父亲和继母的唠叨了。

在伤兵医院，桂英拼命地工作，每天累得直不起腰来。她给伤兵包扎、换药，喂水喂饭，洗那些发了臭的染血的衣服。伤兵很多，而当时缺医少药，救护条件很差。伤兵们大多躺在地上，有的连一张床板也没有。时逢炎夏，很多伤兵伤口感染化脓，经常可以从伤兵伤口夹出一个个白蛆来。一些伤兵情绪冲动，有的对医护人员骂骂咧咧，有的哭闹不止，悲观失望。桂英和同学们尽力安慰他们，每天帮伤兵写家信，给伤兵们打气，宣传中国抗战一定会胜利的道理。

伤兵医院的管理一片混乱。一些国民党政府和军队的贪官污吏，居然发"国难财"，侵吞抗敌救援会送来的各界捐赠物资。医院中的官僚，像吸血鬼一样吸吮伤兵们的伙食费、医药费，甚至棺材费。伤兵打砸医院，医院枪毙伤兵……每日耳闻目睹国民党内部如此令人厌恶的丑恶现象，桂英感到窒息，更加一心向往革命圣地延安。

1937年9月19日，是中国人的传统中秋佳节，是中国人最珍视的团圆之日。但是，这一天对于很多保定人来说，却是骨肉分离、阴阳两隔的灾难之日。之前，保定已遭到多架日本飞机的轮番轰炸，城内一片火海，死尸遍地，到处血流成河。整个城市已断水断电，以往标榜抗日、飞扬跋扈的国民党军队不见了，负责医院管护工作的当局官员们一走了之，千余名伤兵被遗弃在女师的伤兵医院里。只有抗敌后援会的人们还在忙碌，在街道上、在临时医院里对被炸伤的人进行人道救助。

桂英的父亲冒着敌机的轰炸来到桂英的学校，心急火燎地找寻桂英。他即将率全家出城，到乡下的陈庄避难，那里有王家的祖坟，有几间屋子和几亩地。父亲临行前，匆匆来找女儿，想带她一起走。不想桂英闻知父亲来找，忙躲了起来。国家危亡之际，忠孝不能两全，她已抱定抗日到底的信念，绝不跑到乡下当"亡国奴"。父亲满校园乱跑一气，打听不到女儿的下落，好像丢了魂儿似地消失在硝烟之中。父亲非常了解倔犟的女儿，他知道，女儿一定走了二哥的那条路！

当一轮皎月冲破弥漫的黑烟遥挂夜空的时候，桂英和同伴们仍在学校的伤兵医院里救死扶伤。时至中秋深夜，桂英累得腰都直不起来，勉强走到药房的石阶上坐下来。司药递来一瓶蒸馏水，这是在这座血流成河的城市里唯一可以喝的东西。国破家亡，桂英的心情沮丧到极点。她看不到希望，找不到前行的方向。

这时，民先组织领导人黄雨秋上气不接下气出现在桂英面前。他是靠着月光，好不容易才找到了桂英的。黄先生说，日军快要进城了，要桂英和同伴们尽快出城。黄先生从怀里掏出一张"民先"的介绍信，要桂英带着它到太原找八路军办事处，然后从那里过太行山，到延安去，去投奔共产党。

二、从 军

英儿在日军的炮声中执拗地独自离家远行。路途中，她遇到了一群奔赴延安的平津流亡学生，便愉快地结伴同行。她历尽磨难抵达临汾，参加了八路军学兵队。在这里，英儿按家中同辈男孩儿排名，改名"王于畊"，要替二哥实现那个红色的理想，兑现"哥哥死了，还有弟弟"的诺言！

保定沦陷

桂英与两名女同学在日军隆隆的炮声中出城，跟随逃难的人群，沿着平汉铁路的铁轨向太原的方向前行。桂英只穿了一件薄薄的布旗袍，拎着一个小小的旧皮箱，皮箱里仅有几件换洗衣物和一点点零用钱。铁轨蜿蜒向前，她愉快地走着。她彻底挣脱了束缚，向着二哥的那个理想世界的方向进发。

路越走越险，人越走越稀。桂英的两位女伴，一位因心生畏惧而打道回府，另一位被其县长爸爸派人追回去了。但桂英执意独自前行，毫无动摇之心。

路上，桂英遇见了一群与自己年龄相仿的平津流亡学生，其目的地也是延安，便愉快地与他们结伴同行。志同道合的年轻朋友聚在一起，激情相勉，心灵相通，便没什么可惧怕的了。

桂英一行先是沿着平汉铁路往南行走，到古城正定后，又沿着正太铁路向西，从井陉走进绵延不绝的太行山。行至娘子关古城关，就到了河北与山西的交界了。在这里，桂英第一次看到了雄伟壮丽的长城，与其他流亡学生们一起激动得大叫起来。他们一起高唱《义勇军进行曲》："起来，不愿做奴隶的人们，把我们的血肉筑成我们新的长城。中华民族到了最危险的时候，每个人被迫发出最后的吼声……"同行的难民和溃兵听到这响亮、高亢的歌声，也深受鼓舞。"中国不会亡！"这是所有不愿意做亡国奴的中国人的共同呐喊声。

过了娘子关，就到了山西。从这里到太原，可以乘坐阎锡山修建的窄轨火车。桂英和同伴们爬上了一列小火车。一路上，不断有从河北逃亡来的难民和溃兵爬上火车，把车厢塞得满满的。天上还不时有日本人的飞机掠过。

1937年9月下旬，日军统帅部命板垣征四郎率第五师团及察哈尔派遣兵团主力进攻山西内长城防线。11月9日，太原沦陷。

在太原失守前，阎锡山的国民党第二战区司令长官部和山西省政府撤至临汾县城，八路军驻山西领导机关——中共中央北方局和八路军驻晋办事处也一同撤退。晋南重镇临汾，"南通秦蜀，北达幽并，东临雷霍，西控河汾"，自古以来就是兵家必争之地。太原失守后，临汾成为战时山西的政治中心。在这里，来自冀南、平津的年轻流亡学生人数众多，到处可见他们三五成群地议论着抗日救亡之事，到处都能听到他们誓死不做亡国奴的吼声。年轻一代代表着中国的未来和希望，是抗日的精英力量。

因国民党和阎锡山都不允许共产党在延安以外的地方兴办抗日军政大学，中共中央北方局便决定，在山西除八路军随营学校扩大招生外，另由彭雪枫负责，以八路军驻临汾办事处名义开办一个八路军学兵大队，吸收涌到山西抗日前线的流亡学生和青年，为部队培养干部。刚从延安抗大毕业的老红军何以祥被任命为学兵队大队长，他受命按照延安抗大模式组建这支学兵队。何队长带着学兵队的干部在临汾街头摆台宣传，号召青年们加入共产党领导的八路军。他们的宣传台虽然少，但是特别热闹，朝气蓬勃，吸引了不少青年学生。

11月中旬，桂英和同伴历尽千辛万苦，终于抵达临汾，找到了八路军办事处。桂英本来是要奔赴延安的，但因太原陷落后，到延安很困难，八路军办事处便动员她先去八路军学兵队学习，并派人把她送到刘村的学兵队驻地。刘村镇，就这样成了桂英离家后走进革命队伍的第一站。

八路军学兵队

刘村镇是个较大的市镇，距离临汾城西约十五里。中共中央北方局、八路军办事处驻扎在五同丰大院、徐家大院和三官庙三处较大的民宅里。学兵队从城里迁来后，进驻徐家大院，课堂设在一所祠堂里。

八路军学兵队是一个短期训练抗日青年军事干部的学校，列入军事编制。学兵队初建时设有两个男生队、一个女生队。后因要求入学的人员不断增多，又增加了一个男生队，学员达到六百多人，都是大中学生。

桂英一到学兵队，她便像其他革命青年那样，不仅剪掉了长发，穿上灰色的棉服军装，还改了名字。当时改换名字是一股风潮，一是为了保护家人，二是为了彰显投身革命的决心。王桂英更名为王于畹。"于"是王家这一代男孩子排行的一个字。把桂英这个女性的名字改成男孩子的名字，表明她决心像男人那样为国征战，替二哥实现那个红色的理想，兑现"哥哥死了，还有弟弟"的诺言。

在学兵队，王于畹第一次系统学习了时事政治和军事理论，这为她此后数十年的革命生涯奠定了坚实基础。

学兵队的大队长、副大队长分别由两位老红军何以祥和谢忠良担任，八路军办事处宣传股长李伯钊兼任王于畹所在的女生队队长。学兵队百分之六十的课程是军事课，其中又以游击战术课程为重中之重，其余为政治课。何以祥大队长主讲瞄准射击与攻防战术，谢忠良副大队长主讲队列教练，陈克寒主讲社会发展简史和哲学，李伯钊主讲群众工作。中共北方局领导人刘少奇化名陶教官，为大家讲《当前形势和任务》。彭雪枫当时除主持学兵队的日常训练和教学事务外，还为学兵队主讲《游击战争的战略和技术》。此外，王于畹和其他学员们还聆听过贺龙、杨尚昆、张震、李公朴等人的专题报告和演讲。

学兵队是一所完全按延安抗日军政大学的模式管理的学校。1937年12月中旬，美国海军陆战队情报视察员埃文斯·福代斯·卡尔逊在彭雪枫陪同下，参观了学兵队的教室和生活区。他后来在自己的专著《中国的双星》中写道："学生们坐在随身携带的凳子上，课本是油印的小册子。教学以美国大学里用的启发式进行，学生记大量的笔记……被子整齐地叠在每个学生的铺位前头。野战的装备整齐地挂在临墙的钉子上，连牙刷和毛巾都有固定的位置。在外观上任何西方军队的生活区也不比这里更军事化。"

学兵队学员们除了紧张的政治、军事学习课目和正规操练以外，文化娱乐生活也很丰富多彩。学员们自编自演小剧目，自办墙报，引吭高歌抗日救亡歌曲。1937年11月底，音乐家贺绿汀带着他的演剧队来学兵队临汾驻地慰问，受到学员们热烈欢迎。受八路军敌后顽强抗战和爱国青年高亢士气的影响，贺绿汀在八路军学兵队的炕头上创作了《游击队歌》："我们都是神枪手，每一颗子弹消灭一个敌人。我们都是飞行军，哪怕那山高水又深……"这首曲调欢快昂扬的战地之歌一经问世，立即被广为传唱，至今仍保持着经久不衰的魅力。

个子不高、身材瘦小的王于畊，把头发剪得短短的，更像一个男孩子。加之她性格豪爽，爱说爱笑，是女生队中的活跃分子。来自东北的流亡学生纪白薇，比王于畊小一岁，心直口快，乐于助人，也是典型的北方人性格。两人相识后，很快结为好友。用王于畊自己的话说，她与纪白薇的友谊是"我们亲如同胞，曾在一个母亲怀里哺过乳"。

还有一位来自镇江的南方姑娘杨瑞年，也成为王于畊的知己。杨瑞年生于1916年，比王于畊年长五岁，长着一对甜酒窝，美丽活泼，落落大方。她入伍早，不仅见多识广，而且待人亲切热情，从来不扭捏作态，王于畊很乐意与她接近，甚至有点崇拜她。王于畊来学兵队后第一次出早操，就见识到了这位学兵大姐的与众不同。她当时穿着一身阴丹士林布的鲜蓝色自制军衣，一条威风的马裤，头戴一顶褐色的航空皮帽，一身英气，在一群身着灰棉军装的女兵队列中格外抢眼。收操后，王于畊迎着晨光向她走去，她也刚好向王于畊走来。她很漂亮，不但身材好，脸色也是那种娇艳的桃红。她抓住王于畊的手，笑呵呵地发出了一连串问话："刚来吗？""从哪里来？""叫什么名字？""多大了？"……她说话很快，一点也不生分，像姐姐对待妹妹那样，搂着王于畊边说边走回到住地。

时至1938年元月中旬，为期三个月的学兵队训练即将结束，王于畊感到收获巨大，与其他同学一样跃跃欲试，随时准备奔赴杀敌战场。这时，八路军总部作出了一个安排，学兵队全体学员行军60里到洪洞县的白石村，与八路军随营学校的同学联欢，并接受朱德总司令的检阅。大家惊喜若狂，王于畊也跟着欢呼起来。

这是王于畊第一次背着背包长途行军。因为既感到很新鲜和振奋，又为即将见到大名鼎鼎的朱总司令而感到神往，王于畊的60里行军居然全不觉得疲累，顺顺当当地到达了白石村。白石村是一个近千户的大村庄，距洪洞县城15华里。当学兵队一行高唱抗日救亡歌曲，浩浩荡荡开进白石村时，整个村庄轰动了。尤其是出现了一支英姿飒爽的女生队，对于乡村百姓来说，是从未见过的新鲜事。

村里最大的温寿泉家大院便是八路军随军学校驻地，朱总司令在这里亲切地接见了学兵队全体学员，并发表热情洋溢的讲话。朱总司令满面慈祥，用最平常、最通俗的语言阐述了全民抗战关乎国家存亡的大事，鼓励年轻人到敌后打游击，而他就是大家的"游击总司令"。王于畊使劲地鼓掌，把手都拍疼了。对于年仅16岁的少女来说，这是毕生难忘的一次会见。二十多年后，已经担任福建省教育厅厅长的王于畊有机会陪同朱总司令和康克清大姐乘船浏览闽江，在闲谈时重提了在山西洪洞见到总司令的往事。朱总司令也笑了，说他记得那五六百名"学生兵"。朱老总赞叹说："那是多么好的一群青年人啊！"王于畊备感自豪，她也是那些青年中的一员啊！

入夜，学兵队与随营学校的学生兵在白石村举行了一场盛大的联欢会，台下一千多军民掌声雷动。学兵队歌咏队齐声高唱了"游击队之歌"、"五月鲜花"、"救亡进行曲"、"工农兵学商，一齐来救亡"等激昂歌曲，随营学校的学生兵也表演了自己的节目。王于畊所在的学兵队女生演出格外受欢迎。看到这么多女孩子出来抗日打仗，看到这么多女学生表演和歌唱，当地军民感到很新鲜，也感到很震撼，对于推动妇女解放和抗日救亡工作收到意想不到的效果。

杨瑞年在这场联欢会上表演了一个令人眼花缭乱的洋舞蹈——卡尔斯登舞，来了个"一鸣惊人"。演出时，她变戏法般将一身灰军棉服换成了亮片闪闪的黑色紧身服和舞靴，令王于畊等同伴目瞪口呆。在刺眼的汽油灯下，她神采飞扬、激越酣畅的优美舞姿，踢踢踏踏、迅疾潇洒的活力舞步，以及她流盼的双眼、满面的笑容，一下子镇住了台下黑压压的观众，让他们感到从未有过的意外和欢乐，爆发了一阵阵掌声。大幕落下，人群不断高呼"再来一个"，她又跳了一回，表演才算结束。

晚会后，王于畊问杨瑞年："你参军前当过舞蹈演员呀？"杨瑞年笑着回答："做救亡工作什么都要会一点。我们有个化装宣传队，队员要会唱、会跳、会演，我就在那时候学会了这个舞。你喜欢么？我教给你。"王于畊忙连连摆手，一旁的纪白薇却表现了浓厚的兴趣，后来真的把杨瑞年的这段舞技学到了手。

王于畊问："在那么多人前跳舞，你不怕吗？"

杨瑞年豪迈地说："我什么都不怕，不怕天不怕地，一切帝国主义、顽固分子、反动分子都不怕。"

三、到新四军去

　　八路军学兵队就要结业了，王于畊接受了好友纪白薇的提议，与杨瑞年、王传馥、张鏖等战友一起开赴新四军。当她乘坐的轮船即将从汉口码头起航时，后来改名张茜的张掌珠及其两个同伴疾步踏上跳板，王于畊敏捷地从船舷上伸出手，接住张掌珠急切伸过来的手，使劲把她拉上船，从此两人结下了一生的情谊……在南昌休整期间，王于畊和战友们目睹了一场酣畅淋漓的空战。

战地服务团战友情深

　　到了 1938 年 2 月，八路军学兵队就要结业。这时，王于畊和同学们都面临着新的选择。1937 年 10 月，新四军在武汉诞生。新四军的成立，标志着南方八省红军健儿坚持的游击战争转入抗日救国的新阶段，是中国共产党抗日民族统一战线政策在南方结下的一大硕果。不少同学对这支抗日新军队很向往。学兵队领导也做动员工作，说新四军刚成立，急需大量军事干部，号召大家踊跃报名。本来一心准备奔赴延安的王于畊，现在倒有点举棋不定了。

　　纪白薇来找王于畊说悄悄话："咱们一起参加新四军吧？到南方去，有大米吃。"又说："你也是北方人，不喜欢吃大米吗？南方大米真的很好吃。"

王于畊爽快地接受了纪白薇的提议。于是两人一同去找女生队队长李伯钊大姐。王于畊十分坚定地向李大姐表示:"报告队长,我们要去新四军。"

李伯钊问王于畊:"你会跳舞吗?"

王于畊回答:"不会。"

"你会唱歌吗?"

"不会。"

"你会画画吗"

"不会。"

"那你会什么?"

王于畊调皮地说:"我会打鬼子!"

李伯钊也笑了:"不管你会不会,就去新四军吧。"

学兵队共有七八十人报名参加新四军,其中女学员有十几名,包括杨瑞年、王于畊、纪白薇。女兵被编成一个班,由杨瑞年任班长。这是第一批离开学兵队上前线的"学生兵",他们出发时受到其他战友们的热烈欢送。"再见吧,在前线上……"在激昂的歌声中,他们被簇拥着登上了由临汾开往风陵渡的火车。

王于畊和战友们乘坐是一节敞篷车,紧挨着火车头的后面。火车喷吐着黑色的煤烟,沿同蒲铁路向南行驶了一夜。天亮时火车到站,他们醒来整理行装,这时才发现每个人被子上都落着一层煤灰,人人都是大黑脸。带队的谢忠良副大队长提议,到不远处的黄河边上洗一洗。大家欢呼雀跃,一溜烟向黄河边跑去。

王于畊第一次见到巨浪翻滚的黄河,第一次实地领略到"黄河之水天上来"的气势。她看个没够,对身边的纪白薇赞叹道:"这河面真宽啊!"

两位学兵队男兵在旁边一边洗着脸,一边加入了她们的话题。一位东北口音的高个子男兵爽朗地说:"你还没有看见长江,比这里的黄河宽得多。"另一位男兵说:"长江没有这里浪大。"接着又饶有兴致地说:"古人说饮马黄河,我们却在黄河边上洗脸。"大家都笑了。纪白薇与这个叫张鹰的东北老乡自报姓名，一谈就熟了。王于畊随即认识了另一位神情平和的男兵。他叫王传馥，苏州人。

王于畊一行坐大摆渡船过了黄河，在潼关火车站又挤进了一节闷罐车，向武汉行进。黄昏时分，火车到达郑州。大家又累又饿，等待买晚饭的人回来。王于畊和纪白薇在车站附近散步时，王传馥来喊她俩过去，说那边有个卖酒酿汤圆的，让她们先吃点东西。王传馥笑着对王于畊说："这是南方小吃，你尝尝吧！"甜甜的汤圆散发着酒香，又暖热又好吃，王于畊第一次吃到这种小吃，立即赞不绝口。其他人都笑了起来，对她说："南方好吃的东西多着呢，爱吃的话可以不想家。"

换了趟火车，大家继续前行，王于畊则坐在火车门边，整个下午不爱说话。一群破衣烂衫的难民从她眼前经过，谈话中清晰地透露了他们的保定口音。熟悉的乡音，令王于畊更加想家，那种国破家亡的痛苦再次涌上心头。家乡已落入日寇的铁蹄之下，乡亲已逃难至此，不知自己的家人是死是活？"越走离家越远了。"王于畊轻轻地嘟囔了一句。

历时长达七天的颠簸之旅，1938年2月下旬，王于畊和战友们终于抵达武汉，受到八路军办事处的热情接待。新四军军部于1938年元月6日迁往南昌后，由八路军武汉办事处代办新四军驻武汉办事处的工作。八路军武汉办事处特意举办了一场欢迎会，由邓颖超主持，博古发表讲话，联欢气氛格外热烈。

新四军军部战地服务团已于一个月前在南昌成立，团长朱克靖正在武汉招兵买马，亲自招收有专长的知识青年。对刚来的这批八路军学兵队队员，朱团长一个个找他们谈话，"过筛子"式地选人才。朱克靖团长一口气从这批学兵队员中挑选了王于畊、纪白薇、杨瑞年、王传馥、张鹰等20人，抢走了近三分之一。稍作休整，王于畊就随服务团向新四军军部所在的南昌进发。这次他们乘船走水路，没坐过船的王于畊、纪白薇等人都感到很兴奋，一上船就伏在船舷上尽情地欣赏江岸景色。

就在轮船汽笛长鸣，即将从汉口码头起航驶往九江那一刻，王于畊忽见远处跑来三个穿旗袍的女孩，一身学生装的打扮。就在船缓缓离开码头的时候，前两个女孩疾步通过跳板，如愿登上轮船。跑在最后的女孩年龄和个子最小，齐耳的短发，水汪汪的大眼睛。王于畊敏捷地从船舷上伸出手，接住她急切伸过来的手，使劲儿把她拉上船。三位女孩累得气喘吁吁，但都异常兴奋地望着王于畊这些身着灰棉布军装、年龄相仿的女兵们。

这是朱克靖团长新接收的三名战地服务团成员。上船时与王于畊牵手的那个女孩叫张掌珠，年纪不到 16 岁。另外两个女孩，是她的同学林仪贞和丁剑影。这三个女孩，后在南昌填写战地服务团表格时，一起改了名字，张掌珠改为张茜，林仪贞改为林琳，丁剑影改为丁汀。

极富传奇色彩的一次牵手，开启了王于畊与张茜两位新四军女兵长达三十多年的倾心交往。

张茜等新成员上船后，班长杨瑞年很严肃地给王于畊交代任务："小王，你照顾小张。"还说："以老带新，是革命传统。"此时的王于畊，入伍不过三个多月。她刚来到学兵队驻地时，也是穿着旗袍，将羡慕的眼光投向身穿军装的"老兵"，并开始接受她们的照顾。现在，她也是"老兵"了，能够学着其他"老兵"的样子照顾起张茜这批新兵。张茜三人跟学兵队的同学们都集中在船上的"大菜间"，大家席地而坐，说说笑笑，笑声、歌声不时飞出船舱，在浩瀚的江面上回荡。入夜，明月从江中升起。王于畊静静地站在船窗前，看着江水静静东流，品味着长江的宽厚、磅礴，不由地回想到几天前见识过的另一条母亲河黄河，惊叹于它的咆哮，它的威猛。她想到了黄河、长江所哺育的中华民族的命运，想到了自己即将投入保卫黄河、保卫长江的伟大战争，不由得心潮澎湃，遐思无限。

观看空战

王于畊一行抵达南昌时，正赶上早春三月，到处是桃红柳绿的景象。军部安排他们住进一所中学的一间大教室，中间堆放着行李杂物，男兵、女兵各住一半。学校有个操场，可供他们每天操练。因天气变暖，王于畊和战友们很快领到了整洁的新军装，棉服换成了单衣。王于畊与战友们整队走过南昌街道时，受到群众的热情欢迎和围观。当时军部准许大家上街走走，但不许出远门。王于畊抓住这难得的休整机会，和纪白薇两个人一起上街，体验当地风土人情，还曾到过据称是蒋介石行宫的百花洲赏春踏青。

这期间，战地服务团迅速壮大。延安抗日军政大学、陕北公学输送的人员陆续抵达服务团驻地。已被日军攻陷的华东地区涌来了一批又一批流亡学生，不少人加入服务团。在短短的时间内，服务团团员达到一百余人。

从"七七"抗战开始，日军的飞机一直在王于畊的头顶上盘旋、投弹，很多人被炸死、炸伤，她恨死这些嗡嗡作响的杀人机器了。到了南昌，日机仍然时常光顾。但是这里驻有苏联援华的航空大队，于是激烈的空战不可避免。

一天黑夜，日机突然来袭，刺耳的防空警报响起。王于畊所在中学操场下有个防空洞，很多人进洞躲避。王于畊走到洞边时停下了脚步，这时后面有人催她快走，她回头一看，原来是王传馥。王于畊拉住王传馥，轻声对他说："别进洞，看空战！"王传馥赶快把王于畊拉上了防空洞顶，一起仰望天空。先是敌机嗡嗡地飞过头顶的夜空，后见我方约十多架飞机腾空而起，直冲敌群。夜空中一团团银光忽明忽暗，上下翻飞。伴随震耳的轰轰炮响，一架敌机发出怪异的长嘶，拖着长长的白色烟带俯冲而下。

"打下来了！"王传馥激动地大喊一声，还拍着巴掌，脸上绽放出孩子般的灿烂大笑。敌机轰然坠地，炸得粉碎。接着又是一架，又一架……王于畊与站在防空洞外的所有人激动地喊着，鼓着掌，感受前所未有的酣畅淋漓。王传馥还不自觉地冒出一大串不知是苏州话还是上海话的地方话，王于畊一句都听不明白。他大声说道："壮观，壮观！今生第一次看到空战。"他还问王于畊："你见过吗？"

王于畊注意到，此时的王传馥，一改平时的矜持、安静缄默，不时地开怀大笑。空战结束，警报解除。张鏖、纪白薇也聚拢过来，黄河岸边结识的四位战友，又兴奋地围坐在操场上，继续享受胜利的喜悦。王传馥仍然滔滔不绝地发表高见。他说，现在我们靠苏联空军援助，将来我们会有自己的空军、海军，还有航空母舰……

1938年2月至4月，南方八省红军游击健儿集结、整编为国民革命军陆军新编第四军，简称新四军，共有四个支队、十个团，总兵力万余人。其中，新四军第一、二、三支队的六个团在皖南歙县岩寺镇集结。4月，新四军军部从南昌移师皖南歙县岩寺。王于畊所在的战地服务团百余人也一同抵达岩寺。

岩寺位于黄山南麓，是徽风徽派、雅韵欲流的皖南历史古镇，历史上曾经是"鳞次万家，规方十里，阀阅蝉联，百昌辐辏"的繁华之地。一条大河从镇边流过，河水清澈，杨柳垂荡。一个白石头大桥横跨两岸，把河两岸连为一体。王于畊一到这里，就喜欢上了这个典型的皖南水乡。早晚休息时间，她常与战友们在河边散步，在桥上说笑。

战地服务团的人员来自各地，都是文化青年，说话南腔北调，只有王于畊是标准的官话。服务团下设戏剧、民运、歌咏、绘画、舞蹈等几个组，王于畊分在戏剧组。戏剧组组长是山东莱芜人李增援，他上过上海美术专科学校，读过南京国立戏剧专科学校话剧本科班，参加新四军前排演过曹禺的《日出》、易卜生的《玩偶之家》等戏剧。王于畊在女师读书时擅长中文，文学功底扎实，李增援很器重她。戏剧组到达岩寺后，开始排演新的抗日剧《送郎上前线》，很快忙碌起来。李增援安排王于畊写演出日记和通讯，不久便亲自教她写剧本。

在岩寺的新四军部队经过短暂的整训后，开始陆续北上，进入抗战前线。4月28日，第二支队副司令员粟裕率先遣支队的两百多名指战员率先出发，向苏南敌后挺进。第一支队在陈毅司令员率领下随后跟进，以"寇能往，我亦能往"的气势，穿过日军封锁线，在苏南建立抗日根据地。第三支队奉命留在皖南，在东起芜湖、西至铜陵的长江以南地区与敌作战。服务团一部分团员调前线作战部队，其中包括王传馥和张鏖，还有几个年纪比王于畊还小的"小鬼"。团部为他们组织了一个盛大的欢送会。团长朱克靖宣布每一位调走的团员时，战友们都热烈鼓掌。会场里，战友们高喊着口号，还齐声高唱"到前线去，大伙儿在一起，驱逐我们的敌人出中国去……"气氛非常热烈。

忽然有人提议，请王于畊代表大家致欢送词。王于畊没有推辞，爽快地站起来，满怀慷慨悲壮之情，大声倾吐着发自肺腑的感言。她既羡慕这些战友们将要去前方对敌作战，却又怀着一片依依惜别之情。她想尽量清晰地说下去，最终还是激动得眼角浸满泪水，难以控制住情绪，在战友们的热烈掌声中结束了讲话。

分别的时刻终于来到了。离去的战友挥手告别，奔赴前方。王于畊和战友们列队相送，整齐地歌唱："到敌人的后方去，把敌人赶出境！……"歌声雄壮激昂，在皖南的青山绿水间久久回荡。

四、云 岭

战地服务团的年轻女兵们来到秀美的皖南水乡，开始了难忘的军旅生活。美国著名记者史沫特莱一到云岭，就采访了女兵代表王于畊、周纫蕙。她笑着说："我简直爱上你们了！"不久，王于畊在皖北当了近半年民运组长，师从邓子恢，完成了生命中最难忘的第一课。王于畊格外擅长写戏，她参与创作的多幕大戏《繁昌之战》和《大时代的女性》在军中公演后，"才女"的美誉扑面而来……

军中的读书生活

当主力部队移向前方时，战地服务团也随军部离开岩寺。他们先是移至太平，后转往南陵土塘，1938 年 8 月 2 日正式移至泾县云岭镇。在云岭，战地服务团迅速发展到四百多人，一时各种人才荟萃，声名鹊起。

云岭是个静谧、秀美的皖南水乡。在云岭至四顾山之间东西长约十五公里的山冲里，坐落着三十多个村庄，新四军军部的各个单位就分布在这些村庄里。战地服务团设在离军部不远的新村。这是一个只有几十户人家的小村庄。王于畊和战友们一到这里，就完全与当地百姓融为一体。老百姓热情为她们腾出了屋子，把门板摘下来铺在地上，上面搭上稻草，给女兵们当床用。一间屋子可以解决一个班十几个女兵的住宿问题。王于畊与张茜住在同一个房间。

战地服务团抵达云岭后，所有人员重新分配工作，王于畊和张茜分配到剧团，她们的好朋友纪白薇、林琳去了民运队。王于畊更加像一个"老兵"那样，体贴照顾年纪比她小一岁的张茜。两人成了形影不离、无话不谈的好朋友。傍晚时分，她们经常在村子周围的花丛绿野中漫步、聊天。

新村有个很大的祠堂，服务团戏剧组平日在里面排练戏剧，或者开会学习。服务团还专设了一个小图书馆，由李珉负责管理。刻苦好学的王于畊，经常来图书馆看书。

刚到云岭时，王于畊偶然发现，住在相邻不远一农户家的几个男兵总是神神秘秘的，堂屋里总是在出操前早早透出灯光来。有一天，她突然闯进去，把他们吓了一跳。原来，这些男兵每天的这个时候都聚在灯下无声地读书学习。王于畊很赞同这种"早读班"，认为这种学习有助于迅速提高政治理论水平，也要求参加进来。男团员们说参加可以，但要交点"学费"，让王于畊向自己的队长要蜡烛。王于畊当即表示同意，回头找到女生队队长杨瑞年，跟她报告了这件事。杨瑞年不仅爽快地答应给蜡烛，还提出自己也要参加进来。王于畊早读从此有了一个女伴。团部不久还是发现了这个未经批准的"早读班"，但并没有批评他们，反而从中得到启发，从此加强了全团的政治理论学习。朱克靖、徐平羽等团领导亲自为团员们讲解社会发展史、政治经济学等课程。到后来，全团还增加了夜读时间。

在云岭王于畊和所有的女兵一样轮流持枪站岗放哨、接受军事训练和政治教育，当然最重要的工作还是到各部队、各村镇进行抗日宣传鼓动工作。王于畊是服务团歌咏小组成员，有一次，王于畊与张茜、周纫惠、李珉等六位女兵在台上表演小合唱，一位外来的摄影记者将她们引吭高歌的一瞬收入镜头，发表在《良友》画报1939年第6期上，照片说明："教导队队员所组成之小组歌咏队。"这张照片在香港爱国同胞中引起了不小的轰动，人们从这几位英姿飒爽、意气风发的年轻女兵脸上，看到了内地如火如荼的抗日场景，看到了中华民族奋发自强的曙光。

其实王于畊不善于演戏，也不喜欢演戏，她更喜欢幕后的工作，特别是写作和编剧。在服务团自己编排的墙报上经常可以看到王于畊写的文

They work but no pay. So the girl cadets are making

新四军女战士最著名的一张照片，歌咏小组的合影。前排（左起）：王健、王于畊、夏希平，后排（左起）：张茜、周纫惠、李珉。原载《良友》画报 1939 年第 6 期。

章，虽然只是豆腐块大的短文，却文字优美，时常还会迸发出一些惊人之句让年轻的伙伴直竖大拇指。这些墙报也引得很多军部的干部特意绕个弯子来欣赏，六团团长叶飞只看了一期墙报就对王于畊留下了很深的印象。

史沫特莱的采访

1938年11月底，著名的美国女记者史沫特莱从延安来到云岭。史沫特莱已年近五十，从年轻时就立下为全世界被压迫的民族和人民的解放事业而奋斗的远大志向，就下定了追求妇女解放和男女平等的决心。她到过印度，也到过苏联。当中国遭受日本侵略者践踏时，又以国际红十字会记者的身份来到中国，与中国人民肩并肩地站在一起。经中国红十字会救护总队的负责人林可胜博士的介绍，她专程来到云岭的新四军军部，展开了为期一年多的采访。史沫特莱受到了军部领导和广大官兵的热烈欢迎，所以当她一来到云岭就提出首先要采访女兵时，军政治部马上指定服务团派人接受采访。服务团选定了两名表现突出的女兵接受采访，一个是最善于写文章的王于畊，另一个是演戏骨干周纫蕙，湖南人，抗战前是北师大的学生。

这天，王于畊和周纫蕙按照约定的时间，来到史沫特莱在南堡村的住处。史沫特莱就住简陋的医院医务人员临时宿舍里。史沫特莱脸型瘦长而有皱折，面色白中带黄，留着一头中国女兵式的短发，身穿宽大的灰色连衣裙，外罩一件男式夹克衫。她一见到王于畊和周纫蕙，忍不住兴奋地用英语喊道："哦，女兵！"接着，她与两位女兵又是握手，又是亲吻，完全是热情洋溢的美国式见面方式。弄得王于畊和周纫蕙有点手足无措。

史沫特莱第一个问题是："你们为什么要当兵啊？"

两位女兵理直气壮地回答说："国家危亡，人民受难，救国人人有责，到抗战最坚决、最进步的新四军来当女兵，多好哇！"

王于畊和周纫蕙说这些的时候，心里充满着光荣感，情绪活跃起来，滔滔不绝地讲着。史沫特莱饶有兴趣地听着，不住地点头赞许。当得知王于畊没读完女子师范，周纫蕙还有两年北京师范大学就毕业，可是她们还是来参加新四军时，史沫特莱惋惜地说："你们还很年轻，应该进学校。"马上又接着问道："你们为什么不继续去读书呢？"

王于畊说："日本人占领了我们的学校，我们到哪里去读书？史沫特莱女士你知道吗？三年前清华大学的学生就说过华北之大已经安放不下一张安静的书桌了，现在是大半个中国都安放不下一张安静的书桌了。"

两位姑娘说："我们的部队就是抗日的大学校，或者叫革命熔炉。抗战，不是简单的战争，这里面有多少学问值得学习呵！炮火连天，正是一种特殊的教育。"

"你们不想家吗？"史沫特莱问。

王于畊悲愤地说："我的家在哪儿？我的家人在哪儿？我完全不知道，家被炸毁了，家人逃难了。"

周纫惠接过话题："怎么能不想家呢？家在日军的铁蹄下。你瞧着吧，我们一定要打回老家去的。"

两个女兵异口同声地说："其实，部队就是我们的家，我们这里就是一个革命大家庭，我们相亲相爱，非常温暖……"

史沫特莱突然做了一个拿枪的手势，问王于畊和周纫惠两个人："你们女兵为什么不到前方去打仗？"

两位中国姑娘开心地笑了。她们调皮地反问道："史沫特莱女士，您不是也在参加中国战争么，您并没有拿枪去打仗呀！"

听了两位年轻女兵机智的回答，史沫特莱轰然笑了。她对眼前的这两个中国女兵所担负的工作有些理解了。她也从王于畊和周纫惠身上看到了中国年轻女兵所特有的热情与活泼，看到了新四军战士的深邃与执著。她拍着她们的肩膀说："我简直是爱上你们了。"

张茜的心事

1939年春，叶挺军长带领一支队伍赴皖北慰问前方将士，并开展宣传和民运工作。王于畊等六位女兵随行，叶军长特意为她们每人配发一条马裤、一顶大沿草帽。几位女兵穿戴整齐，叶军长为她们拍下了一张珍贵的合影。一路上，她们都舍不得穿这条马裤，把它叠得整整齐齐放在背包里。

临行前一天，心事沉重的张茜约王于畊出去走走。此时正是山花烂漫的季节，服务团驻地新村附近的山坡上到处是盛开的红杜鹃。张茜拉王于畊在一处不易被人发现的花丛隙地坐下来，含笑对她说："许多天来，我一直想听听你对我遇到的事有什么意见。"

张茜从怀里拿出一张自己的照片，送到王于畊手上。王于畊看到照片背面密密麻麻写满了这样一段飘逸俊秀的毛笔小字："在人们面前，我感到惶惑，惶惑得不知如何是好。"照片下面还注有"摘自张茜来信"一行字。显然，这是陈毅写给张茜的。他借此表明了自己的心愿，也向张茜传递了一种暗示，深情地劝慰她早日走出惶惑，坦然面对一切。

"张茜，你用不着惶惑！"面对好友的坦诚，王于畊脱口而出。她接着说："自己的事，用不着看别人的脸色，自己下决心——选择就是了。惶惑下去，可能后悔莫及，可能是只有自己知道的满怀痛苦。"

张茜点点头。沉默了片刻，她突然问王于畊："你呢？如果你遇到这类事，怎么想呢？"

王于畊对自己的情感问题一直紧锁心扉，从未向任何人流露过。现在面对至诚至纯的好友张茜，王于畊不能不回报以真诚。她沉默了一下，想了想，毅然对张茜说："我想的是生死之交！我觉得在浓厚的友情基础上的感情，才能成为生死之交。我不喜欢那种感情游戏——也许我有点封建。我也讨厌那些指指点点的人们。"

张茜听这些话时，也一直在沉思。听王于畊讲了这番话，她也很有同感，禁不住连连点头说："我同意你的想法。我有一种理想，我总生活在自己的理想中。我向往那种完美的、纯净的爱……"

这是两位少女之间关于情感问题第一次敞开心扉、悠悠絮絮的长谈，两颗心更靠近了。

第二天，王于畊跟随战地服务团三队来到皖北，在军政治副主任邓子恢的领导下，干了近半年的民运工作。这是她生命中最难忘的第一课。

邓子恢是闽西革命根据地和苏区的主要创建者，也是我党历史上鼎鼎大名的农村工作专家和农民领袖。新四军军部移师云岭后，他亲自领导一支由战地服务团两百多名团员组成的群众工作队伍，把军部周围数县的民运工作搞得火热朝天。邓子恢早年曾留学日本，但与皖南的农民兄弟们打交道时，却非常平易近人，一点也没有大知识分子的架子。

王于畊刚到皖北，就被邓子恢任命为民运工作组组长，带领两男两女四名队员到江北指挥部五六里外的一个乡开展民运工作。刚接到这个任务时，王于畊忐忑不安。她到邓子恢住处报到时，脸都红了，惶恐羞怯地说："我行吗？"邓子恢哈哈地笑起来，跟她说："行，你一定能行。做群众工作，你学得会。"

邓子恢要王于畊到农村后，最先干的事情是搞社会调查。他口述了一个调查提纲，其中包括从阶级划分到阶级压迫和剥削，农民的觉醒和组织等，并重点强调："最根本的是去了解农民的米缸。对！记着是米缸！农民有饭吃么？养猪么？农民院子里有鸡么？别看这是小事，关系到他一家老小。你想想，养鸡、生蛋，妇女就有了针线钱，就可以买个耳环戴上，给小孩子买本书读读。要关心农民！"

那天王于畊带着她的民运组进了村，刚放下背包，就围上来一群老乡。新四军刚到这一带，老乡们难得一见女兵，他们挤推着，凑近前来搭话，多数人是为了好好看一眼以王于畊为首的三名女兵。王于畊大大方方地迈上台阶，对乡亲们说："我们是新四军的工作组，到你们这里来，同乡亲们一道抗日，就住在村里，大家可多谈谈……"民运队员们随后住到了一户普通农家。王于畊一进家门，就像小媳妇一样，勤快地为房东扫地、抬水、抱孩子、抹桌子，饭后抢着洗碗，晚上与女房东睡在一张床上，头顶头地谈心。她和队员们走门串户、访贫问苦，还教孩子们识字、唱歌，与乡亲们相处得像一家人。

一个星期后，民运小组很快摸清了这个乡的基本情况，几家富人，几家穷人，又有几家伪军。王于畊把这些情况向邓子恢汇报，邓子恢专心倾听，时而记上几笔，时而又插话提问。王于畊汇报完毕，邓子恢分析了王于畊汇报的这些材料，深入浅出地指出了各阶级在对待抗日问题上的不同态度，教导王于畊要紧紧依靠贫雇农，团结广大农民，争取地主、富农一同抗战。他要王于畊回去后召开一次一二十人的贫雇农会议，要在晚上开，不影响生产。

王于畊生平第一次主持农民的会议，紧张得手心冒汗。穿着如农民一样的邓子恢悄悄地坐在一旁，并没有引起二十来位贫雇农代表的注意。王于畊宣布会议开始后，把话题引到组织农民抗敌协会上。她一开始有点紧张，不时望一望邓子恢。邓子恢总是笑笑，微笑点点头，努努嘴，向王于畊做些示意。王于畊胆子渐渐大起来，放手让大家议论，会议开得很成功。乡里不久便组建了农民抗敌协会，还陆续组建了妇抗会、青抗会、儿童团和农民自卫队，发展了农民党员，成立了党支部，留下了红色火种。到王于畊调回服务团三队时，农民已经成立了新的乡政府，各项工作没有因为民运工作组的撤离而受到影响。

军中才女

1939 年 11 月，日军为维护长江的交通运输线，抽调大批兵力扫荡皖南，作为皖南门户的繁昌自然首当其冲。在国民党部队节节败退的情况下，国民党第三战区司令长官顾祝同急令新四军第三支队开赴铜繁地区。而繁昌当时也是新四军军部及其后方基地的屏障。我军为保卫繁昌，从 1939 年 11 月初起与敌展开多场血战，连续取得胜利，打得日军狼狈逃窜，消灭敌人数以千计。此战大长抗日军民的威风，大灭日寇的锐气。

就在繁昌大战捷报频传之时，朱克靖团长接待了几位从前方回来的同志。他随即找来李增援、邵惟、吴蔷（后改名吴强，新中国成立后写出了脍炙人口的长篇小说《红日》）和王于畊等几位服务团的编剧骨干，给他们下达命令："这几位同志刚刚从繁昌前线回来，你们好好听他们介绍战事情况，准备编剧。"介绍后，朱团长提出要写一出三幕的大戏，其中重点表现我军的英勇抗战精神，与人民的鱼水之情，以及与国民党顽固分子作斗争的情况。大家讨论中感到，既要揭露顽固分子的丑恶嘴脸，又要顾及抗日统一战线，不便直接揭露国民党军和国民党党政部门的问题，这是本剧创作中的难点问题。正当大家一筹莫展的时候，年纪最小的王于畊讲了一个故事，引起了大家的兴趣。

这是王于畊此次皖北的半年工作中亲身经历的一件事。有一幢地主的房子，屋宇宽大，房间又多，我们部队准备在这里宿营。可是，这家老板就是不让住，态度非常蛮横。

这事被邓子恢同志知道了，他很生气地走到这家院子里，当面严厉地申斥这个顽固分子："你以为新四军不打人、不骂人，是吧？我就要教训教训你！你听着，新四军打鬼子来到你们这里，绝不能背着房子来，只有借住民房。你不答应也不行，我们住定了。站开，一边去。管理员，分房子！"这个老板只好乖乖地站到墙根去，嘟着嘴，没人理他。

这个故事，一下子打开了李增援、吴蔷两人的思路。他们说，就在戏里写这样一个老板，再加上一个老板娘，使戏里有个女角色，老板娘的戏可以多加点，代表顽固分子，与积极拥军的农民相对照，戏就会活泼得多。

李增援、吴蔷和王于畊三人研究提出了三幕戏的创作大纲。在创作分工时，李增援主动承担最难写的第三幕，并提议王于畊写第一幕，吴蔷写第二幕。吴蔷提出第一幕他已思考过，还是由他来写这一幕。王于畊虽然写过《人财两空》、《母亲》等独幕剧，从未有写多幕剧的经验。但是，她抱着学习的态度，愉快地接受了创作第二幕的任务。

三人商定两三天内写出初稿。王于畊开了"夜车"，小心构思，既要考虑与第一幕的衔接，又要顾及第三幕剧情的发展。她字斟句酌，一遍遍地反复修改，初步定稿后又请李增援和吴蔷提意见……

等到剧本交到两位团领导手上时，前方已经传来五战五捷的消息。团领导决定边排戏、边修改剧本，用半个月时间将此戏排练完成，并在元旦庆祝会和军民联欢大会上公演。服务团各种能人很多。在解决第三幕激战中的音响效果问题时，几位能工巧匠土法上马，制作了小木箱，一摇把手就是机枪声。如果两个小箱同时摇，机枪声就响成一片。此外，战场的硝烟，战士们的呐喊声，都搞得非常真切，令人有身临其境之感。

三幕大戏《繁昌之战》于1940年元旦这一天正式演出，观众反响强烈，好评如潮。参与执笔的王于畊心里这才踏实下来。新年过后，战地服务团又接到了去三支队慰问演出的命令，全体演出人员立即踏雪出发。在三支队驻地，面对繁昌之战的英雄，演员演得格外来劲，观众看得也格外热烈。服务团先后为官兵及当地政府、广大群众演出了七八场，观众达五六万人，轰动一时。1940年3月1日出版的《战地青年》上，有一篇《记繁昌某乡祝捷大会》的纪实文章，其中生动记录了当地民众观看《繁昌之战》时的景象：

一个寒冷阴雨的晚上，广场上集合着男的女的一大群，四面八方的火炬不断集中，农民自卫队、妇抗会、青抗会、儿童团都来了，许多士绅们，也和其他的民众打成一片，很热烈地来参加这个有意义的祝捷大会。

一个副乡长，新四军战地服务团的朱克靖团长，还有各界代表，包括儿童团的代表，都发表演讲，一个接一个。台下，口号声时时响起——

大会很快圆满地结束了。接着是新四军服务团演剧。歌声由几十个青年及儿童的口内唱着："不做奴隶，只有干！同胞们总动员！……"

"对呀！……"群众怒吼着。

不知是什么时候，天空已在下着细雨，但是群众的热潮，还是不断的歌唱。呼口号，没有人去注意它。开始演剧了，第二幕是《征归》。演到中国兵和日本兵打仗的时候，青年、妇女、儿童又唱着："……同胞起来，杀死日本鬼子！杀！""杀！……杀、杀、杀！"1000多的群众同时呼出，一个79岁的老太婆也呼着。

剧终了，雨下大了，人们还站着不散，歌不断地唱着。

这就是同仇敌忾！这就叫万众一心！

1940年2月，为了庆祝即将到来的"三八国际妇女节"。战地服务团又决心编排一出新剧，朱克靖团长召集十几人商议此事，并一锤定音："妇女节的戏，要由女同志来写，集体创作，由林琳、王于畊执笔。"新剧的名称定为《大时代的女性》，要反映在伟大的民族革命战争中的妇女活动或妇女运动，反映她们走过的道路和作出的贡献。

王于畊对这个题材再熟悉不过了。她本身就是这样一位不断追求进步的大时代女性。她的周围，还有很多像她一样年纪的花季少女，每个人都有不同的故事，但大家的人生目标相同，都是为投奔新四军抗日队伍而来。团里为王于畊和林琳召集了一个有近二十位女兵参加的座谈会，朱克靖和徐平羽两位团长都参加，请每个人讲自己参加革命的经历，居然大多数都是瞒着父母偷偷跑出来的。她们在参加革命工作前，大都像王于畊一样受过进步书籍和革命思想的熏陶，从事过救护伤员、慰问抗日部队、街头宣传等救亡活动。

经讨论有了头绪之后，王于畊提出可以写成三幕大戏并出一个提纲，与林琳商量一致，请李增援指导后向两位团长作了详细汇报，顺利通过。王于畊负责写前两集，林琳负责写最后一集。团领导让两个人搬到团部住单间，有桌椅，便于写东西。两个人伏案疾书，进展很快。初稿形成后，即在李增援建议下送印厂油印，边排戏边修改。

"三八"节庆祝大会召开当天，大祠堂里挤满了人。大会结束后，《大时代的女性》开演。该戏由邵惟担任导演，李增援也始终在排演场上指导，戏修改得很顺畅。加之林琳、常竹铭、康宁等二十多位演员基本上都是自己演自己，表演逼真生动，所以一亮相就博得满堂彩。第一幕在雷鸣般的掌声中谢幕，军首长专门跑到后台，称赞这出戏演得好。大家受到鼓励，更增强了信心，后两幕戏演得更认真，赢得了更多掌声和欢呼声。

通过参与创作《繁昌之战》和《大时代的女性》两场大戏，王于畊在军中声名远扬，获得了一个新四军"才女"的美誉。

就在1940年的"三八"节上，王于畊被评为全军先进人物，代表服务团所有姐妹接受了隆重的表彰。就在这天，王于畊的《沿着铁轨走》一文发表在新四军军部的《抗敌》杂志上。

五、大江南北

　　战地服务团从皖南军部调到江南指挥部，王于畊担任民运工作队长。她直接受到陈毅的言传身教，懂得了统战策略，领导农民与大地主"李老板"斗智斗勇。在敌伪几道封锁线和密布据点的"梅花桩"中穿行，直面血雨腥风，女兵李珉胸部中弹，躺倒在队长王于畊的怀里。"革命流血不流泪"——李珉最后时刻留下的这句话，让王于畊铭记终生。黄桥决战，王于畊参与创作了"黄桥烧饼歌"，并机智地给顽军布下迷局……

在斗争中掌握政策

　　1940 年 4 月初，战地服务团的主要部分，由团长朱克靖、副团长谢云晖率领，从皖南军部调到江南指挥部，归由陈毅总指挥领导。全团百余人编为剧团和民运工作队两个部分。王于畊被任命为民运工作队队长。

　　王于畊随服务团大队人马连续几天行军，才抵达江南指挥部所在的溧阳县茅山脚下的水西村。江南正值春光如锦、菜花飘香的季节。可王于畊一到水西就带领民运队员在指挥部周围的竹簧桥、安中里一带开展工作。在这儿她又幸运地得到了另一位人生导师陈毅的谆谆教诲。

　　江南茅山地区是炮火连天的抗战前线，敌我力量交织，各种矛盾错综复杂。民运工作队下去工作之前，朱克靖团长特请陈毅司令员来跟王于畊一行讲讲形势和任务。陈司令为人随和，言语风趣。大家围坐在他身边，听他摆"龙门阵"。陈司令说："这里有日军、汪伪、国民党顽固派冷欣部等不同势力，他们对新四军形成了夹击态势。我军坚决打鬼子，搞统战，团结人民，赢得了包括上层人士在内的江南广大群众的拥护。地主绅士也反对内战，赞扬我们联合抗日的主张，这是大局。"陈毅还谈到了当地老百姓的习俗和生活状况，指出眼下是春荒，群众生活很困难。工作队员下去后，除了继续巩固发展已有的群众组织外，主要要帮助群众解决春荒的困难。

王于畊率民运队员一进入安中里一带的村庄就感觉到，这里的春荒确实很严重。这里土地集中，佃农、雇农多。贫困户大多是从江北移来的农民，家家孩子老人面黄肌瘦，下地干活的男女劳力都饥肠辘辘，不得不把裤带扎得紧紧的。

这里有一个大地主，人称李老板，家有千亩良田，周围几个村子的人家多是他的佃户。此人在溧阳一带颇有势力，经常自由出入国民党的江南行署，能与冷欣的三战区指挥部说上话。新四军来到这里后，他与陈毅司令也有交往，曾为新四军讲过公道话。

农抗会队员向王于畊反映，因春荒严重，他们曾与李大地主商量借粮救荒，可他家即使谷烂陈仓也不借，大家都很气愤。王于畊率队员们来到这个大地主家，对他好言相劝，讲了一番有钱出钱、有力出力，吃饱肚子打鬼子保家乡的大道理。可他根本没把眼前的这个年轻的民运队长放在眼里，说什么："姑娘，你不懂，这些泥腿子们有的吃。再说，我也无存粮。"他对借粮的要求婉言拒绝后，又岔开话题，打听起王于畊的家世来。王于畊紧咬下唇，强抑愤恨离开了地主家。

几天后，李老板趁夜从屋后的河道往伪军占领城里偷运十几船稻谷时，被农抗会队员将船截住。几十名农抗会员闯到李老板家，冲他怒喊："不准你运粮资敌！""运粮资敌就是汉奸！"李老板却百般辩解说这些稻谷是运进城碾米的，米碾好后还要运回来。农民们不放船走，双方相持到天亮，李老板与农抗会人员相互推搡着，直奔三里外的水西村新四军司令部而来。王于畊带着工作队也赶了过来。

李老板恳求陈司令当个保人，陈司令并不答应，要他自己想办法。李老板这下着急了，说如果十天内不运回米来，请陈司令砍他的头。

陈司令听了此话，感到是火候了，开始大声对大家讲话。他先是夸奖农民们拦船反对运粮资敌是爱国抗敌保家乡行动，接着就对威风扫地的李老板说："我就做这个见证人吧，李先生，你说十天半月一定得把粮碾好运回来，只好这样办了。"

农民们说："我们相信陈司令，可是你李老板口说无凭，得写字据！"李老板连忙照办，留下字据。

整整15天过去了，仍不见粮船回返的影子。农抗会队员们和村里男女老少愤怒地拥到李老板家说理，扬着他亲手写的字据，怒吼起来："我们不要米，要你的头！""把头割下来！"

李老板吓得面色苍白，无言以对。这时，他瞅见身着新四军军装的王于畊和民运队员们，像发现了救命稻草，不再敢称王于畊为"姑娘"了，扯着嗓子急喊："同志，同志请过来，帮我说句话。"

王于畊不冷不热地回应道："李老板，我们没法说话。"

李老板呆住了，但忽然说："走，找陈司令去，他是我的保人。"

农抗会的人也喊道："好哇，走嘛，叫陈司令砍你的头！"

王于畊没有阻拦，看到李老板的狼狈相感到很痛快。

在陈司令住处，一边是农民们高喊砍掉李老板的头，另一边是李老板哀求再宽限几天。吵嚷了半天，陈司令终于发话了："砍头，不大好吧。头一砍下来就长不上去了，我看李老板还是立功赎罪的好。我们的农民兄弟们是最讲道理、最有气量的，你们看，就这样吧，宽限他几天。"他又对李老板说："可是你李老板呀，你得说话算话，米一定得运回来。汉奸帽子，不大好戴吧！"

李老板连声称是，陈司令接着要他拿出几十担米救荒，并说"我就是这个话，谁叫你们请我当保人呢！"

李老板连称"遵命"。可农民们仍怒火不消，仍然"要人头"，慌得李老板胆怯怯地恳求农民，答应捐献二三十担粮来。

陈司令亲切地走到农民中劝解说："同志们，你们看在我的面上，就宽限他几天，叫他另外拿出粮救灾。不必非要他的脑壳了。就听我的话，团结抗日最重要。当然要警惕有人当汉奸！"王于畊和其他民运队员也忙着劝起大伙来……

终于制服了飞扬跋扈的李老板，人们退去了，这场"纠纷"终于告一段落。有了这二三十担粮救济，安中里一带农民的春荒可以勉强度过了。王于畊和战友们正得意扬扬时，没想到陈司令很快到了服务团驻地，脸色沉沉地冲着王于畊说："农抗会代表和李老板闹到我司令部来，你们为什么事先没同我打招呼？你知道么，这事多叫我为难！"王于畊愣住了，仰首听陈司令的指示："对群众当然要支持，决不能使群众对我们有任何怀疑，我们当然是站在他们一边，首先保护他们的利益。可是对李老板，对这个愿意同我们合作的地主，我们还得讲点统战。把他逼急了，他既可能投敌，又可能完全倒到顽固派一边去，这对我们也不利。这个，你们想到了么？"

所有民运队员都低头不语，王于畊更是面红耳赤。王于畊想到，自己这个不足20岁的民运工作队队长，既不懂得统战政策和斗争策略，干事情又冒失，只会跟在群众后面，同群众一样地宣泄对大地主的恼怒和气愤，所以很是惭愧。

过了一会儿，陈司令又和蔼地对王于畊等人说："你们呀，你们可不能第三次把农民和李老板带到我那儿去了。再来了，我也不好办。李老板这下摸清了我们不会支持农民杀他的头，农民可真能把他的头砍了。真砍了，那就很不好。记住，遇到问题，先请示报告，更重要的是自己动脑筋。既要支持群众，又不要把事情做绝。要记住现在群众最根本的利益是抗日。"陈司令接着又详尽解释了党关于统战工作的政策和斗争策略，为王于畊等年轻民运队员们上了最重要的一课。

没过一个月，春茧到了收获季节。李老板开的茧行，是本地的独一家。他既是为了报复春粮事件，也是为了榨取更多的农民血汗，故意压低收购价。如果多耽搁时日，茧子要出蛾，那就一分钱也赚不到了。惜售的众多的茧农坐不住了，跑来向王于畊的民运工作队求助。王于畊带人去找李老板，他态度很蛮横，表示决不提价。

王于畊意识到，只有打破垄断，才能保护茧农的利益。工作队员四处打听得知，城里和鬼子据点附近有茧行，那里价格较为合适，但因有日伪军，茧农不敢去。她反复考虑，终于想出一个暗中武装护运的办法，当晚便找陈毅司令汇报。陈司令很赞同，还帮她分析说，城里的茧行会比农民还要急，资本家之间也有竞争，江南的茧行、丝行都是发财的买卖。陈司令答应再给几支步枪和 20 个手榴弹，交代放在船底，送农民去城里卖茧。

经过民运队与农抗会的周密筹划，一夜之间筹集的几十条船满载春茧起程，一整天后又安全返航，大家高兴极了。茧农们卖了好价钱，轮到李老板坐不住了，他立即提高茧价，总算把来不及运走的春茧收了去。

春茧斗争圆满收场，李老板再次被制服了。王于畊一行高高兴兴地从安中里回到服务团驻地，向朱克靖团长报告，并请他请示陈毅司令，要不要就此事写个书面报告。朱克靖打了电话，之后对王于畊说："陈司令说这种事天天发生，哪能每件都写报告。不要写工作报告了，叫你写篇文章，报告文学也行，小说也行。"王于畊记住了这句话，记了整整五十年，在《往事灼灼》一书中终于完成了陈司令的要求。

"革命流血不流泪"

1940 年 6 月，顾祝同、冷欣、韩德勤等顽固派蠢蠢欲动，向陈毅领导的苏南新四军主力步步紧逼。日寇汪伪也来围剿新四军。陈毅司令按照中央要求，决心开辟苏北抗日根据地。这样，战地服务团结束了在水西两个多月的工作，随江南指挥部向北转移。这次行程，途经几道敌人封锁线和江南敌伪据点密布的"梅花桩"地区。政治部和战地服务团连续突破几道封锁线后，来到溧武路封锁线，此时已是晚上 10 点左右，夜色昏黑，天上繁星点点，大地一片寂静。王于畊此前已多次成功穿越日伪军的封锁线，算得上是一个有经验的老兵了。她督促她的队员们快速跟上，随部队肃静、快速地走着。

当她走上一座小石桥时，突然枪声大作。随着一声"卧倒"，她和身后的几位战友就地伏在石桥上。石桥正是敌人射击的主要目标，只见石桥前后子弹乱飞，脆响震耳。半个多小时后，桥两岸互射的枪声停了下来。王于畊先观察一下四周的情况，对身后的女队员蒋群说："向后传，我们向后，撤离石桥。"王于畊率先站立起来，环顾四周，发现这场短暂的激战已经把服务团的队伍冲散了，留在桥上的只有跟在她身后的这一批女队员。

这时，常竹铭跑过来轻声告诉她，李珉负伤了。王于畊为之一惊，心一下子提到了嗓子眼儿。李珉比王于畊大两岁，1938 年秋从上海跑到皖南参加新四军，分配到战地服务团后，与王于畊编在一个班。王于畊与李珉相处近两年，结下了非同一般的友谊。

李珉的左胸被子弹击中，王于畊替她包扎，还是流血不止。王于畊让李珉依靠在自己的怀里，正在想如何把她从眼前的险境中救护出去时，李珉十分吃力地说："于畊，你听我说，我是不行了，一点力气也没有，你们别管我，赶快离开，去找部队。敌人可能来搜索。"

"不行，我们不能丢下你！"王于畊也已想到敌人可能会来搜索，这样她身后的近十名女队员就会处于极度危险之中。可李珉伤势太重，周围的女队员身单力薄，又没有担架，不可能救走她。

李珉又一再催促，开始用力推开王于畊。王于畊霍地站起来，走下桥找到另外几位战友，把李珉的伤情告诉她们，一同商量决定，先赶去集合地点曹家岱竹林，找到大部队后再派人来抬她。王于畊又轻步走到李珉身边，在她耳边唤她，对她说："你的意见大家接受了，现在我们留在这里的全是女同志，确实抬不动你。你先安静休息，别急，略等一下，就有人来抬你。"李珉的手已经冰凉，可她仍在断断续续地催促战友们快走，不要管她。王于畊紧握她的手，唯恐与她就此永别。但她告诫自己，一切儿女情长都得克制，快去找部队，争取时间，将她从死亡线上拉回来。

王于畊靠北斗星辨别好方向，带领姐妹们往西南方疾行十五六里路，终于找到服务团的集合地，见到已经到达那里的剧团队长夏时等几十位战友。她与夏时商量，选派了两位体魄强健而又处事机警的男队员返回营救李珉，其他人立即转移到新的安全地点。

这是王于畊感到最疲累的一个夜晚，却彻夜难眠。直到中午，第二拨出去的男队员回来了，面露笑容地告诉大家："找到了！人送到医院了！"原来，天尚未亮时，下地干活的当地农民发现了躺在血泊中的新四军女兵李珉，怕她被敌人发现，忙找人抬回村里隐藏，后又把她送到离此地不远的新四军医院。

王于畊听到这个消息，一直悬在喉咙口的心终于放了下来。全团人到齐后，又将继续转移。朱克靖团长清晨与王于畊等三位女兵一道奔往崔义田部长主持的新四军战地医院探望李珉。

此时，李珉因肺部遭受重创，失血过多，而医院又无手术条件，已经到了生命的最后时刻。崔部长走近她，轻声唤她，告诉她有人来看望她了。李珉睁开双眼，眼神已失去往日的光彩，但她一看到正在默默流泪的朱团长及王于畊等战友，随即露出温柔和喜悦的神采。她平静说出了这样一句话："同志们，革命流血不流泪！"这话铭刻到王于畊的心上，永不磨灭。

李珉是大声呼喊着服务团党支部书记于晶同志的名字离世的。王于畊明白她最后呼喊的含义。李珉生命的最后一刻，还魂牵梦绕着加入中国共产党这一个未了的心愿！对王于畊而言这是一种极其特殊的战争洗礼，让她受到的前所未有的震撼和教育。要革命就会有流血，有牺牲，这个现实已经清晰地摆在她的面前。

王于畊和战友们擦干了身上的血迹，继续前进，她们冲过一条条日本侵略军封锁线、国民党顽军封锁线，终于到达苏北。

黄桥烧饼歌

1940 年 5 月 4 日，中共中央的"五四"指示直接下达到陈毅，指示要求"自主放手发动群众，开辟扩大抗日根据地。"陈毅开始了发展苏北的行动。首先是原叶飞老六团和管文蔚部队合并成立了挺进纵队，以扬中为跳板，北渡长江，开始了江南新四军发展苏北的第一步。7 月，叶飞在著名的郭村保卫战中，击败了国民党李长江部队的进攻。7 月底，粟裕率老二团渡江，至此江南的全部主力均会齐苏北，9 月进驻黄桥。

陈毅率新四军主力开辟苏北抗日根据地引起了国民党顽固派的极大恐慌，省主席韩德勤拼凑了几万人，叫嚣着要把新四军赶过长江。对陈毅率领的新四军而言一场生死大战在所难免。

黄桥到处充满了战争前夜的紧张气氛，服务团已随部队到达黄桥紧张地投入到战前的准备工作，这时王于畊已经担任服务团的秘书一职了；秘书实际是团长助理，当团长、副团长不在的时候，秘书就要组织、协调团里的各项工作。王于畊从工作组长到工作队长、秘书，进步可谓飞快。在黄桥决战的前夜，王于畊和服务团团员一起动员群众准备干粮支前，组织抢救伤员的担架队、护理队，组织演出小分队到部队宣传，黄桥镇到处贴满了服务团书写的自卫反击的标语口号。在黄桥有一特产黄桥烧饼，成为支前的主要物资，镇里有60多家烧饼店，18家磨坊日夜赶制黄桥烧饼，就是各家各户也在自己的小灶上烤烧饼，然后车推肩扛，源源不断运往前线。一天，服务团的几个骨干李增援、章枚、王于畊、林琳忙里偷闲在一家小店喝着豆浆，吃着烧饼，看到街上忙忙碌碌的支前大潮，不由赞叹万分。

李增援突然举起一个烧饼大声说道："黄桥烧饼黄又黄，黄黄烧饼慰劳忙。"

王于畊灵光乍现也拿起一个烧饼说："烧饼要用热火烤，军队要靠百姓帮。"

林琳接着说："同志们呀吃个饱，多打胜仗多缴枪！"

吃完饭后，王于畊、林琳就提议创作一首歌，于是李增援动笔把大家的联句整理成六段歌词，章枚立刻谱曲，一首战斗的小曲《黄桥烧饼歌》就这样问世了。《黄桥烧饼歌》在黄桥镇传唱着，在新四军的战斗部队中传唱着，成为一首非常具有特点的革命历史歌曲。

黄桥战役紧张地进行着，在战斗最关键的时刻，指挥部的电话响了，当时只有王于畊一个人在指挥部，她拿起电话原来是国民党地方派李明扬下属陈泰运打来的，他们不知战况，就打电话探探虚实。

王于畊很冷静地问："有什么事吗？"

陈泰运很着急地说："陈毅司令员在吗？我找陈毅司令员讲话。"

王于畊立刻觉察出他们是在打探虚实的，于是回答："陈毅司令员现在不在指挥所。"

　　陈泰运马上追问："陈毅司令员在做什么？"

　　王于畊机智地回答："陈司令员在和警卫班打篮球。"

　　陈泰运张大了嘴不敢相信地问："什么，打篮球！"

　　王于畊加大声音："是的！打篮球。"

　　陈泰运挂了电话说："大仗之际，统帅还有闲心玩篮球，看来韩德勤不好了！"国民党地方部队没敢动，仍在观望。王于畊一个机智回答减轻前方不少的压力，四个小时之后，新四军歼灭韩德勤两个师。新四军在苏北站稳了脚跟。

　　黄桥一役，新四军以七千人击退了国民党顽固派三万人的进犯，还缴获了大量武器，俘虏了上千人。指挥部又把管理、教育顽军俘虏的工作交给了服务团，王于畊接到任务很是踌躇，因为手下有一半是女兵，如何管理俘虏她们从未干过。这时钟期光主任就耐心地教她一些工作方法，把一些特别要注意的问题讲给她们，还特意把敌工部长丘东平请来，让丘东平介绍管理教育俘虏的经验。在领导的帮助支持下，王于畊和服务团团员们一起做顽军俘虏的工作，然后将他们释放返家，有一些思想觉悟高，坚决要求参加新四军的俘虏都留在了部队。王于畊又完满地完成了一项重要任务。

六、结　婚

　　以书为缘，首长为媒，王于畊与战将叶飞相识、相知，结为"生死之交"。新婚当天，王于畊特地穿上从好友曾菲那里借来的新布鞋。新婚之夜，叶飞和王于畊对面坐着聊天，一直聊到天放亮。她永远记住了这奇特却又真挚的一夜。婚后，王于畊率民运工作队到如西开辟敌后新区，枪不离身，后又化名夏楠，当了大半年中学老师，带领三十多人在靖江县各学校开展地下工作。

书箱为媒

　　黄桥战役结束，山东南下的八路军和江南北上的新四军会师，中央决定成立八路军、新四军江北指挥部，叶挺任总指挥，陈毅任副总指挥，叶挺未到时，陈毅任代总指挥，胡服（刘少奇）任政委。此时，新四军北上发展苏北的先锋大将叶飞在战场上威风八面，战场下面却发生了变化，要么发脾气，要么就闷头一言不发。

　　叶飞祖籍福建南安，1914 年出生于菲律宾奎松省一个华侨家庭。他 5 岁回国，在厦门读中学时就参加革命，做地下工作，后在闽东创建闽东苏区和闽东独立师，开展了艰苦卓绝的三年游击战争。新四军成立后，他率闽东独立师下山，改编为三支队第六团，他任团长。奉命东进后，叶飞和他的部队在大江南北的抗日战场上连战连捷，所向披靡，成为新四军的一支主力部队。这时叶飞才 26 岁，是新四军高级将领中最年轻的一位。

陈毅听说叶飞经常发脾气这件事，笑着说："不好了，要解决叶飞的问题了。"说完他让服务团团长朱克靖带上服务团的名册，叫上政治部副主任钟期光，三人扬鞭催马赶到了叶飞的驻地。叶飞正闷坐在屋里，忽然看见陈毅等三人直奔而来，大吃一惊，以为又发生了什么重大事变。陈毅三人跳下马来，直进指挥所，把参谋、战士全部赶了出去。

叶飞紧张地问："陈司令，又有什么紧急任务？"

陈毅笑了笑："是有个紧急任务，下面反映你性情大变，脾气暴躁，我看不是，是你该成家了。我们三个人是来做月老的。"朱克靖、钟期光都嘿嘿地笑了。

叶飞没想到陈司令竟然是为他的事情特意来的，心里热腾腾的，脸上飞红，辩解着："他们瞎扯嘛，没有的事，我很好！"

陈毅不听叶飞的解释："说吧！小叶你想要什么样的，是美女，是才女。服务团的人尽你挑。"

朱克靖把花名册往桌上一放说："小叶你挑吧。论美女我们服务团有四小名旦，论才女我们有三大才女，你表个态吧！"

叶飞看到陈毅、朱克靖这样认真，不是开玩笑的，也不由认真起来，想了想说："我还是喜欢有才的，才女吧！"

朱克靖翻开花名册："好，要说才女，第一是王于畊，写过两个大剧，工作能力强……

没等朱克靖介绍完，叶飞就打断了说："对，就是王于畊！"

陈毅很奇怪地问："你以前就认识王于畊？"

叶飞说："不认识，刚到云岭时，我就看过服务团出的墙报，王于畊写的文章不但文字流畅，而且也很有思想深度。我还看过话剧《繁昌之战》，听说她也是编剧之一。"

陈毅哈哈大笑："原来你早注意上她了。来之前张茜也专门推荐王于畊，这不都想到一起去了。"陈毅转过脸对钟期光说："老钟，回去就把王于畊调过来。"

陈毅对叶飞说："我们把人调过来，成不成就在你了。我主张抗日持久战，恋爱速决战。"说完陈毅三人大步迈出指挥所，跨上马急速奔去。真是来匆匆，去也匆匆，只不过一顿饭的时刻他们就把叶飞的事定了，叶飞自己还一头雾水，愣愣地站在那里，望着飞奔远去的领导和战友。

忽然朱克靖在马上长叹一声："我们服务团又少了一个骨干了。"

陈毅看着朱克靖忍不住笑了，忽然一拍头说："我怎么只顾着远处，没有看到咫尺呢？"

朱克靖莫名其妙地问："什么咫尺呀？"

陈毅指着他："就是你啊！你也该加油解决自己的问题了。翻翻服务团的名册吧！

说得朱克靖都不好意思地笑了。第二年朱克靖和服务团的康宁结为伉俪，这是后话了。

钟期光回到海安政治部，就把王于畊找来，王于畊一迈进钟主任的房门，钟期光就从一个饼干筒里抓出一把盐炒黄豆塞到王于畊手里，温和地说："小王，多吃点，你们女孩子最喜欢这些小东西了。"

钟期光看看眼前这个精干的女兵，觉得叶飞的眼光真不错，他笑了笑说："我们准备把你的工作调动一下。"

王于畊心里一慌，紧攥着手问："到哪里去啊？"

钟期光说："你也长大了，该到更大的世界闯一闯了。这次调你去战斗部队，去一纵，具体工作到那再定。"

王于畊一听是调出服务团，到一个自己完全不熟悉的地方，脱口而出："我不去！我到战斗部队什么都不会，还是留在服务团。"其实当初和她一起从八路军学兵队分到服务团的战友都已经走上了各种新的岗位了，话刚出口，王于畊自己也觉得有些过分，很不好意思地低下头来。

没想到钟期光主任一点不生气，仍然像兄长那样耐心地说："女兵虽然不能到连里、营里，但你在旅里、团里还是可以做很多工作的，现在部队宣传、组织、青年、民运都缺干部。"说着话锋一转，介绍起一纵司令员叶飞了，然后更是希望王于畊在个人问题上边往前迈一步。

王于畊这才明白，这次调动还有着另外的目的，她本来就慌的心，更加乱了，什么话都不说了，最后推说："容我再想想。"一溜小跑地跑回了驻地，这时才发现手里仍攥着那把黄豆，只是黄豆都被手心的汗水泡软了。这一晚上王于畊失眠了。叶飞是新四军大名鼎鼎的战将，她早就听说过他，但是没有见过。她总在想："我又不认识他，为什么要嫁他。"

第二天，政治部通讯员送来了钟主任连夜赶写的一封信，王于畊拆开一看，仍是那样耐心，那样委婉的口气，三页有两页是介绍叶飞的，有一页是钟主任的劝导，"请你相信组织，放下思想包袱，迈出人生的一大步，放心大胆地奔赴新的岗位，"最后一句是"反正是共产党员干革命，不要怕。"王于畊一直犹豫的心像被猛击了一掌，她那好强的自尊心被激发起来，"是啊，怕什么啊！前方又不是荆棘，又不是悬崖，我怕什么啊！"王于畊忽然对自己的不听领导的话感到惭愧了。

这时她的好朋友张茜也跑过来找她了，张茜看着王于畊略有烦躁的神色不由地笑了。

张茜说："还记得我们在云岭杜鹃花旁的谈话吗？"

王于畊点点头。

张茜说："那时你叫我不要惶惑，你说自己的事用不着看别人的脸色，自己下决心，选择就是了。那今天你呢？惶惑吗？还是不惶惑？"

王于畊知道，一年前是她推了张茜一把！今天张茜是来推自己的，王于畊望着远方，细细问自己，我惶惑吗？我需要惶惑吗？

张茜知道王于畊的坚强自尊的性格，她热切地说"那天你说要的是生死之交，那个人今天已经来了，叶飞是个很优秀的领导，他也是一个可以相托付的人，去吧。"说着张茜又掏出封信给王于畊说："这是陈司令给你的信，你看吧！"

陈毅的信仍是在介绍叶飞，然后是劝说王于畊，其中一句"走上新的征途吧，你要快马加鞭。"又深深地催发了王于畊的战斗激情，她体会到了领导和组织的苦心和信任，她得到了战友的支持，最重要的是她自己做了选择，一个永不后悔的选择。

王于畊是个干事雷厉风行，又不事张扬的人，第二天她趁同室的人不在时，飞快地把自己的东西收拾起来，然后背着背包，挎着挎包又是一溜小跑，撞进钟期光的房子，响亮地报告，"钟主任，我服从组织的安排，请马上给我办手续，我即刻就动身去一纵报到。"

钟期光哈哈大笑："我说王于畊是好样的，够一个标准的军人，好，你马上就去一纵，直接向叶司令报到。"

王于畊调皮地笑了，"我保证在新的部队做好工作，但其他的事可不一定保证噢。"

钟期光蛮有把握地回答："我保证其他的事你也会干得很好！"

爱情进行曲

当年张茜从服务团调往一支队时，她舍不得，曾抱着同室的战友大哭一场。而王于畊完全不同了，她也舍不得服务团，但一旦她决定的事，她就不再留恋，她选择一个没有人的时间匆匆地离开服务团。她把对服务团的留恋深深藏在自己的心底，直到五十年后在她写的那本"往事灼灼"的书中，她才把对服务团的依恋，对战友的思念像决堤的潮水一样，吐露无遗。

王于畊马不停蹄地赶到一纵，叶飞正在焦急地等着，一看王于畊进门，不容她报告，就忙让她坐下，马上就冲泡了一杯热茶给她；房子里的参谋、通讯员都好奇地看着这个英气的年轻女干部，这就是传闻中的我们新四军的才女吗？王于畊被看得很有些尴尬，如坐针毡。叶飞说："王于畊同志，欢迎你到一纵来，先歇口气。让警卫员黄中贵送你到政治部，我已经和他们讲了，你先住下来，熟悉下环境。我有个会完了，再找你详细说说。"说着对警卫员说："你帮小王同志拿背包，送她到政治部去。"说完叶飞很满意地和几个参谋走了，黄中贵说："王同志，你多坐会儿，等我把书箱子收好，就送你去政治部。"黄中贵在闽东红军时期就跟着叶飞，他忠实可靠，在最困难的时候，游击队的经费都背在他身上，这个任务既光荣又危险，而他背了几年都没出任何问题。他和叶飞亲如兄弟，一直无微不至地照顾他。

王于畊一听到书，立刻来精神了："什么书箱？我也看看。"出了门看见院子里铺满书，黄中贵正麻利地把书收起来，一摞摞放进一个木箱。

王于畊一边翻一边惊喜地叹道:"哟,这是托尔斯泰的《战争与和平》啊,还有屠格涅夫《父与子》啊!"

黄中贵看见王于畊惊讶的样子,很得意地拿起最上面的一本书说:"这是首长最喜欢看的书。"

王于畊接过来一看是克劳塞维茨的《战争论》,书页都有些破旧了,看得出书的主人是经常翻阅的,王于畊心中忽然有种共鸣,有种似曾相识的感觉。她拿了本《战争与和平》第一卷对黄中贵说:"借给我看看,我还没看过呢。"

黄中贵急急地说:"不行,首长说过不准借给别人的。"

王于畊撇撇嘴:"又不是不还你,你们首长那么小气。"

黄中贵争辩说:"我们首长才不小气呢!什么样的好东西他都可以随便送人,就是书不但不送,就是借也不借。"

王于畊问:"为什么不可借人啊?"

黄中贵悄悄地说:"这些书都是他到处收罗来的,可宝贵啦。每打到一个地方,首长第一个就是找报纸,找书。首长说了,借书的人多半都是不还的,所以保护书的最好办法就是不借人。"

王于畊笑了:"你们首长还真是细心。我一定还你,再说你这么多书,我还要换下一本,怎么能不还,我拿走这一本。你放心吧!"

黄中贵眼珠转转,想到刚才叶飞见到眼前这位姑娘的兴奋劲头,就点了点头:"好,借给你,不过要快还来,首长问起来我顶着。"

王于畊笑了:"你这同志还蛮义气的。"

这样王于畊隔三差五地就往司令部跑,叶飞也正好在那儿等她,两个人就边翻书箱,边谈,谈得最多的当然是书,一木箱书居然成了两个人的"蛀书"纽带。

王于畊没有想到叶飞不但是个战将,还对文学有着十分精辟的见解。她开始钦佩他渊博的学识,以及过人的分析问题、解决问题的能力。

一天,王于畊又兴致勃勃地跑到叶飞处,只见黄中贵仍在晒书。

王于畊随口问道:"怎么又在晒书啊?"

黄中贵说:"这地方太阳少见,只要出了太阳,我就赶忙晒书。王大姐，首长到指挥部开会去了，起码要两三天才回来。"

王于畊听到叶飞不在，顿时有些怅然若失，无精打采地说："我又不是来找他的，我是来和你换书的。"

黄中贵捂着嘴偷偷地笑着："我知道你是以换书为由头的。"

王于畊嗔着说："同志不要乱讲话，不然我就走了。"

黄中贵认真地说："王同志你要多来啊！自从你来了以后司令的心情好多了，原来要么发脾气训人，要么半天闷坐不吭一声。打完仗，他总是无精打采的。自从你来了以后，他的笑容就多了，有时还跟我们讲讲笑话。你第一次借书走后，首长凑巧也找这本书，找半天找不到眼看就要发脾气，我赶快说是王同志借走的，首长马上就笑了，我总算躲过一次霉头了。"

王于畊听了脸居然红了起来，"你哪来这么多话，快拿本书给我。"

王于畊的神情变化，早被精灵古怪的小警卫员看在眼里，等叶飞回来后，他就眉飞色舞地大讲一番。叶飞听了表面神色不动，心里却翻了几个过。

第二天上午，王于畊开会完了回到房间，看见黄中贵在门口不耐烦地来回转圈。

王于畊问："你又搞什么名堂。"

黄中贵看见王于畊大喜过望："王同志你才回来啊，我等你都快一个小时了，"说着把手上拿的一个信封交给王于畊说："首长让我交给你的，他今天特别高兴，说只要我把信交给你就算完成任务了，就奖励我，放一天假，随便到哪儿去玩，我想到镇上去逛逛，可老等你不来，你看起码耽误了我一个小时。"

王于畊从口袋里抓了几块糖给黄中贵："对不起了，这是赔偿你时间的。"

王于畊跑进房里，关上门，打开信封，只有一张照片，叶飞头戴军帽，半侧着身，两个眼睛炯炯有神，就像是两颗乌黑发光的围棋云子，背面写着"送给王于畊"和叶飞的签名。没有一个多余的字，王于畊却感受到叶飞炽热的情感，她知道生死相托的人来了，她也要担负起生死相托的

1940 年年底，王于畊与叶飞结婚纪念。

重任了。

很快叶飞与王于畊结婚的报告送到了陈毅的桌子上，陈毅高兴地要通了叶飞的电话。

陈毅说："叶飞啊！你抗日持久战打得好，恋爱速决战也打得好。我们同意你的报告了，转告王于畊，张茜也祝贺她。"

1940 年 11 月 29 日，叶飞和王于畊，副司令张藩和彭克，参谋长乔信明和于玲举行了一个集体结婚，全旅部的干部都参加了这场盛大的婚礼，婚礼一直闹到午夜，才把三对新人送入洞房。王于畊特地穿上从好友曾菲那里借来的新布鞋，表示恪守中国的老传统。战争年代王于畊不可能置新装，但她脚穿着一双新鞋，迎接着女人一生中的一个最重大的转变。

当王于畊和叶飞对坐在新房的桌子旁时，她紧张得不行，颤抖地说："我削个苹果给你吃吧！"说着拿起刀就削，可颤抖的刀一下子就把手指划破了，血滴了出来。叶飞立刻掏出一条洗得很干净的手绢，非常体贴地把王于畊的手指包扎起来。叶飞很理解妻子的紧张，他从一个保管很好的铁盒中掏出一勺咖啡粉，很快就冲了一杯喷香的咖啡送到王于畊面前："喝吧！这是我最喜欢喝的，你知道我是生在菲律宾的，从小就喝咖啡，你也尝尝家乡的东西吧！"叶飞和王于畊就对面坐着聊天，聊各自的过去，聊各自的家庭，一直聊到天放亮了。王于畊非常感谢丈夫对自己的尊重，她一直记住这奇特却又真挚的一夜。

叶飞与王于畊的婚事颇有些传奇色彩，所以也留下了不少花絮。"抗日持久战，恋爱速决战"慢慢成为领导干部的共鸣，吴强在解放后写的长篇小说"红日"中就借机要员小姚的话说："他们老干部不主张恋爱时间太长，因为那样影响工作，影响打仗。"

王于畊是匆匆而又悄悄地离开服务团的，很多人在一段时间里都不知道她的去向，连同室的曾菲也没弄清楚，她只记得前几天她刚收到母亲给她做的一双兰丹士林布鞋，因为特别漂亮，始终没舍得上脚。

很快王于畊就发现了曾菲的新鞋子，也特别喜欢就说："借我看看，我也找人做一双。"

可是忽然就不见王于畊踪影了，曾菲感到很奇怪，舍不得那双新鞋，就打听问："王于畊到哪去了，她还借了我一双鞋没还呢？"

大家哄地就笑了，七嘴八舌地说："你还等那双鞋啊！人家王于畊早穿着它到叶飞那儿结婚去了。"

曾菲听得目瞪口呆："结婚去了？那我的鞋就算是送她的结婚礼物吧！"

过了一会儿，曾菲忍不住说："我还是真的舍不得啊！"又引起了大家的一片善意的笑声。

1941年刚过了新年，一旅驻地气氛凝重，大家都紧张地关注着皖南新四军转移的情况。忽然一天传来了叶军长被俘，项英、袁国平等军部领导战死的噩耗，所有的人都惊呆了。黄中贵蹲到地上哇哇大哭起来，他是想念自己的战友啊！闽东独立师改编为老六团时有三个营，三营参加了繁昌战役，叶军长看到这支部队作战勇敢，淳朴可靠，就把这个营留下来了。皖南突围中，这一个营为誓死保卫叶军长，在突围中全部战死。王于畈也在掉泪，她亲如姐妹、兄弟的杨瑞年、纪白薇、王传馥，还有在皖南朝夕相处，共同战斗、生活的年轻的战友们，他们都生死不明。他们是抛家弃学、排除万难来参加抗战，来打日本鬼子的啊！怎么竟会遭到"友军"的打击呢！很快，到处响起"打倒国民党顽固派！""为死难的战友报仇"的口号声。王于畈拉起黄中贵，对他说，不要哭，我们一定要为他们报仇。

这年春季，王于畈带领一支民运工作队来到如西县西部地区工作，开辟敌后新区。因敌情复杂，她第一次佩带起手枪，看起来更加英俊挺拔、英姿飒爽。到了工作区域后一直枪不离身，就连睡觉时都要将它放到枕头下面，一有狗吠声立即持枪坐起，随时准备投入战斗。

盛夏时节，王于畈到如西县委所在的芦港村开会。一天，鬼子又来扫荡，村西响起了枪声。县委、县政府立即决定从村东头撤出。王于畈想到，自己的住地有刚为江安区民兵领来的一百颗手榴弹，那可是宝贝，绝不能落到鬼子手里。她忙跑回住地，叫来房东，一个中年的农民汉子，请他挑着手榴弹随她一起出村。房东汉子有点犹豫，仓皇地说："同志，有鬼子啊！"王于畈跟他讲："你看，我有手枪，我掩护你，你挑上快走！"房东汉子见到枪，胆子立刻壮起来，挑起担子走得飞快，与王于畈在敌人合围前迅速出了村。两人先是机智地躲进一大片高粱地，后与县委的队伍会合，安全脱险，一百颗手榴弹也安然无恙，如数地交到民兵手里。

区委书记

1942 年，王于畈又奉命调到靠近如皋城的如西县渡军井区，担任区委书记。她还兼任相当于一个连的区中队政治指导员，区长兼区中队长。这个地区，因传说岳飞当年在此驻军并留下数口水井而得名。这里村庄稠密，日伪军据点林立，是敌人"扫荡"的重点地区，敌我双方经常遭遇并激烈交战。为方便作战，王于畈和区长两人的手枪都换成了射程更远的驳壳枪，俗称"盒子炮"。此时的王于畈，通过真刀真枪的战地锻炼，已经成为一名作风过硬的战地区委书记，与服务团时那个文静的"才女"判若两人。

1942年秋冬之交，王于畊正在华中局党校学习，与学兵队时的老战友张鏖又成了同学。日军突然大举扫荡苏北盐阜区抗日根据地，上级决定一部分学员先结业回各地，王于畊在先结业的学员名单之列。临行前，王于畊向陈毅和张茜辞行，陈毅交给她一项特殊任务。当时在盐阜根据地采访的著名报人邹韬奋先生，因耳病需回沪就医。陈毅嘱咐王于畊沿途照料好邹先生，特别注意他的安全，并在过境苏中三分区辖区时转告兼任该区地委书记的一师副师长兼一旅旅长的叶飞派人护送到目的地。陈毅说，邹先生有些地方不同于当时已来根据地的其他知名人士，他比他们更进步，为人也很好，这次因病不得不离开根据地令人感到惋惜。

这次护送任务，要在紧张的敌情中数次通过封锁线，行军十余天，既很危险又很辛苦。但王于畊却感到这是一次终生难忘的旅程。她在学生时代就很敬仰邹先生，邹先生也对这个年轻而经历却十分丰富的女兵颇有兴趣，老拉着她说话，就敌后文化宣传、开展敌后游击战争工作提出了各种各样的问题。邹先生总是饶有兴趣地听王于畊侃侃而谈，并一再说："你说得详细些，我很喜欢听。我不累。"这一路，邹先生受到热情的接待，新四军的将领们都亲切地称呼他"同志哥"。邹先生听到这个称呼很高兴。到了三分区，叶飞和朱克靖同样热情相伴，与他彻夜深谈，在谈话中互称"同志"。王于畊的此番令人难忘的行程就此而止。

1943年2月，刚刚怀孕的王于畊被任命为三分区地委青年工作委员会副书记，要她带领三十多人分赴靖江县各学校展开地下工作。王于畊化名夏楠，其公开身份是孤山区惜阴中学的一名老师，讲授地理和历史，前后在该校当了大半年老师。但她的主要工作，却是秘密地领导靖江、如西和泰兴路南的青年工作。

这时一项新的任务又落在王于畊身上，事情要从陈玉生说起。陈玉生是苏北青红帮的大佬，但他是一个爱国的好汉。他的妻子杨桂芳也是一个很厉害的人物，可以在帮里开坛收徒，她会双手使枪，且枪法很准，人称"双枪将"。抗战开始后，陈玉生明晓大义，利用其在帮派中的人气，也组建了一支人马，举起抗日旗帜，后被李长江收编为一个团。陈玉生早已和中共地下党有联系，不久秘密加入了中国共产党。在叶飞与李长江的郭村战斗中，到了最紧张的关键时刻，陈玉生突然宣布起义，保证了郭村战斗的最后胜利。陈玉生来到新四军，思想觉悟提高很快。但杨桂芳的觉悟却还停留在原处，冲陈玉生发牢骚："原来在那边你还是个头，自己有一个部队，现在是'光杆司令'了，什么都没有了，都让新四军吃掉了。"陈毅司令知道了这件事，就说："这好办嘛。陈玉生是党员，就没有怨言。把杨桂芳也发展入党，觉悟提高了就不会有怨言了。"陈司令点名叫王于畔去做杨桂芳的工作。

王于畔就开始做杨桂芳工作，经常与杨桂芳聊天谈话，除了宣传我党的抗日主张之外，还讲共产党的性质、理想。杨桂芳是一个率真的性情中人，而王于畔也是豪爽之士，很快两个人就成了好朋友。杨桂芳本来就对共产党的陈毅、粟裕、叶飞等高级指挥员充满了敬意，又结交了王于畔这样的好朋友，思想觉悟也就提高很快。

一天，杨桂芳很郑重地对王于畔说："好！我加入你们共产党帮。"

王于畔说："不是共产党帮，是共产党。共产党和你们帮派的根本区别是什么？共产党讲的是公，是为全国最广大的劳动人民打天下，求解放。帮派是为小圈圈人的利益拼打。"

杨桂芳很钦佩年轻女书记的见识："对！我参加党。不过我要和你歃血为盟，像桃园兄弟那样结拜。"

王于畔笑了："你又错了，在共产党是不讲结拜的，我们全党都是同志，什么是同志？是有共同的信仰，共同的目标，共同的战斗。党员是比兄弟还亲的，为了战友是可以牺牲自己的。你入了党，我们就是比亲姐妹还亲的同志了。"

杨桂芳说："话是这么说，可是我还是要和你有些特别的关系。这样吧！我们互相认个干亲，我的女儿认你为干妈，你生下了孩子，就认我为干妈！"

王于畔听了这感人肺腑的话很感动，爽快地说："好！我们就认个干亲吧！"

杨桂芳很高兴有了这样一个共产党的朋友和干亲，不久加入了共产党，王于畊圆满地完成了任务。

这年 11 月王于畊生了一个女儿，取名小楠用于纪念"夏楠"在靖江的这段岁月。

王于畊产后高烧不止，得了很危险的产褥热，生命危在旦夕。杨桂芳很着急，立刻把敌占区里的一位老中医叫出来，他的儿子张伯藩是新四军。杨桂芳郑重地对老中医说："你一定要把人救过来。"

老中医守在王于畊床边，每隔一个时辰就把次脉，然后下方子。杨桂芳就张罗着抓药、煎药、喂药。老中医就这样守了三天三夜，终于把王于畊从死亡线上拉了回来。可是这位老中医却因为劳累不堪而突发心脏病去世了。

七、从胜利走向胜利

　　抗战胜利了，可战争并没有结束。王于畊无论是怀孕，还是生孩子，一直跟着部队走，一步步从浙东赶回苏中，又走到山东。解放战争进入战略反攻后，王于畊随大军一路南下，从胜利走向胜利。每到一地，她都以自己的方式，怀念和告慰那些死难的战友。战争的硝烟终于散尽，王于畊真正走进了家庭，为人妻，为人母，为人媳，也满怀豪情地投身新中国的建设事业。

抗战胜利

　　1944 年世界反法西斯战争发生了根本性的变化，苏联红军在欧洲战场开始了反攻。

　　日本在太平洋战争中失败，却从 3 月开始对中国中西部实施了第二波的大进攻。至 11 月，河南、湖南、广西皆失，浙闽重镇也相继攻陷。大片国土的沦丧，却给共产党八路军、新四军以更大的敌后抗战空间。年底，中央派王震率八路军 120 师 359 旅南下，会合广东东江支队建立湘粤抗日根据地。又派粟裕率新四军一师渡江南下，巩固扩大浙东抗日根据地，准备接应美军登陆。1945 年 3 月，叶飞率一旅也渡过长江，跟进浙东。王于畊随着部队过江南下，转战浙东。这时王于畊已有身孕，却仍然要跟随部队日夜急行军，徒步跋涉。实在走不动了，她就抓着一匹马的马尾巴，让马拉着走，可以节省些体力，甚至可以边走边睡一会儿。

一师到浙东不久，国民党第三战区又开始围攻，妄想制造第二个"皖南事变"。从2月到6月，一师在天目山三次自卫反顽战役彻底打破了第三战区的围攻。6月下旬，王于畊在后方，突然从前方回来的通信员捎来了叶飞的一封信："为了给皖南死难烈士复仇，经过一昼夜激战，已全歼敌军五十二师，这是皖南事变时顽固派的主力部队——这天是6月19日。"王于畊读着这封信泪如雨下，她想起了在"皖南事变"中被俘的好友纪白薇，想起了英勇牺牲在上饶集中营的学兵队战友杨瑞年、王传馥，还有许多牺牲在"皖南事变"中的战友们。

8月14日这天，叶飞正在召开干部大会，忽然电报员朱微民高举一份电报冲进了会场。她不管首长正在讲话，更不理会警卫人员的阻止和参谋长的斥责，一直冲到叶飞面前，送上电报，她气也喘不过来，却指着电文笑着。叶飞拿过来一看，猛地一拍桌子，站了起来，大声地说："胜利了！日本鬼子正式投降了！"台下突然静下来，都看着司令员，都屏住了气。叶飞又大喊一声："同志们，胜利了！日本人投降了。"全场这下子才欢呼起来，全场都在喊："胜利了！胜利了！"一顶顶帽子抛向房顶，有的人顿时就泪流满面了。欢呼声从会场传向高耸的山岩，又传向广阔的田野。这是一个民族的胜利欢呼。

王于畊也冲到了庆祝的队伍里，呼喊着，欢跃着。

抗战胜利了，可是战争并没有结束，而且瞬息万变。8月15日，叶飞又接到命令，要求迅速接应上海工人武装起义，接收大上海。叶飞率队伍拼命北上，刚走到集结地宜兴，又得到停止的命令。9月，又接到撤回江北的命令，11月又整编成远征军第一纵队继续北上，开辟东北。12月走到山东，又受命停止，归建新四军山东野战军，仍是第一纵队，保卫山东解放区。王于畊无论是怀孕，还是生孩子，总是不脱离工作岗位，一直跟着部队走。叶飞让从闽东时期就跟着自己、亲如兄弟的警卫员黄中贵照顾王于畊。黄中贵挑着担子，一头是孩子，另一头是行李，陪同王于畊一步步从浙东赶回苏中，又走到山东。

1946年蒋介石不顾全国人民的反对，悍然向各解放区发起了全面进

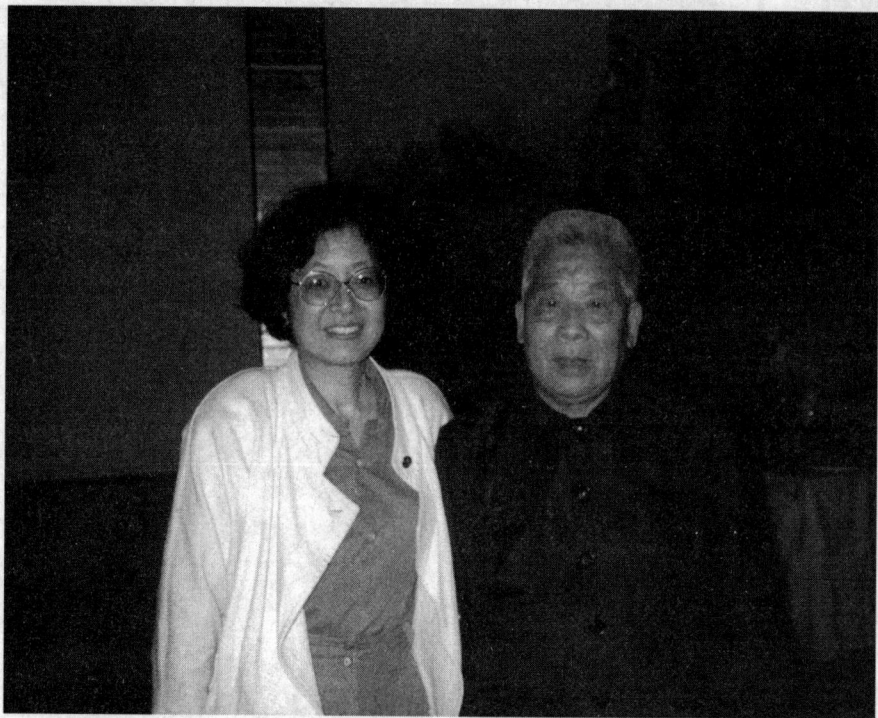

王于畊三女儿小毛与 80 岁的黄中贵在纪念闽东苏区成立六十周年大会上。

攻，声称在三至六个月内消灭人民解放军。华东的仗越打越大，后方支援工作也越来越重。王于畊在一纵留守处担任协理员，边带孩子边工作。

1947 年刚过，王于畊的第三个女儿出世了，叶飞仍然率领部队在前线作战，仍然派老警卫员黄中贵照顾王于畊。王于畊生第一个女儿时，叶飞非常高兴，警卫员黄中贵特地炖了鸡汤给她喝。王于畊生第二个女儿时，报到前方，叶飞拿着电话，脸一下子拉长了，黄中贵只熬了点小米粥。第三个女儿出生了，叶飞在前线气得摔掉了电话。黄中贵本来认为这次一定会生个小子了，事先准备了老母鸡。哪知还是个丫头，黄中贵把鸡一扔，跑没影了。王于畊生产后很想喝点什么，可左等右等就是不见黄中贵的影子，碰巧战友史凌来了，她跑到厨房，看见厨房空空的，不要说鸡汤了，就是一碗热水都没有。史凌找了半天，才在小河边找到了生闷气的黄中贵，问他："你怎么什么都没有炖啊？"黄中贵气鼓鼓地说："人家首长一个个地得儿子，我们首长老婆却一个个地生女儿，没东西给她喝！"

1948年10月底，叶飞患了严重的黑热病，不得不留在济南治疗。王于畊又生了第四个女儿，带着四个女儿实在无法行动。这时保定已经解放了，她就带着老二和老四，乘着一辆刚缴获的军用吉普车回到保定家里。

王于畊1937年离家，到1948年回家，一晃11年过去了。她的老父亲重病在床，支撑门户的重担全落在继母身上。父母亲看到日思夜想的女儿终于回来了，高兴得老泪横流。父亲把十多年前从他身边溜走的爱女拉到跟前，仔细端详，不肯放手。他看到女儿脸色苍白，又黑又瘦，军装上落满征尘，还拖带着两个年幼的孩子，一点也不像荣归故里的样子。老父亲很是心疼，吩咐老伴赶快给做一顿好吃的。

父亲与继母所生的弟弟、妹妹、已经长大，王于畊向他们讲了全国解放的形势，

1948年在济南，准备送老二和老四去保定老家。

1948年冬，和三个女儿在济南家中。

要他们好好学习，早点参加革命，争做党和国家的栋梁之才。大弟王于农按照姐姐的指引，不久报名考取了军医大学，毕业后成了一名军医，奔赴朝鲜战场，成为一名"最可爱的人"。

父母亲劝女儿在家好好休养几天，王于畊仍然是老脾气，把两个女儿托付给继母，仅在家里住了一晚就匆匆离开了。她的父亲不久就过世了，这次是父女俩见的最后一面。

怀念战友

1949年2月，叶飞被任命为第十兵团司令，之后率十余万大军南下，渡长江，战上海，直插福建。王于畊是解放大军中骄傲的一员，一路跟着胜利走。八年抗战，加上三年解放战争，她经历了艰苦卓绝的战斗生活和血与火的洗礼。

　　有一天，王于畊在报纸上看到一则寻人启事，是镇江的杨效颜老先生在寻找杨瑞年、杨青年、杨华年三个儿女。原来，杨老先生对儿女的情况一无所知，仍在翘首企盼着亲人平安归来的一刻。王于畊心如刀绞，因为杨瑞年三姐弟都已经壮烈牺牲。她立即给镇江市军管会和杨效颜老先生写信，告知了自己知道的情况，并向为中国人民解放事业献出了三个子女的杨老先生致以最崇高的敬意。她还请镇江市军管会的同志代表她们这些杨瑞年烈士的老战友，去看望杨老先生。在浦口的长江边，王于畊停下了脚步，眺望美丽的长江，眺望斜对岸的杨瑞年烈士的家乡。她侧耳倾听江水的低声呜咽和啜泣，也从涛声中感受到胜利的欢腾。想起那些英勇牺牲战友，她泪洒江水。

　　渡江之后，十兵团立刻投入到解放上海的恶战之中。叶飞率军直插吴淞口，这是出海口，国民党军队凭借日军设下的层层碉堡，顽命抵抗，以保证他们卷走大量财宝和人员。王于畊随十兵团留守处驻扎在苏州。她带着前线频频飞来的捷报，回到这片八年艰苦抗战的江南水乡。在体味着胜利的同时，她深深怀念起牺牲在这里的战友们。

　　在苏州，王于畊找寻战友王传馥的家人。她找到苏州地下党的负责人，郑重地委托他们寻找王家。她留下信息："王传馥，1937年冬山西八路军学兵队学习，1938年2月调新四军。"想了想，又写上"壮……"，似乎觉得光写"壮烈牺牲"还不够，稍顿一下，写上："壮士一去不复还！"周围的人无不动容，保证一定会找到壮士的家人，向他们致敬。

　　5月下旬，上海解放。王于畊和丈夫叶飞在这里短暂相聚。外面是庆祝解放的喧天锣鼓，她却找到了好战友纪白薇。纪白薇在"皖南事变"中被俘，关押在上饶集中营。两个少女时代就一起从军的好友，一起倾谈了三天，谈得最多的就是上饶集中营里战友们的苦难和斗争。后来，她们又找来了李维贤等同时的难友，他们亲眼目睹了王传馥领导暴动的过程，有的还了解杨瑞年英勇牺牲的情况。李维贤告诉王于畊，王传馥烈士的家人早已从苏州搬到了上海。王传馥烈士的老父亲王德鸾和老妈妈方梅苦望儿子八年不得相见，到上海解放后才得知儿子已为国捐躯。幸好也参加了新四军的王传馥之弟王传洪和王传植都战斗到胜利，安然回家探望双亲。80年代末，王于畊创作回忆王传馥烈士的《遗物》一文时，特意把王传洪请到家里采访、长谈。得知王传馥老母亲90寿辰在即，王于畊特意请大书法家启功写了个大大的寿字。启功之前从未给人写字祝寿，但这次应王于畊之请破了例。王传洪收到这份特殊的礼物后，十分感动。为表示谢意，他按照苏州人的规矩，给王于畊回馈了一个写有"万寿无疆"的小碗。

新中国成立

1949年9月，王于畊带孩子们随南下大军入闽，途经上饶时，因事在那里耽搁了几天。她找到熟悉的黄知真专员，说想到集中营旧址去看看。黄知真说："国民党早已把它破坏了，反动派总是干杀人灭迹的勾当。"他劝王于畊不要去看了，但王于畊不愿意放过这次凭吊烈士的机会，执意要去。黄知真只好找来一辆吉普车，派人带着她和两个小女儿奔向上饶集中营旧址。

王于畊的两个女儿，小楠六岁，小毛两岁。当母亲徘徊在荒凉的残垣断壁中思念死难的战友，找寻烈士抗争的足迹时，她们只在汽车近处玩，采摘着散落于杂草中黄色、紫色的小花。她们还太小，不能理解这里曾发生过的惨痛历史，也不可能了解母亲此时痛楚的感受。

天气阴霾闷热，不知何时下起了细雨。王于畊在心底告慰死难的战友：同志们，你们忠骨何处，英魂何方？我带着胜利而来，又将迎着胜利而去。现在我只有站在这片尸骨销毁的废墟上，在靠近铁丝网的地方俯首默哀。王于畊泪流满面地轻声呼唤着每一位熟悉的死难战友的名字。孩子们见妈妈流泪，牵着妈妈的衣襟，呼唤着"妈妈"，几乎哭出声来。妈妈抚摸着她们的头，教她们把小手里的两把小花撒在这令人心碎的集中营废墟上。妈妈把孩子们搂入怀中，告诉她们：这个地方反动派曾囚禁、杀害过几百位新四军的军人、共产党员、革命者，他们都是你们的好叔

1949年，叶飞夫妇与女儿小楠、小毛在福州团聚。

叔、好阿姨，你们要永远记着……

新中国成立了。胜利的喜悦和盛大的庆祝活动，预示更大的责任。千疮百孔的福建需要治理，百姓要安居乐业。前线的战事还没有完全平息，叶飞还在指挥部队忙于剿匪，同时防范国民党频繁的骚扰……毕竟是和平了，叶飞和王于畊多年戎马生涯，无法照顾家庭，无法在父母面前敬孝。现在应该弥补了。

叶飞派人到南安老家接回母亲谢宾娘，老太太什么都不知道，只听说在打仗，正准备"跑反"，来人告诉她，现在解放了，是你儿子启亨带的大军啊！老太太大哭起来，启亨没有音信都二十多年了，她带着领养的孙子杏川孤苦伶仃地过日子。

王于畊结婚都快十年了，这才开始有了真正意义上的家庭。她精心侍奉婆婆，认真地做起了媳妇。但也有不少难处，首先话不通，婆婆只会讲闽南话，她找了个会讲闽南话的阿姨，帮忙照顾老太太。闽南人重男轻女，对媳妇没生儿子不满意，吃饭时把好菜都放在儿子面前，这使王于畊很不高兴。叶飞觉察到了，就跟母亲讲："你的媳妇可不是一般人啊，她也是做大事的。"直到 1951 年、1952 年，王于畊连续生了两个儿子，老太太才眉开眼笑。

王于畊也把自己的继母王杜氏接到福州，为她治疗多年不愈的肝病，住了一年多才送她回保定。

叶飞的家在菲律宾，当时中菲没有外交关系，家里有困难，叶飞也无法照顾，就托侨办把自己的弟弟启东接回国内。王于畊送他去上学，帮他成了家。最使王于畊高兴的是，她的弟弟于农抗美援朝回来了，分配到福州军区总医院工作，是一个很不错的胸外科上尉军医。过了几年，小弟弟于田天津大学毕业，他是学纺织的，分配到福州丝绸厂当技术员。叶家人丁兴旺，越来越热闹了。

叶飞对自己的亲属和亲戚要求严格，告诫他们不要搞特殊化，要凭借自己的能力老老实实工作。他们倒是都做到了，没想到"文革"期间，他们却因为与姐夫叶飞的特殊关系无端受到株连，都吃了苦头。这是后话。

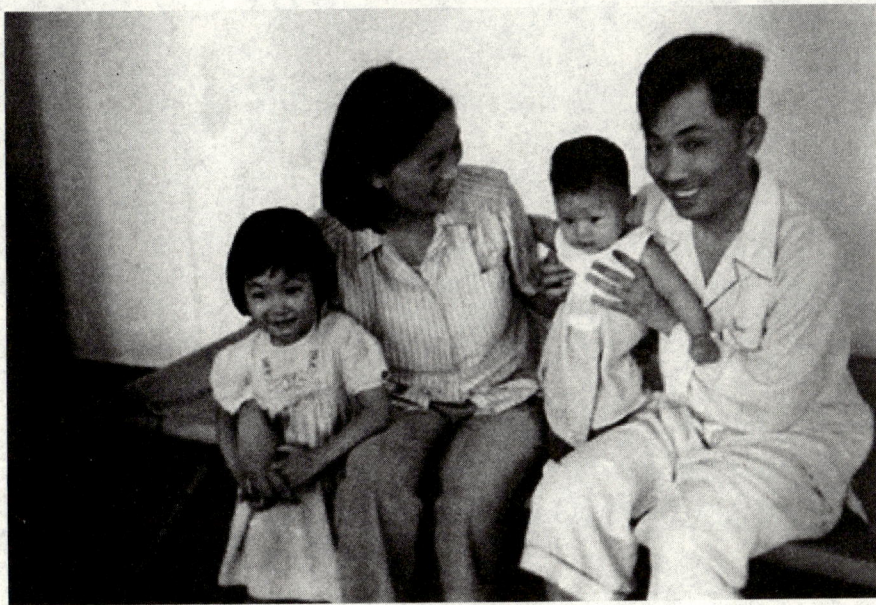

1951 年，王于畊的长子叶小宇出生。

最让王于畊头疼的是叶飞的老警卫员黄中贵。他听说家乡土改，家里也分了地，就要求回家。王于畊劝他留下来，去学文化，继续工作，但黄中贵不干，他说："我参加革命就是为了有地种，再说我也三十多岁了，还没讨老婆，我要回去成家。"黄中贵固执得很，谁也劝不动。他把叶飞一家交代给接他班的葛金康，高高兴兴地回老家了。但黄中贵毕竟和叶飞一家共同生活战斗了十几年，叶飞的几个孩子都是他带大的，亲人般的感情难以割舍。他每年春节都挑着担子从老家来首长家串门，带着家乡的地瓜干、麦芽糖，再和警卫班的小战士们摆摆老资格，然后心满意足地走了。

八、让人几十年忘不了的教育厅长

王于畊调任福建省教育厅长时，福建八成以上的人口是文盲和半文盲，学龄儿童入学率仅一成多。她以前所未有的使命感投身到新的工作之中。她自修、啃读教育系和中文系的大学课程。她坚持两条腿走路，从幼儿园、小学、中学、大学教育都亲自动手摸了个遍，从扫盲班、工农速中、业务函授、半工半读（半农半读）各种学校也摸了一遍，成为教育战线的行家里手。在王于畊的推动下，福建省中小学教育终于扬起了腾飞的双翼。到1966年，入学率从 10％上升到 80％。

上任教育厅

新中国成立后，王于畊先是被分配做妇联工作，任福建省妇联副主任兼党组副书记，并兼福州市妇联主任、妇委书记。

组织上为加强教育厅的工作，建议王于畊去教育厅。王于畊本来想实现她所热爱的文学梦，可是丈夫叶飞认为，文学创作应该建立在实际生活的基础上，只有在经历了丰富的生活和工作实践之后，才能有深刻的作品。他说，文学创作可以在业余时间里做，实在没有时间，老了以后还可以做。王于畊同意了，在大问题上，她很重视叶飞的意见。她想起了二哥，当年她曾幼稚地问过二哥，为什么有的孩子因为没钱上不了学？

如果有钱人分一些钱给穷人，是不是就好了？二哥告诉她，是制度不好，只有共产党领导的社会主义制度才能让穷人的孩子都上学。现在，她可以放手为实现二哥以及那些没有见到胜利的先烈们的理想而奋斗了。于是，为了让穷人的孩子都能上学，为年轻的新中国培养更多的人才，王于畊同意到教育厅工作。1953 年底，王于畊正式调教育厅，任副厅长，并主持工作，很快就任教育厅厅长。上任伊始，她虽然刚满 32 岁，但已是有着 15 年党龄的老党员，历经了 11 年革命战争锻炼得比较成熟的领导干部了。

由于长期战乱，建国初期的福建教育已经荒废到了极点，全省八成以上人口是文盲和半文盲，学龄儿童入学率仅一成多。福建省政府慎重地对旧教育进行改造，加强学校建设，提高学生的入学率，而这一重任的直接实行者就是教育厅。

在新工作的挑战面前，王于畊以一种前所未有的责任感和使命感认真

1953 年，王于畊一家的全家福。

地应对一切。为此，她请教授辅导，到师范学院旁听，自修大学教育系的课程。国内翻译出版的苏联教育学家凯洛夫的《教育学》，是专业性很强的大部头专著，她硬是啃了下来。同时，她以当年做民运工作的办法，到学校去做调查研究，了解当时学校的情况，亲自坐在课堂里听课，向老教师学习，和老师们座谈。她甚至还向教导主任请教排课表的诀窍，以便掌握各任课老师的工作量和学生们的课程负担。她从幼儿园、小学、中学到大学都一一进行调查，从教育经费到教师职工编制都做到心中有数。从城市到农村，一直到边远的山区，她把福建的各级学校分布情况、师资力量都了然在心。她自己身体力行，也带动了各级政府教育机构的干部一起做这项工作。很快，无论在教育理论上还是教育管理上，她都变成了内行，在福建教育系统里得到了尊重和敬佩。

经过一年多的深入调查研究，王于畊不但掌握了福建教育的基本状

1978年，王于畊（后右三）与福建教育界战友们重游鼓山，当年的小伙子们已经两鬓斑白。

况，而且明确了很多新的发展思路，一步一步地开始了她的艰难坎坷的治学之路。

王于畊深知路线确定后，干部就是决定的因素。她在福建教育系统组织了一支年轻能干、有理想、有朝气的干部队伍。从南下干部和福建地下党干部中挑选了一批青年党员，充实到教育厅和学校里，放在第一线摔打磨炼。这些人都是20岁上下，血气方刚，朝气蓬勃。最重要的是，他们都在王于畊的感召下立下了为福建教育事业贡献一生的决心。王于畊和他们用自己最好的年华，创造了福建教育的辉煌。他们在"文革"浩劫中一起受难，"文革"结束后又义无反顾地回到教育岗位拨乱反正，真正做到了为福建教育事业鞠躬尽瘁、死而后已。

针对多年战乱造成的全省教师队伍水平参差不齐的现状，王于畊在1955年主持制定《福建省培养提高教育厅行政干部和中等学校教师的计划》，得到了省委、省政府的肯定和支持，一个大规模的教师培训热潮在

1956 年，任福建省教育厅副厅长。

福建教育界兴起。

1956年，王于畊力主开办了福建教育学院（又名教师进修学院），并亲自担任院长。所有的市县教育局干部和各中学的老师都到教育学院轮训，不但在这里学习党的教育方针和政策，还要学习教育理论、教学方法。不久，各地都建立了教师进修学校。福建中小学教师质量很快就达到了一个新的高度。

在组织福建教育的实践中，王于畊又有了新的想法。她说："为了本省教育事业的继续发展和质量提高，为了培养新中国一代青少年和儿童，需要建立一个为教育服务的专业出版社，以出版书籍、读物和期刊。让它为培养师资的教育学院合成促使中小学教育腾飞的双翼。"

1958年福建教育出版社成立了，这是当时全国罕有的专门致力于中等教育的出版社，并办了《福建教育》月刊。王于畊常常带着教育学院里的教学行家里手，带着省市教育局的青年干部深入教育第一线调查研究，到学校听课，和教师座谈，发现问题，研究问题，并作出决策。然后，指示《福建教育》月刊迅速撰写社论、评论或专访典型报道，广为宣传贯彻。福建教育出版社协同组织专家、教师，及时编写出版各种教育教学参考资料、地方性教材、高考复习纲要及中小学生课外阅读文选等图书。

这样，福建教育学院和福建教育出版社就成了王于畊手中的两张"王牌"，成为促使福建中小学教育腾飞的双翼。

治学之道

王于畊最重要的工作方法就是抓重点，带全局。她遵循教育工作规律，坚持不懈地抓以教学为中心的正常教学秩序，采取有力措施办好一批重点中小学。她把这些重点学校建设成带动全省教学质量提高的"桥头堡"，强调这里要出人才、出经验，要进行学制和教育、教学改革的试验，然后把成功的经验普遍推广，以点带面，带动一般学校共同提高。

福州一中是福建省最著名的中学，也是王于畊最重要、最成功的"试验田"，凡是带有全局性的政策和措施，她都要在这里先进行试验。福州

1958年，任福建省教育厅厅长。

一中的前身，是创办于清嘉庆二十二年（1817年）的凤池书院和创办于清同治九年（1870年）的正谊书院，是福建近代第一所官办新型学校，近百年来一直是福建最好的学校。王于畊到教育厅之后，自然而然地看中了这所学校。她到福州一中的次数最多，调研、听课的时间最长，倾注的心血也最多。

王于畊始终认为教育的骨干是教师。她说："戏剧界有明星、有名旦，有梅兰芳，我们教育界也要有明星，要有我们的梅兰芳。"这些梅兰芳，就是各学校的名教师、名老教师。

解放初期，教师队伍中的老、名教师的背后总是有很多复杂的人际关系和历史问题，王于畊就找他们谈心，让他们放下各种包袱。她对他们说："你相信党，向党交心，党就信任你。"她是这样说的，也是这样做的。她团结了一大批业务精通的老教师，使他们倾心为教学工作贡献力量。同时，她还主张大量培养年轻教师，以师傅带徒弟的方式促其早成长、快成长。王于畊特别允许福州一中从福建师范学院等省内高校优先挑选优秀毕业生，让福一中把他们培养成优秀教师。经过数年的努力，到20世纪60年代初，福州一中的教师队伍调整已收到明显成效，呈现群星璀璨、人才济济的良好势头，学校的发展由此也进入了历史上最好的时期，成为福建中等教育的"领头羊"。

为了提高学生的动手能力和创造能力，王于畊决心在全省推进中学的实验室建设。首先又是在"实验田"福州一中开始，集中了教育厅相当的财力，在福州一中建起了一个全国一流水平的中学理科综合实验室。实验室还配备专职管理员，既管理实验室设备，又负责辅导学生动手做实验。教育部及外省市不少领导和同行来参观这个实验室，都很惊讶于福建中学竟有这样高水平的实验室，发出了"难怪你们高考理科这么强"的感叹。福州一中实验室对于提高理科教学质量初见成效后，王于畊就总结经验，在全省推行中学实验室建设。尽管由于福建省财力有限，每个地市只有一所学校建起了实验室，但这项举措在福建教育发展中仍具有里程碑的意义。

从福州一中这样的"示范校"摸索出来的优秀教学经验，不断通过福建教育学院、进修学院等培训渠道推广到省内广大教职员工之中，或者形成文字通过福建教育出版社、《福建教育》月刊等载体在更大的范围内传播开来，在全省教育教学工作中起到了指导作用。而福州一中这个教学实验基地也没有辜负王于畊的苦心，开出了理性之花，结出了累累硕果。该校自1957年至1959年连续三年摘得全国"高考红旗"桂冠，荣获"全国教育系统先进集体"。教育部组织全国21个省市参观团来福建参观访问，提出了"学习福一中，赶超福一中"的口号。福州一中从此成为一所在国内备受赞誉的名校。那时福州一中的校园景象是：每天清晨，校园里朗朗的读书声此起彼伏；晚上，教室里坐满了学生，到处灯火通明。每天下午上完两节课之后，教室里则空空荡荡，学生们有的在操场上锻炼身体，有的参加各种兴趣小组，都沉浸在自己喜欢的课余活动之中。学生中兴起了很多课外兴趣小组，从各方面扩大知识面，增加求知的欲望。

王于畊一直坚持学校要以教学为中心，倡导建立科学、高效的教学秩序，形成德智体全面发展的良好学风。她反对学生们关在教室里读死书，引导学生积极参加工厂和农业劳动，还要求学生们进行社会调查，写出调查报告，真正了解社会，了解基层。1963年5月13日，《人民日报》报道并配发社论，对福建教育厅组织学生开展社会调查，加强社会主义教育的做法给予了充分的肯定。

王于畊对于荒废学业搞劳动、搞生产是决不同意的。1958年，位于福州郊区的第七中学，组织学生上山修路，一干就是两三个月，不仅影响了学业，而且还停止了教学活动，连高三的学生也是这样。王于畊来到七中，立即决定师生全部返校，恢复正常的教学秩序，完成教学进度。正是王于畊这次果敢的决定，使这个中学很快走向了正规，第二年就有9个人考进了北京的重点大学。其中包括后来担任福建省教育厅副厅长的马长冰，他以优异成绩被北京大学录取，到校后还受到了校长的接见。马长冰对老厅长王于畊处理类似复杂问题的能力和水平非常钦佩，称赞她是全面贯彻教育方针的模范。

王于畊在走进福建教育厅时，就下定决心要让穷苦的孩子们上学。她曾满怀感情地讲到这个问题："解放前，福建上大学的工农子女不到10%。我们是共产党领导的人民政府，我们有责任改变这种不合理的状况。"她还说："农民的孩子放了学要下地干活，家里学习条件不好，父母没文化，辅导不了学习。更重要的是，农村学校条件差，师资力量薄弱，这都会影响农村学生的学习成绩。我们的责任就是要帮助他们。"

那时，福建省政府财政很紧张，每年教育经费不充裕。王于畊精打细算，尽量向农村学校倾斜，解决他们最迫切的需要。她根据农村山区的特点，广泛开办扫盲班、工农速成中学，尝试业务函授、半工半读（半农半读）等教育形式。几年后，福建广大农村的扫盲率和入学率迅速上升。

为了解决农村教师问题，王于畊也是绞尽脑汁，采取了各种办法。针对农村中小学分布散、每个学校学生不多的特点，她在解决教师编制上下工夫。当时教育部规定，以学生数量的比例来确定教师编制名额，中学每15个学生配一名老师，小学每30个学生配一名老师。如果机械地执行这一规定，福建农村山区的很多学校就保不住了，因为这些学校很小，有的只有二十几个甚至十几个学生，有的甚至是"单人校"，只有几个学生。这些学校，一个老师要教几个年级的学生，工作十分辛苦。王于畊带着教育厅的干部，跑遍了省里有关部门，向他们反映情况，不厌其烦地逐个做工作，提出按班级来定编，终于得到省政府的理解和支持，保住了大量农村和山区的学校，也保证了教师的数量。

在1959年到1961年的三年困难时期，中央下达了精简编制任务，规

1960 年，在福州乌山家中。

定 1958 年以后从农村到城市参加工作的都要精简回去，这对教育部门影响很大。因为福建教育基础差，大量的教师都是 1958 年以后参加工作的大中专毕业生。王于畊亲自带领教育厅的主管干部到有关部门做工作，说明培养这些教师很不容易，如果流失了，农村学校会遭受重创，以后恢复起来还要花好几年的工夫。最后，政府有关部门同意教育系统把 1958 年从农村来到城市的老师留下来了，不列入精简计划。正是这些从编制中特别保留下来的学校及教师，成为福建普及农村教育的基本力量。

福建省的城市不多，农村的教学质量上去了，福建才有本钱赶上和超过其他先进的省市。要提高全省的教育水平，农村的中小学是一大块。王于畊的这些扎扎实实的工作，为以后的发展打下了坚实的基础。到 1966 年，福建的入学率从建国初的 10% 上升到 80%，学生住校率达到 75%，高考的及格率从 5.6% 上升到 80%，大学录取率从名列华东六省市的末位上升到华东乃至全国首位。

九、良师益友

王于畊作为一厅之长，可以叫出一百多位中学校长的名字，说出他们的工作风格和业绩。她十分注意了解在校生的情况，有机会还会与他们座谈，了解他们的想法。她每到一所学校，一定会为学生们做一场报告，以至很多学生多年来一直自称"我是王厅长的学生"。在一代福建师生们的心目中，王于畊厅长是他们最贴心的良师益友。

厅长和校长

王于畊说过："没有教师就没有学校。"而校长则是核心，是"司令"。所以，她对校长、对老师，感情是真诚的，是信任的，同许多中小学校长、名教师结为知己，情同手足。她可以叫出一百多位中学校长的名字，可以说出他们的工作风格和业绩。

福州三中有个杨校长，四十多岁就英年早逝，王于畊痛心不已。杨校长去世第二年的清明节，三中和其他学校的老师们踩着晨露为他扫墓。他们刚走到山脚下，就远远地看到杨校长的墓前已经有人先到了，走近一看，原来是王于畊厅长和省委第一书记叶飞。这件事当时在广大教师中产生了很大影响，多年之后仍不能被忘怀。"士为知己者死"，广大的教师和校长紧紧地团结在王于畊厅长的周围，发挥出了难以估量的作用。

福州一中校长陈君实，作为名校之长，对学校的茁壮成长立下汗马功劳，与王于畊也结下了深厚友谊。由于在福州一中的出色表现，王于畊提议给予涨两级工资的奖励。但在1959年的反右倾运动中，陈君实校长成了挨打的"出头鸟"，被调离福州一中。1962年，在王于畊及福州一中老师、社会各界力量的呼吁之下，陈君实终于重回福州一中，王于畊亲自送他到一中，公开在大会上向他道歉，为他平反，鼓励他继续努力工作。1966年的"文

1962年，陪朱老总游闽江时与叶飞留影。

化大革命"开始后，陈君实再次被无情地打压下去，逐出了学校。1979年"文革"结束后，远离福建的王于畊力主陈君实重回福州一中。她向省委领导郑重建议，并亲自给陈君实写信，说明他重返一中的重要意义。陈君实后任省教育厅副厅长，兼福州一中校长，帮助福州一中很快恢复了优良的学风，续写了恢复高考后仍然连年夺得"高考红旗"的辉煌。王于畊称陈君实是一位高举改革旗帜的校长，陈君实则把王于畊看作是良师诤友。陈君实曾深有感触地说："如果没有党委的领导，没有王于畊同志的信任、支持，就没有福州一中的一切。这些都是刻骨铭心、没齿不忘的……我作为王于畊教育实验田的直接耕耘者，在长达近三十年的时间里，她既是我的领导者，也是我思想上的良师诤友。无论是顺利时，或是身处逆境，她都给以我鼓励、信任和关怀。"人们从两位教育家数十年的

劫后重逢，与陈君实（左）夫妇合影。

倾心交往中感受到的不只是情分上的特殊，更多的是教育思想上的契合。

厦门双十中学校长李永裕的经历和王于畊是那样的相似。1953 年 12 月李永裕担任了厦门双十中学的校长，王于畊也调任福建教育厅工作，他们都是面临着新的工作转型，都是面临着振兴教育的重担和巨大压力。1954 年王于畊到厦门调查研究，在双十中学认识了李永裕，那时双十中学还是个私立中学，可是校长李永裕却是共产党员并兼支部书记，李永裕的朝气和魄力，对知识分子的团结给了王于畊很深的印象，她勉励李永裕一定要办好双十中学。1956 年双十中学改为公立学校，第二年又遇上反右运动，在这样巨大的转变时刻，师生却没有准备，包括李永裕校长也有些迷茫。1957年高考成绩双十中学居然是全省倒数第二名。

王于畊很奇怪，怎么一个原本好好的学校会一落千丈？9月，她带着教育厅的人第二次来到双十中学，和教师座谈，和学生座谈总结经验教训。李永裕很惭愧，向王于畊当面检讨，并召开全校大会向全校师生表示歉意。王于畊在大会上做了长篇报告，要求校长和师生一定要提高教学水平，满怀深情地勉励：双十中学一定会办成全省的最好的学校。王于畊的信任和期望给了全体教职员工巨大的力量。王于畊走后第二个月，李永裕就召集党支部开会，最后制定了"继承昔日优良传统，振奋精神再战三年，改变学校面貌，为培养德智体全面发展之一代新人贡献青春"的决议，提出奋战三年，改变学校面貌的战斗口号。在李永裕的带领下，1959年双十中学高考成绩已进入了前十名，王于畊兴奋地打电话给李永裕，祝贺双十中学打了个漂亮的翻身仗，宣布双十中学为省的重点学校。1960年双十中学高考成绩全省第三名，荣获"全国教育先进单位"光荣称号，出席了全国群英会。

这年秋天，王于畊陪着全国十几个省市的教育同行来到厦门双十中学参观，王于畊特别介绍校长李永裕的带头作用和核心的作用。王于畊非常兴奋，因为双十中学的发展，正是福建中等教育的缩影，从落后到立志，从奋斗走向先进，最终得到全国的肯定。

1965年全国开始"社教"运动，双十中学成为厦门的"社教"重点，被工作组打成"修正主义的黑样板"。校长李永裕首当其冲，先是被停职反省，后被撤销党内外一切职务。王于畊对这种极左的做法十分反对，她带着一个调查组第四次进入双十中学，在全体教师大会上，严肃地宣布双十中学所做的一切都是执行省教育厅的要求。省教育厅的要求是贯彻中央的方针、政策和批示的。撤销了工作组对李永裕的处理决定。

王于畊大义凛然地把压在李永裕身上的枷锁放在了自己的肩上，她强烈地预感到，有一场巨大的风暴将来临了，但她没有退缩，没有推诿，反而挺身挡在那些风雨同舟的战友的前面。

王于畊和校长们是共同奋斗的战友，在"文革"中又是共同受难的难友。正是这种共进共退的经历，使他们成为荣辱与共的挚友。

"我是王于畊的学生"

王于畊的成绩得到了教育界的广泛赞誉，也受到了福建学生的爱戴。那个时期的学生很多在功成名就后，仍然念念不忘为自己开启第一扇知识之门的王厅长，他们自豪地说："我是王厅长的学生。"这是因为王于畊把她满腔的热情献给了这些年轻的学子。

福建的学风是有传统的，学生刻苦、勤奋、求学的热忱受到社会普遍的赞扬。王于畊热爱她的学生们，一生为他们而自豪。她每到一所学校，一定会为学生们做一场报告。她没有讲稿，但是内容很丰富，旁征博引、深入浅出地向学生们讲述着做人治学的道理。她讲话既字正腔圆，又活泼生动，从不打官腔，学生们都很爱听。她鼓励同学们树立远大理想，德智体全面发展，早日成为国家的栋梁之才。她经常讲到红与专的关系问题，喜欢引用陈毅元帅用飞行员作比喻的讲话。陈老总说的是，一个飞行员必须又红又专，只专不红，飞上天去迷离方向，可能就飞到国民党那里去了；只红不专，打不落敌机，自己还会掉下来。王于畊鼓励高三年级的学生正确看待高考，放松心情，考出好成绩。她鼓励女学生们要有志气，要学居里夫人……作为一个过来人，一个师长，王于畊非常愿意与同学们分享她的人生感悟与理想。时隔四五十年之后，许多当年的学生，还会说起"我听过王厅长的报告"，也许具体的内容都已经淡去，但在报告中的一个警句、一种思想或者一次平平常常的对话，来自王于畊的一句简简单单的问候，都会被一个青年人铭记一辈子，甚至影响其一生。

每年高考前后都是王于畊最忙碌的日子。每次高考都是酷暑天气，王于畊和校长、老师站在校门口迎接着学生。低年级的学弟、学妹端上一杯一杯凉茶，递上一条一条清凉湿毛巾，送上一把一把扇子，让考生们倍感温馨。教育厅则组织有制冰能力的工厂，满负荷工作，把冰块源源不断地送进考场，千方百计创造一个可以考出好成绩的环境。

福建的农村和山区很穷，很多农村孩子考上大学后，没钱到上海、北京和东北上学，有的学生因此放弃了好不容易得到的升学机会。还有的学生，从小没穿过鞋子，考上大学后，好不容易买了双回力球鞋，舍不得穿，把鞋带打个结挂在脖子上，挑上扁担，光着脚，沿着公路或铁路步行到外省去上学。福建的学生很能吃苦，饿了吃干粮，晚上就在公路旁、铁轨边睡觉。有一年，竟然有个学生在睡梦中被火车轧死。听到这个消息，王于畊泪流满面。她激动地向省委汇报，说："我们费了这么大的力气把他们送上了大学，就这样损失了，这是我们的责任啊！"

在教育厅的力争下，省政府专门拨了经费，每年把农村困难学生集中到福州的接待站，给考上北方大学的学生配备了棉衣、棉被，按地区组织了小组，补助了路费，送他们上路。还在上海、北京和哈尔滨火车站设立了接站点，一直把这些学生送到学校。这项工作一直进行到1966年"文革"开始才被迫停止。

这项政策的最后一批受益者之一陈金海，就是这样从莆田农村到了上海交通大学。几十年后，他成为全国最大的造船厂江南造船厂的厂长，还满怀感情地谈到这段终生难忘的经历。他毕生的梦想，就是为国家建造航空母舰。他也自称为王于畊的学生，因为他多次聆听过王厅长的报告，树立了毕生报国的理想。

王于畊十分注意了解在校学生的情况，对于一些突出的学生，如学习特别优秀，有特殊专长的学生，她都叫得出名字，有机会还会与他们座谈，了解他们的想法。她十分理解和赞赏学生们的好奇心，认为不应该磨平他们的棱角，应善于发现这些优秀的苗子，保护他们的特点，激发他们的创造性，这是教育工作者的责任。她说，只要给这些学生以特殊的培养和保护，他们之中将来必定会出现杰出的人才。1963年，王于畊听福州三中的校长汇报到一个叫吴中超的高二年级同学学习十分优秀，已自学完高三的课程，几乎看遍图书馆里有用的书。王于畊想试验一下，看他的能力到底怎么样。她特许吴中超参加这一年的高考，没想到他的考试分数出来后，居然超出了很多应届毕业生，达到了重点大学的录取线。王于畊非常高兴，就亲自向中国科技大学校长刘达推荐。刘达是一个爱惜人才，思想解放的校长，他欣然接受了这个特殊的学生。但因为吴中超没有准考证，录取通知书竟然写着当时的科大招生办主任的名字。吴中超在科大表现突出，特别是在中学受到保护的独立思考、刻苦钻研的特点在科大同样得到发挥。难能可贵的是，在"文革"中吴中超被分配到偏远基层工作，但刘达校长仍然记得他，一有可能就想尽办法把他调回科大任教，继续培养他。吴中超后来赴剑桥大学留学，成为著名天体物理学家霍金的唯一亚裔学生，是国内不可多得的顶尖人才。吴中超是幸运的，他在起步的时期，遇到了王于畊和刘达这两位识人爱才的老一辈教育家，使他能够通过自己的努力攀登科学高峰。

福州一中有一位叫程代展的学生，不仅是福建的理科"状元"，在全国也排第一。但是，他因为薄薄的档案袋里有一份含混不清的"政治结论"，被清华大学挡在门外。王于畊得知此事后，找到清华大学招生组，对方说这样的学生他们做不了主。王于畊就向省委报告此事，叶飞同志认为程代展少年时的事情不应成为政治问题。王于畊立即给高教部部长兼清华大学校长、党委书记蒋南翔打电话，蒋南翔后来直接打电话给在福州的清华大学招生组，要求录取程代展……程代展自清华大学毕业后，分配到中科院数学研究所工作，后又到美国华盛顿大学留学并获博士学位，很快成为中国自动化控制理论专业领域里的知名专家。程代展一直认为是"校长保护了我"。陈君实告诉他："你错了，你只了解了表面情况。你之所以能上大学，是王厅长直接关心的结果。你当年最怕的是政治结论，它是省委第一书记叶飞帮你做的，我可没有那个能力。你的这种情况，在全省是独一份，恐怕全国也不多见。"

福州一中六五届毕业生董琨，对王于畊又有一番特别的情义。董琨是一个很有才能的学生，他是福州一中文学社"三牧文社"的骨干。1964年，他写了一篇文章《啼鹃泣血》，讲的是文天祥的故事，却被批判了。王于畊要来了这篇文章，看后要女儿转告董琨，文章写得很好，不要怕，以后好好努力。董琨于1965年考大学，考得很好，没想到政审竟过不了关，因为他的成分不好，还有亲属在台湾，北京师范大学招生组不收。王于畊知道后，找到招生组，说董琨是个很优秀的学生，我了解他，将来会是个人才，你们应该收。董琨如愿进了北师大。"文革"开始后，他从大字报上知道原来自己是这样上的大学，而王于畊还因此受到打击，心里十分感动，但却没有机会表达。1975 年，他从报纸上知道叶飞就任交通部长，就贸然给叶飞写了封信，请他转达对王厅长的问候。没想到不几天就收到王厅长的回信，请他到家里来玩。董琨很激动，也有些紧张，他如约到了万寿路招待所，受到王厅长热情的接待。从这天起，董琨和厅长之间开始了长达数十年的交往，成为忘年交。王于畊热心地鼓励董琨努力上进，给他出主意，想办法。后来董琨果然成了人才，他在语言学上做出了优异的成绩，成为有名的语言学专家，还担任了中国社会科学院语言所副所长、博士生导师。他充满感激地说："在我一生中，对我影响最大的有三个人——王于畊，启功，陈日亮。作为师长来说，有经师，有人师。经师教人以知识，人师教人以做人。'经师易得，人师难求'。王于畊就是当之无愧的人师。"他还说："我是通过王厅长认识共产党的，这样的共产党员是我人生的楷模。"董琨是个学者，本来他可能会是无党派或参加民主党派，但是他却成了一名共产党员。

那些因为政审不合格进不了大学的高分考生，被人惋惜地称作"落地秀才"。从 1960 年起，王于畊利用各省可自主招生的政策，组织人员把这些学生的档案都拿出来，重新审查和讨论，为这些学生提供新的学习机会。有的留在母校，指定老教师负责培养，促其学习成长，很快成为合格的教师。福州一中的"落地秀才"陈兆和，虽没有经过大学的培养，却在一中老教师的培养下，一年就能上讲台，一直教到高中数学。还有很多的学生则集中在福建师范学院即后来的福建师范大学培养，成为当时补充全省师资力量的重要渠道。从 1962 年到 1966 年的四年中，福建省教育质量不断飞升，涌现了一批名校，与此不无关系。王于畊集中培养"落地秀才"这件事，在当时是绝密，一般的师生无从知晓。曾任福州一中副校长的陈日亮、厦门双十中学的优秀教师彭一万等，都这样走上教育战线，并作出了突出的成绩。这些学生当时大都不知道自己是怎么上的大学。直到"文革"中批判王于畊鼓励学生走"白专"道路，包庇出身不好的学生，让他们上大学，列为她的一大罪状，这些事情才被披露出来。王于畊在这个问题上很强硬，坚持不检讨，认为自己是做了正确的事情。而那些曾经受到她特殊关照的学生了解到事实真相后，无不心怀感激和崇敬之情。

十、福建教育红旗飘扬

20 世纪 60 年代初，福建的高考红旗十分耀眼，连续三年夺得全国第一。但当时也有质疑的声音，于是华东局从华东师大挑选了十几位教授、副教授"突袭"最抢眼的福州一中，对全校的全部试卷重新评估……事实证明福建省取得的成绩是经得住考验的。令福建教育人颇感自豪的，福建省在同一时代还夺得了"民校扫盲"、"推广普通话"、"半工半读教育"三面全国先进的红旗。

高考红旗与福州一中考卷

经过新中国成立初期一代教育工作者的奋力拼搏，福建教育终于重现旧时"福建秀才天下第一"的盛景。从 1959 年开始，基础教育在华东地区数年排名倒数第一的福建省，竟然连续三年夺得全国"高考红旗"。1959 年 12 月，《人民日报》发表《全面提高中等学校的教育质量》的社论和《福建中等教育跃入全国先进行列——三年来，毕业生报考高等学校取得良好成绩》的报道，对福建教育几年来取得的成就予以高度肯定。一时间，福建基础教育声名鹊起，兄弟省市纷纷派出教育代表团来福建考察、取经。福建教育厅长王于畊的名字，也因此为更多的教育界同行所熟知。

但很多人并不知道，在王于畊的办公室里挂着一幅醒目的福建地图。每年大学录取结束后，她都会在出了大学生的县乡插上红旗，在没有出过大学生的县乡插上白旗。她在教育厅提出了一个很特别的口号:"拔白旗,插红旗",她希望在几年的时间里,把那些白旗都拔掉,插上红旗。为此,她费尽了心血。她在各县努力扶持建设中心校,以中心校较好的师资力量帮助其他普通学校,广泛进行校际交流,相互学习教学经验,还鼓励中心校和城市重点学校招收农村的学生。进城读书的学生,他们的宿舍虽然简陋,伙食也很便宜,但可以脱离家里的农活专心住校学习,并可以随时得到老师的辅导,学习条件就好多了。就这样,每年地图上就会多好几面红旗,少好几面白旗,王于畊会站在地图前默默地微笑着,然后把目光投向那仍然空白的乡镇,决定着自己下一步蹲点的地方。到 1966 年时,这张地图已经被红旗满满地覆盖了。

当然,一片赞誉声中也必然夹杂着个别怀疑和质问的声音。地处穷乡僻壤、经济欠发达、基础教育在华东地区长期垫底的福建,怎么会一下子在全国高考中跑到了前头?是不是有高考作弊行为,提前泄露了考题?是不是考后判分环节中过宽?

1963 年高考结束后,由教育部等部门组织的一个检查组突然来到福建,把福州一中高考试卷全部封存,迅速押运到上海。原来,有人怀疑福建省的高考阅卷环节有问题,向华东局书记柯庆施及教育部告了状,请求查验清楚。华东局从华东师大挑选了十几位教授、副教授,按其认识标准对福州一中的全部考卷重新评估分数。

刚开始,福州一中校长陈君实心里七上八下,忐忑不安。他清楚,有的考试项目判分可高可低,如作文,考分占语文一科的比重较高,评分从 50 分到 70 分都未尝不可,不同的阅卷教师因掌握的尺度不同,评出的分数也会有差异。这样的问题如果争论起来,是很难说清楚的。而王于畊却安然处之,她相信自己的教师和同学,她相信大家的努力成果是真实可信的。

不久,华东师大老师们的评卷结论出来了:福州一中的考卷,文科评分尺度掌握得宽一点,在 3~4 分之间;理科评分尺度则偏严一些,也在 3~4 分之间。这样的评分差异是合理的,说明福建省对福州一中的阅卷并没有弄虚作假的问题。评卷结果公布后,告状的人没话说了,而福建这面

"高考红旗"在人们心目中的含金量反而更高了。

扫盲和推广普通话红旗

1958 年春，王于畊在北京参加全国文教会议。会场内外，代表们无处不感受到"大跃进"的激情。会议期间，王于畊收到了两张挑战书。江苏挑战办农业中学，安徽则挑战在一两年内完成扫盲。面对这两项挑战，王于畊都没有大的把握，尤其是扫盲。新中国成立之初，福建文盲、半文盲人口高达八成。经过几年的奋斗，全省的扫盲工作虽取得不小的成绩，但与经济发达、地理位置优越的兄弟省市相比，差距仍然很大。她打电话给正在主持福建省委扩大会议的叶飞请示，叶飞斩钉截铁地说："可以应战，人家能搞我们也能搞。"

仅仅过了一年半时间，王于畊在挑战中胜利了，福建的扫盲工作成为全国同行学习的榜样。1959 年 12 月，教育部就在福建召开全国农村扫盲、

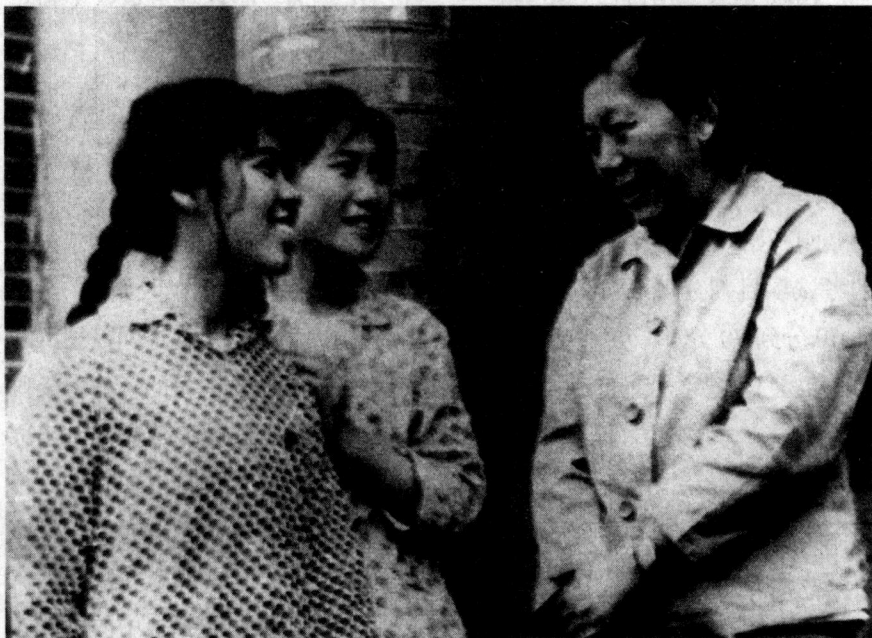

王于畊与耕读小学先进教师交谈。

业余教育经验交流会，对福建的"风吹不倒，雨打不散，长期巩固，四季常青"的"铁民校"经验予以充分肯定。而在当时树立的五个全国职工业余教育典型中，福建就占了三个。1961年，《人民日报》、《光明日报》分别报道了福建创办民校扫盲的先进经验。这又是一面全国的教育红旗。

推广普通话，对于当时会说普通话的人寥寥无几的"八闽大地"来说，也几乎是一项不可能完成的任务。新中国成立初期，福建因各地方言皆不相同，连省内的工作和生活交流都成了大问题。国务委员陈至立是福建莆田人，她生在仙游，长在厦门。她小时候随父母讲仙游话，认为那是全世界最难讲的一种语言，有些发音在音标里根本找不到，全世界只有300万人口讲这样的话。到厦门读书后，她又开始讲厦门话……在她的记忆里，福建那几年为了推广普通话，几乎到了全省总动员的程度。官员开会作报告要讲普通话，老师上课更要讲普通话。经过几年的努力，即使在福建方言众多的菜市场上，人们也基本在用大家都能懂的普通话交流。

福建在推广普通话过程中，创造了"大田推普经验"。解放初只有一所初中及16名教师的大田县，政府号召掀起了学文化、扫文盲、讲普通话的高潮，其经验上了《人民日报》和《红旗》杂志，成为全国瞩目的推广普通话"红旗单位"和"普通话之乡"。几年后，在"文革"中，知识青年上山下乡，惊奇地发现大山里的老农民都会讲普通话。他们说："你们不知道啊，那时推广普通话，好深入啊，不学都不行。"

福建教育界不仅夺得了全国的"高考红旗"，还夺得了扫盲和推广普通话的全国"红旗"，半工半读教育也都是全国的先进典型，它们同样渗透着王于畊付出的满腔心血。

很多人盛赞福建教育工作，多是因为福建曾经连续夺得的这面"高考红旗"。对于这种现象，王于畊认为，只说福建高考成绩是不够的，是不全面的。她说："福建的教育我们过去是从最基层的建设搞起的，从小学（甚至幼儿园）、小学学区建设，中心小学、实验小学的建设，民办教育事业的建设，搞到'文革'前小学入学达到80%左右，5万公办小学教师，3万多民办教师，县进修学校各县都有，学生能保持到75%的住校率。扫盲也达70%～80%（40岁以下），去掉浮夸就是这个数。那时规划到 1968 年全省基本普及小学。从大学到中、小学有一套骨干学校，即重点学校，虽也有追求升学的缺点，但主流是好的。这样的一支队伍、一套班子，师资质量合格率一直在上升，有计划地提高了他们的合格率。从中小学内部来说，我们是抓班子建设和学科（主要学科的提高）的基础上来的，因此，工作是踏实的，教育体系是比较周全的。如果人们不懂全体教育工作者在这方面花的力气，说起来也是不全面的……学校体系的建设，学校网的建设，人才的培养，都不是一日之功，是多年的积累。"她格外看重中学的基础教育。她认为，中学应有个重要任务，就是为少年、青年树立辩证唯物主义世界观打下初步基础，又要为他们接受专业和职业教育，或是工厂、农村的教育以及高等教育打下坚实的基础。

20 世纪 60 年代，福建高考红旗是值得骄傲的，但是很多人并不知道她只是金色王冠上的一颗明珠。没有王冠，这颗明珠也无存身之地。这个王冠就是王于畊和她的战友们共同浇灌的高质量的规模宏大的社会主义的中小学教学体系。

60 年代福建高考红旗是十分耀眼的，但是很多人并不知道，福建教育战线上还飘扬着好几面全国先进的红旗。所有这些都是王于畊和她的战友们呕心沥血 17 年才争得的，福建教育战线上飞舞的一面又一面红旗是全国先进的标志，是福建教育功绩的最好证明。

真应该刻一座教育红旗碑树立在这八闽大地上。

十一、挺直的脊梁

"文革"的磨难对王于畊来说是痛心的。她真正地感到无助：老伴叶飞是福建的头号打倒对象，自己则是教育界冲击的第一目标。这一次，她实在是无法自救，更无法救人，她只能咬紧牙关顶着，相信中国共产党不会就这样被搞垮。面对无理的谩骂和无休止的批斗，她，一个自尊和勇敢的女兵，坚毅地挺直着自己的脊梁，顽强保持着自己的信念！

1966年夏天，"文化大革命"全面铺开，长达十年的浩劫，给全党全国造成了极大的灾难。作为教育厅长的王于畊更是遇到了前所未有的炼狱般的磨难和考验。在"文革"开始的时候，她还曾真诚地检讨自己工作中的错误和缺点，当了十几年的教育厅领导，虽然作出了成绩，当然错误是免不了的，也得罪了一些同志，群众提意见，甚至批判得过火一些，都是可以理解，也可以接受的。但是，到了8月底，这场"革命"已经到了疯狂和暴力的程度，还有后面别有用心的阴谋，使得王于畊醒悟过来，她认为这场运动是错误的，这将伤害我们的党和国家，特别是幼稚的青少年学生，别看现在他们狂热地闹"革命"，但他们是被利用了，最终受到伤害的还是他们自己。

王于畊无能为力，她的老伴、福建省委第一书记叶飞是福建头号打倒的目标，她自己是教育界的头号目标。她一生信赖和依靠的党组织，现在已经从中央政治局、书记处、到省委、各级党委，一直到支部都打垮了，只有"中央文革"的几个"笔杆子"和"永远健康"的林副统帅在左右着一切，那么多德高望重的开国元勋、老革命、老知识分子、老模范都被他们打到了万丈深渊，28年艰苦卓绝的革命斗争、17年全心建设的伟大成就也被他们一笔抹杀，这哪里是伟大的中国共产党做的事！她觉得自己就像一叶孤舟漂泊在狂风之中，无法自救，更无法救人。她只能顶着，咬着牙顶着，她相信中国共产党不会就这样被搞垮。她受到无休止的批斗，无理的谩骂和残酷的对待，她是那么自尊和勇敢的女兵，面对这种疯狂和愚昧，她挺直着自己的脊梁，顽强地保持着自己的信念。

她听说教育界很多她一直敬佩的老教育家蒋南翔、陆平、匡亚明等被打倒。特别是蒋南翔，他把清华大学办成了一所多么好的大学，在工作中他对自己的帮助最多，给了她许多支持和指导。她熟悉的同事，江苏省教育厅长吴天石，上海市教育局长孙兰竟然被斗死。吴天石是她的好友，她

"文革"以后，叶飞（前左四）、王于畊（前右一）和省委、省政府老领导会见教育界的老同志。

信任他，1958 年在南京，她曾和他推心置腹地讨论过对当时政治运动的看法，他们认为对于古今中外的经验，既不能全盘照搬，但是全盘批判也不对，更不能一来运动就矛头向下，自己推得一干二净。孙兰是个女同志，工作热情负责，福建教育取得成绩后，她曾经风风火火地冲到王于畊房间，把她压在床上，要她好好介绍福建的经验。两个女厅长笑闹了一阵后，坐在一起，细细地讨论了一夜。更令她痛心的是看到和自己一起为福建教育忘我工作的同志，校长、老师被批斗，被侮辱，她愤怒极了，心都痛得流血。她恨自己无力保护他们，只能无数次地说，不要斗他们，我是领导，一切责任在我，无论什么惩罚，都对着我来吧。教育厅里她的几员"干将"，福州一中的校长陈君实，厦门八中（双十中学）的校长李永裕，还有所有各市县重点中小学的校长，优秀的老中青教师，都受到了残酷的打击和无理的批判。这是一个长长的名单，他们对中国共产党无限信赖，对新中国无限热爱，他们曾和她一起奋力工作，为福建的社会主义教育事业贡献了自己的青春和全部精力，他们是福建教育的中坚力量和宝贵财富。把新中国成立以后 17 年的教育一棍子打死，说成是一条"又粗又长的黑线"，这是多么错误而且无理啊，这简直是教育事业的一场大灾难。王于畊被非法关押和无情折磨了五年，和她热爱的教育事业，和她一起奋斗的同志和战友一起在十八层地狱里煎熬，她坚强地活着，冷眼看着那些"文革"红人们的丑恶表演，等待着黎明的到来。

十二、劫后余生在建瓯荣军院

"九一三"事件后，王于畊被发配到闽北的建瓯县荣军院。虽然处境比较困难，但不再被批斗和关押，失散多处的子女们也能从各地聚拢来相见。她听说这里有几位老红军，还拖着病体，一家一家地去看望。在接受亲情慰藉的同时，她更感到了可贵的民心，老百姓对落难的真正的共产党干部的真情。端午节那天，王于畊早上一开门，廊柱上竟挂有近百个粽子。

天南地北的小团聚

1971年9月13日，林彪仓皇出逃，终落得烈火焚身的可耻下场。全国上上下下都在反思，广大群众对于"文革"也不断提出了疑问。林彪各地的追随者为了急于洗脱自己的干系，也纷纷做出各种姿态，福建省革委会就借战备疏散为名，把长期关押批斗的厅局级干部"下放"到福州以外的各偏远县，名为下放实为流放。10月，王于畊和几位厅长及一些干部被发配到闽北山区建瓯县荣军院。

王于畊在小女儿四毛的陪同下离开了福州，先乘火车，又换长途汽车，直到过瓯江大桥时，王于畊才知道被送到了建瓯，因为她当厅长巡视时，多次经过这座大桥，知道了目的地终于松了口气。来到荣军院分了三间小居室和一个厨房，王于畊和四毛进了房间就找拖把、抹布把房间擦得

1971 年，在建瓯荣军院。家中只有一把小凳子，四毛只能蹲在妈妈身边。

干干净净，她们要住下来了，不知道能住多久？但终于有了小小的自由，不再每天被批斗了。

荣军院里居住着一些战争中受重伤致残的军人。王于畊听说还有四位老红军，她不顾自己体弱和旅途劳累，让女儿扶着，一家一家探望；老红军看着被折磨得不成人形的王于畊，很是感动，一位江西籍的老红军就让自己的妻子陪王于畊去买煤油炉、炭炉，买生活用品、食品。外贸厅的一位副厅长住王于畊隔壁，他看到王于畊一点家务活都不会干，就让妻子去教她生炭炉，烧热水。王于畊就这样开始了新的平凡的生活。

不久两个儿子也赶到建瓯团聚，1966年小宇15岁，小崎才13岁，父母就被关押，全靠自己生活。王于畊看到儿子心里隐隐作痛。

王于畊由于长达六年受着非人的迫害，心中愤怒无法排遣，身体急剧恶化，体重降到了只有40公斤。有一段时间她特别爱发脾气，哪个孩子出点错都要被她臭骂一顿。一次四毛擦桌子把一个小圆镜子失手摔破了，王于畊便骂了一顿四毛，四毛不理解辩解道："这不就是一面小镜子吗？值得吗？"结果招来更加厉害的大骂。其实年轻的四毛并不懂妈妈，王于畊是因为想到"破镜不能重圆"，想到这个家仍然没有团圆而伤心而发怒的。好在几个子女都很懂事，挨骂时赶紧躲了出去。

1972年1月12日，广播中传来了陈毅去世的消息，荣军院的老人都哭了，王于畊也哭了。她最敬重的最可依赖的首长走了，她预感叶飞的问题解决起来很难了，她平静下来后对儿女们说，以后我们一起回保定，过一个普通百姓的生活。

1971年，小毛到北京治病，在廖家与廖茗合影。

236

1月下旬，三女儿小毛回来了，家里一下子热闹起来。小毛北大毕业后分配到青海省的德令哈工作，在中学当老师。由于是在高原，有补贴，工资较高，这次她把学校寄来的工资几百元都交给了妈妈，这对于王于畊来说是一大笔钱了。这时叶飞和她的工资都被停发，每人每月只有二三十元的生活费。四毛立刻带着姐姐到镇上去买了一大堆菜，有鱼有肉，全家人饱餐了一顿。

晚上，小毛和妈妈住在一个房间，慢慢告诉她分别这几年的经历。小毛在青海得了重病，要做大手术，可是青海做不了，她只好求助于北大的同学廖茗。廖茗是廖承志的女儿，这时廖公刚刚放出来，廖家热情地伸出援助之手，请小毛到北京来治病，住在他们家里。小毛不在北京工作，父亲又被关着，找了几家医院都有困难。廖公就求助于叶剑英元帅，这时叶帅刚复出主管军队。叶帅了解了情况后说：有病就要治病，发扬人道主义嘛！这样安排她住进了三〇一解放军总医院。小毛隐姓埋名，不敢说自己是叶飞的女儿，偏又正好姓叶，院方以为她是叶帅家人，叶帅儿子选宁大哥帮着承担责任，这才安全地做完了手术。这期间，张茜阿姨也在这里住院，听说小毛在这里，就来看她，细细地问她父母的情况，把自己和陈老总的近照送给她，要她带给妈妈。她怕小毛一个人在医院孤单，经常派警卫员送蛋糕和点心给她，还要昊苏大哥和陈家兄妹经常去看望，使小毛感到无比温暖。1月6日陈老总去世，在总院地下室举行遗体告别，小毛刚做完手术，在床上挂着瓶去不了，专程来照顾小毛的大姐小楠代表叶家参加了追悼会。

王于畊详细地询问着陈老总和张茜的情况，还有许多北京的消息，琢磨着每一个细节，分析在林彪自我爆炸之后"文革"形势的微妙变化。她对叶帅复出充满希望，相信很快局势就会好转。1972年的春节到了，王于畊和孩子们终于在一起过了几年来第一个自由的春节。她思念着老伴叶飞，六年不见了，不知道他现在怎么样，她还要等待，她相信总有全家团聚的一天。

小毛还告诉妈妈，她和姐姐小楠在北京受到凌奔阿姨无私的关怀和爱护。她说，凌奔阿姨真是个少有的侠士，不管她家有多难，不管我们的父母情况有多险恶，她都始终如一地照顾我们，把我们当成自己的儿女。更可贵的是，她给我们讲新四军的历史，讲老一辈革命者的坚决和为人的坦荡，教育我们要相信你们，林彪和"四人帮"一伙是倒行逆施，真相总有大白天下的一天。凌奔一家的孩子们都是好人，把我们当亲姐姐对待。北京还有林琳阿姨、余叔阿姨，南京有史凌阿姨、于玲阿姨，她们都是很有正义感的人。小毛说："最有意思的是杨桂芳阿姨，她见到我们就说，你们爸爸妈妈是真正的共产党，现在真是变天了。她拍着桌子大骂林彪，'天下都是他一个人打下来的吗？'她骂到家里寻衅的造反派：'你们这些小毛贼屁事不懂，老娘干革命的时候，你们还没出生呢！'"王于畊听了哈哈大笑，说杨桂芳就是快人快语，天不怕地不怕的。王于畊对一起从战争中走过来的战友之间的情义和信任无比感慨，她告诉小毛，她和凌奔在1961年曾经有过一个约定，不论是谁受难，另一个就要出手救助。她这是在实践当年的诺言啊！

受株连亲友的探望

王于畊的小弟弟于田到荣军院来看望姐姐。他挑着一副担子，里面是他好不容易买到的四只活母鸡，想养起来下蛋给姐姐补补身子。没想到这些鸡一放出来就蔫蔫的，可能是路上劳顿得病，不一会儿都死了。大家都心疼，舍不得丢掉，就赶快红烧了，让小宇和小崎高兴得过了把嘴瘾。

到了晚上，王于畊把弟弟拉到一边，细细地问他家里的情况。于田告诉姐姐，他自己只是个工厂的技术员，批一批就完了。于农可不得了，军区真能下黑手，直接指示总医院，把哥哥赶出军队，清退回老家，他是军医大学的毕业生，参加过抗美援朝，又有20年的军龄，都一笔勾销，变成老百姓。嫂子巧英真仗义，毅然带着两个孩子跟他回了保定。一家四口挤在妹妹敏英家的一铺炕上。他们的女儿王燕从小身体不好，在福州连大米都要熬烂了才能咽下去，现在只有棒子面吃，一到吃饭的时候，看着窝窝头，眼泪就吧嗒吧嗒地往下掉。后来于农哥哥找到一家小工厂当厂医，一个月只有38块钱，巧英嫂子是福一中的数学老师，仗着福一中响

1991年，王于畊70寿辰。她和弟弟于农、弟媳陈巧英在一起。

亮的名气，倒是进了保定的重点中学，还保留着原工资，一家人住到学校的宿舍里，总算安顿下来了。可恨的是陈伯达那个"小小老百姓"，愣说什么"王于畊是保定人，怎么跑到南方新四军去的？保定有个姓王的军阀，她一定是他的女儿，你们要好好查查！"专案组派了几拨人到保定去查，搞得鸡犬不宁。王家门上挂着"军属之家"和"烈属之家"两块牌子，街坊邻居都说王家是个仁义人家，为革命做出那么多贡献，怎么成了军阀了？

　　于田对于畊姐姐说："胡同口的推碾子大妈，还记得吗？你小时候常到她家玩的，她是街坊中年纪最大的，她把专案组的人好好说了一顿，说他们黑白颠倒，忠奸不分。"

　　王于畊听着听着，眼圈都红了，对于田弟弟说："你们和老家的亲人，建国后有多难都没有求过我，我也没帮过你们，现在还受我牵连，这哪里是我们共产党做的事！"

　　弟弟安慰她，说我们在保定的人都很记挂你，你吃的苦太大了。三姐敏英要我转告你，将来如果你没地方去了，还回保定来，她把房子让给你住，她会照顾你。

王于畊告诉于田弟弟："叶飞的弟弟启东，从菲律宾回来没几年，也挨整，现在也不知道怎么样了。只有他的侄子杏川，当兵复员后就在建瓯的运输队开卡车，倒还好，没挨什么整，也许人家根本不知道他是叶飞的亲属，前些天一家子都来了。还记得叶飞的母亲吗？前些年去世的，埋在福州郊区的公墓，几年前要把这个公墓平掉，也不通知叶飞的家属，就把坟平掉了，现在尸骨难寻。你说说，这还有人性吗？"

于田见姐姐越来越激动，怕影响她的身体，赶快不说这些事了。他四周看看，修修桌椅，重新搪了小煤炉。他知道姐姐做不了这些事，趁自己在这两天，尽量多做一些。

在建瓯，王于畊真真地体会了民心所向！

1991年，王于畊和叶飞弟弟启东夫妇在一起。

一天，叶飞警卫员葛金康的老婆秀惠来了。她一直冲到王于畊房间，抱住她的王厅长就哭起来了。王于畊紧紧扶住她，忙说："别哭，别哭，我还好嘛！你快告诉我，老葛怎么样了？你的孩子们还好吗？"秀惠好不容易安静下来，可是刚开口说："老葛被他们抓走了"，就又忍不住哭起来。

　　葛金康1947年参军时才十七八岁，被派给叶飞当警卫员，至今已经二十年了，和叶飞一家人相处得如同亲人。1966年12月，造反派把叶飞和王于畊抓到大卡车上游街，叶飞用自己的肩膀支撑着妻子，对她小声说"要坚强，抬起头来，要顶住！"王于畊知道，这是老伴和她相约，无论遭受何种打击，都不能自杀。如果一方死去，那一定是被迫害致死。卡车下面，葛金康跟着往前跑，从东街口一直跑到南台。这时候他已经是年近四十的人了，跑得直喘气。旁边的造反派嘲笑他说："你还真是铁杆'保皇派'啊！叶飞都这样了，你还跟着。"葛金康严正地回答："保卫叶飞的安全是中央交给我的任务，只要中央没解除，我就要负责任负到底！"他的义正词严，反倒使得造反派也黯然不语了。游斗完后，叶飞有家难回，葛金康就把叶飞接到自己家里，让秀惠照顾他，给他熬鸡汤。老葛还亲自找到忠实的警卫连长，交代在他家门口加岗，还十分严肃地说："首长到那里，我们就警卫到那里，不管他们怎么闹！"没想到几天后，葛金康竟然被军区抓走了！秀惠疯了一样跑到军区去闹，喊着："你们为什么要抓老葛!? 他犯了什么罪!?"她是老百姓，什么都不怕。

　　王于畊静静地听秀惠述说，也忍不住掉下泪来，她和老伴从那天之后就天各一方，真是刻骨铭心的痛啊！她对秀惠说："不要怕，老葛没有问题，他们怎么抓进去的，还要怎么放出来。陈老总说得好，善有善报，恶有恶报；不是不报，时候未到；时候一到，一切全报！"

　　秀惠擦干眼泪，说："王厅长，你被他们折磨得这么瘦了，我给你做点吃的。"她卷起袖子，到井边去洗她带来的"牛下水"。听说这个东西能补创伤，她好不容易托人才买来的。忙了一天，到晚上才把一锅香喷喷的牛杂汤端上桌。看着王于畊一家人津津有味地吃起来，她的眼泪又要流下来。她对王于畊说："我得回去了，明天还要上班，不能让他们扣我工资。老葛工资都不发，一家人就靠我了，过几天我让我妈妈来照顾你们。"

说完，不等王于畊站起来，马上就去赶汽车了。

渐渐地，王于畊住在荣军疗养院的消息传开来了，很多当地老百姓送来肉、菜表示慰问。端午节那天。王于畊早上开门，竟然发现廊柱上挂着很多串粽子，足足有一百个。她被深深地感动了。这种朴素、厚重的感情，是老百姓对在"文革"中落难的真正的共产党干部的热爱和真情。她坚信，"文革"中被颠倒的历史一定会翻过来，被冤屈的好人一定会得到平反。她相信自己的丈夫叶飞，她下决心一定要把他营救出来。

春节后不久，陈丕显的儿子陈小津来建瓯探望王于畊阿姨，这是"文革"后第一次有外地的老战友的子女来访。陈小津非常健谈，说起形势一套一套没完没了，这正合王于畊脾气，这样老少两个人一连几天，从上午谈到下午，从下午谈到半夜。陈小津带来的消息有好有坏，坏的是他父亲陈丕显、母亲谢志诚仍被"上海帮"关押，没有任何松动的迹象。好的是江西的老战友黄知真解放了，江西原革委会主任程世清垮台了，陈小津已决心投奔他称之为"解放区"的江西。王于畊听得十分投入，还认真和陈小津讨论，分析形势，他们都感觉到了"文革"的形势已经有了微妙的变化，由于林彪集团的垮台，被打倒的老干部的处境有了改善的可能。

陈小津与王于畊谈了几天就回上海，他要去打探父母的情况，王于畊没有留他，送了他50元做路费，50元在当时是一个大学毕业生一个月的工资，陈小津知道这钱的情义，他在坐着叶小崎的自行车到汽车站时偷偷塞进了小崎的口袋。小崎送完小津回到家里一摸口袋，惊奇地大叫："我这儿怎么有50元钱啊！"王于畊一看就知道是陈小津送还的，她感慨地说："小津这孩子真是公子落难不脱架啊！"

第一个第三代的出生

4月，小楠和小华回到建瓯，小楠就要临产，叶家第一个第三代就要出生了。这对王于畊来说是一个极大的喜事。婴儿总是象征着希望，象征着未来。而且小楠是家里的老大，在这种非常时期，就是母亲最重要的帮手。小华是江华的儿子，江华是浙江省委第一书记，1967 年和叶飞同时被保到北京，只是叶飞后来被诬陷，关到北京卫戍区，江华被发配到湖北，还有一点自由。但是，江华的夫人吴仲廉早在"文革"初期就被迫害致死，这是江华一家最大的伤痛。吴仲廉是王于畊十分敬重的大姐，她是参加过长征的少数幸存的女红军之一。江华带话要王于畊给将出生的孙女起名字，王于畊思索再三，说吴仲廉的名字的谐音是仲莲，夏天的莲花，菡萏是荷花的别称，又是花苞。这孩子就叫雨菡吧，纪念在"文革"中牺牲的奶奶。

小楠和小华的到来又带来更多的消息。王于畊从这些信息中越来越清晰地看到"文革"形势产生了很大的变化，解放老干部，落实政策将不可阻挡，于是在自己尚未最终解放时，她就开始制订营救丈夫叶飞的计划，她让小毛和小宇到北京去，要求探望关押了六年的父亲。

4 月春天的明媚，却驱不开小毛和小宇痛苦烦闷的心情，等待他们一家的是漫长的仍然充满坎坷的崎岖之路。在福州他们向教育厅要妈妈的工资做路费时，又遭到百般刁难，终于在大吵一架以后，"左派"分子退缩了，小毛、小宇拿到了一点母亲的工资，北上京城。

同时叶小楠生个女儿，王于畊抱着新生的外孙女，非常高兴，有人想置叶家于死地，可是叶家有了第三代。她期盼着这娇小的生命为全家带来新的转机。

小毛和小宇到了北京，直接到中南海西门向中央办公厅提出要探视父亲的要求，然后就是一个月的等待。姐弟俩在北京分别寄住在于叔阿姨和林琳阿姨家，多亏了她们的支持和帮助，终于在 6 月的一天，姐弟俩见到了父亲叶飞，他们看到一个明显苍老和浮肿但仍然是坚定而从容的父亲。他们告诉父亲，母亲已经有了自由，不再被关押了，叶飞高兴地笑了。小宇待机偷偷告诉父亲林彪自我爆炸的消息，父亲说："我已有觉察，形势很快就会改变的。"

小毛和小宇很快就把探视父亲的消息传回了荣军院，王于畊一家都欢腾了。小宇从北京回来了，详细诉说了见父亲的情况，还带来了北京解放老干部的大趋势。小宇经过"文革"已经成熟了，把在北京打听到的各种消息告诉妈妈，大家一起分析、判断，开始细细地谋划进一步的营救行动。王于畊要小楠和小华带着刚出生不久的丫丫先到北京，再次求见父亲。好在 1967 年父亲到北京时建立起的中央办公厅信访局联系线一直没断，这是一条可靠的途径，可以给总理递信。

8 月，叶小楠也被批准探视父亲了，那一天她带着女儿，由丈夫江小华陪同前往探视，可是专案组的人非说江小华不是直系亲属不得进去，叶小楠、江小华据理力争又是大吵一架。叶飞见到外孙女高兴得直笑，"原来就这么大的小姑娘也当了妈妈了。"

7 月，教育厅通知王于畊"解放"，补发了工资。9 月，通知她到福州检查身体。王于畊就要离开建瓯了，看着这个住了将近一年的小院，真是百感交集。她不会再回来了，邻居们对她依依不舍，她也感谢他们对自己的帮助和友情。但是，她不能留恋这里，前面的路还很长，还要她去战斗。王于畊还像当年的女兵那样，简单地收拾了行李，带着两个儿子离开了建瓯荣军院。王于畊立刻给周恩来总理写信，要求到北京探望已六年未见面的丈夫叶飞。10 月，中央来信同意王于畊进京探视，这样福建的那些当权的"左派"，再也无法阻拦王于畊了，她带着儿子进京了，脱离了林彪、"四人帮"在福建的追随者的掌控，这时她才有了一种真正的自由的感觉。

十三、万寿路 13 号院里的特殊斗争

营救老伴叶飞，是王于畊面临的又一场新的战斗。在叶飞的关押地，她终于见到了失散六年的老伴。当专案组对她讲了见面的条条纪律时，她予以有力回击："你们要搞明白，这是两个老共产党员的会面，如果你忘记了，我提醒你！"她给周总理和叶剑英元帅写信，要求让叶飞"住院"、"治疗"……与老伴闲居万寿路后，她又与老伴并肩战斗，宁折不弯。当人民胜利之时，王于畊望着沸腾的人群，笑声泪盈……

营救老伴

1972 年 10 月中旬，王于畊乘火车来到了北京。她一出车站，和两个儿子伫立在北京站广场上。阵阵带着寒气的秋风吹在王于畊的脸上，她感到的是心里的阵阵寒意。面对着空旷的广场和川流不息的人流，她不知道到哪里去。自从参加革命之后，王于畊就成为组织中的一员，不论到哪儿都有人管。可是这次来京，没有人接待，也不知道往哪儿去，就像被抛到了北京的大街上。王于畊的心在流泪。在北方寒风的肆虐下，王于畊不停地咳喘着。两个儿子扶着母亲在前门找到一家小的旅馆住了下来。王于畊立刻就派儿子小宇到中南海西门信访处送上要求探望叶飞的信。

王于畊又给粟裕夫人楚青打了电话。在粟裕和楚青的帮助下，在孙克

骥（新四军老战友）、铁道部政治部主任孙湘（叶飞老战友、赖传珠的夫人）安排下，王于畊住进了铁道部北蜂窝招待所。这时，中央办公厅批准探视的通知下来了。在 10 月底的一天，王于畊终于在通县一个部队营房里见到了老伴叶飞。在探望之前，专案组的人趾高气扬地讲着探视纪律，还讲不可太激动。王于畊早就不耐烦了，听到这儿，立刻顶了一句："你们搞明白，这是两个老共产党员的会面！如果你忘了，我提醒你。"专案组的人被顶得一愣，脸上一阵灰白，忙赔笑说："我相信，我相信。"

叶飞和王于畊已有近六年没有见面了，最后一次还是在 1966 年底的福州批斗大会上，当时他们两人被同时批斗，同时游街。这次经过种种磨难终于又见面了，两个人都十分激动，可是当着专案组的面，他们又不得不藏起自己满腔的激愤，只是紧紧地握住对方的手，两双手都是微微的颤抖，相扶相持地坐下来，那手仍是紧紧颤抖地握着。过了好一会儿，王于畊平静下来，她伸手把住了叶飞的脉，一会儿她焦急地说："你的心跳这么快，都 120 多次了。"她让儿子来数，确实是每分钟 120 多次。王于畊不客气了，对监视的专案人员说："你们来数数。"专案人员只好测数一次，还是一样。王于畊要求他们马上向上级报告，要求给叶飞治病。专案人员搪塞说："我们研究研究。"

王于畊不再理会这些监视者了，和老伴叶飞慢慢谈起来了。叶飞告诉自己的亲人，他这些年通读了《马克思恩格斯选集》，又翻了好几遍《毛泽东选集》。他笑着说："《资本论》我都读了三遍。读书笔记都写了几大本。"儿子叶小宇、叶小崎听着父亲这样坦荡又坦然的话，几乎要落下眼泪。叶飞对王于畊说："看书并不比坚持三年游击战争苦，那些'秀才'不就是多读了几本书，就寻章摘句地整人嘛。"说着还意味深长地看着那几个专案人员，仿佛在说："你们可以报告上去。"

王于畊却说："读书不妨有点调剂。不要老是读理论，换着读些历史、文化吧。我带来了《史记》和《鲁迅全集》，我还带来了本《斯巴达克斯》。"叶飞非常高兴："是啊，调剂一下。我已经六年没有读小说了。"

王于畊仔细观察叶飞，发现从未动过针线的老伴，竟然会补衣服了。他的毛衣和衬衣居然有多次缝补的印迹。这时，她也回想起了她被关押的苦难和寂苦。

王于畊探视完回到招待所还在讲："怎么能老读理论书啊！要调剂一下嘛。"

第二天老战友张茜把王于畊接到家里，王于畊一看，这已经不是"文革"前她去过的中南海了，而是城东北方的北新桥一个小胡同里。在办公室的墙上挂着陈毅的照片，他微微稍眯的眼睛仿佛不愿再看这纷乱无序的世俗，而紧闭的嘴角仍然是那样的坚毅。王于畊肃立在那儿，思绪汹涌，她忽然想起了1966年10月，叶飞参加中央工作会议回福建对她说起陈毅请华东各省市委第一书记吃饭，曾说："无论多么困难，都要坚持原则，坚持斗争，不能当墙头蒿草，哪边风大，就往哪边靠"。现在陈毅已经去世了，但那句话一直在支持着他的战友们斗争。王于畊含着泪花默默地说："陈老总，我郑重地向你报告，'文革'中的我的言和行，没有留下任何使自己日后想起来羞愧的东西，没有玷污您麾下一名老兵的称号。"多么骄傲的告示啊！一个真正的共产党员的坚强与高风亮节。

日渐羸弱的张茜拉着王于畊坐下来，七年不见了，两人各自都承受着不同的苦难。她们都询问着对方的情况，却都不讲自己的经历。终于张茜着急了，她提高声音问："说吧！你打算怎么营救他？这是我最关心的。"

王于畊话匣子一下子被打开了。她讲起了昨天探视老伴叶飞的情况，她鄙视专案人员的虚伪和冷漠，她焦急叶飞的身体。王于畊说："我要写信给中央，要求给叶飞治病。"

张茜说："完全对，写吧！快写信，我给你转上去。"

王于畊摇摇头："不！写好信送到中南海西门，总理收得到。"

张茜问："是不是怕连累我？我不怕，我愿意为保护干部做点事。以后中国的事情还多得很呐。"

王于畊仍然摇摇头说："我相信人心。"其实在她的心里早就决定了，要保持一条畅通的公开渠道，要让中央办公厅记住叶飞的事情。

信送上去了，两周后周总理批示："有病治病，立即住院。"叶飞被送到阜外医院治疗。王于畊可以每天下午去探视，这对全家都是一个绝对重大的喜讯。这期间，王于畊和孩子们又搬到万寿路中组部招待所。王于畊带着一大包柑橘来探视，用张茜送给她的玻璃榨汁器给叶飞榨橘汁喝。叶飞的身体慢慢地恢复着，王于畊的心情也慢慢平静下来。

转眼春节就要到了，王于畊盘算着好好和老伴过一个七年来的第一次除夕。可没想到专案组却对她说："叶飞的病已好了，春节之后就要回原处了。"王于畊顿时感到一盆凉水泼在全身。她激动地说："不，叶飞的心跳还是很快。"

专案组冷漠地说："医生已经检查过了，说病已经好了。你看这儿有医生的签字。"

王于畊说不出话了，只在心里长叹一声：这个医生真是个书呆子呵！

王于畊忍着愤怒在叶飞的病房兼囚室里过了个除夕，她千叮万嘱老伴要注意身体，一有不舒服就立即提出要看病。

出了病房，王于畊沮丧到了极点，路上一句话都不说。女儿小毛怕母亲憋坏了，就对她说："我听说民间有个习俗，说是除夕时扔个硬币出去，就能把一年的霉气扔掉。"王于畊不屑地摇摇头："你也信这些迷信。"小毛说："我们也试试吧。"说着掏出一分钱硬币，从公共汽车的窗户扔到马路上。王于畊看着硬币渐渐远去，她心中一动，从口袋里抓了一把硬币，专门挑了个最大的五分硬币，用力地扔到马路上，很快硬币就不见了。王于畊长叹一口气，她忽然想到最近又传来的很多好消息，其中就有华东最大的"走资派"谭震林已经解放了，一家人已经回到北京，要安排工作了。她感到新的一年会与过去不同，一定会有喜事。王于畊下定决心新的一年一定要将老伴营救出来。

叶飞回去不到一周，又发起烧来。王于畊马上给叶剑英元帅写了封信，要求保外就医彻底治疗。叶帅接信后当即批示："有病治病，其他事以后再说。"第二天叶飞住进了部队的三〇四医院。三〇四医院规定一周只能探视一次，比阜外医院少很多，可是有主持军委工作的军委副主席叶帅的批示，医院也不敢掉以轻心。

这时解放干部、落实政策的形势越来越好。4月12日，邓小平忽然以国务院副总理的身份出现在周恩来欢迎柬埔寨国家元首西哈努克和夫人的盛大宴会上，引起了国内外的极大震动。这是中国"第二号走资派"公

1973 年，叶飞获释后的全家福。

开亮相了，而且"官复原职"——国务院副总理。王于畊打听到邓小平在 1972 年 8 月给毛泽东主席写信，希望出来做点工作。她立刻想到这是一条解决问题的方法。王于畊和张茜商量，一同分析，她们都认为周恩来总理、叶剑英只能批准叶飞住院，要想得到"解放"必须通过毛泽东主席。张茜热切地说："让老叶给主席写信，只有这样才能彻底解决问题。"

王于畊将她们两人的意见告诉叶飞，让他一定亲自给毛主席写信。叶飞很同意，但是这封信他写了一个星期，他根本不同意当时的中央说他是什么"反革命修正主义分子"，什么"走资本主义道路的当权派"，怎么检讨？！最后只好这样写："七一党的生日快到了，自己很想念党，希望能够解除对自己的监护，使自己能为党做些工作。"

这封信 6 月 18 日由叶小宇送到中南海。6 月 21 日，王于畊旁边长期不住人的一间大客房忽然来了很多服务员，里里外外彻底清扫了一遍。王于畊一家都很好奇，议论这一定又是为哪个老干部准备的。下午专案组人员来通知，明天去接叶飞到万寿路招待所住，王于畊这才知道原来房子是为老伴叶飞准备的，全家都高兴地跳起来。

6月22日，因为王于畊身体也不好，咳喘得厉害，曾志和凌奔两人就陪着王于畊坐在房间里，焦急地等待着。直到中午，才听见走廊上一片喧哗之声，儿女们拥着叶飞走进了房间。王于畊和叶飞紧紧地拉着手，说不出话来，反倒是曾志和凌奔眼泪满眶了。

6月25日，毛泽东在叶飞的信上批示："此人拟应解放，即分配工作。"这时压在王于畊心上的重石才怦然落地。过了几天，张茜在儿子的陪同下来到这里，看望这个自1966年夏天以来被砸烂的老战友家庭。张

1974年，和老伴叶飞在万寿路住宅前。背后是王于畊亲手种植的向日葵。

茜喜气盈盈，典雅美丽，飘然而至。她亲切地问候了叶飞。又紧握王于畊的手说："祝贺你们一家团聚！"老同志们闻讯而来，大家把思念陈老总的深情传输给张茜，大房间里笑声喧哗，个个欢颜。这是"文革"以来难得见到的场面。

1975 年，叶飞出任交通部部长后两人合影。

王于畊有自己被关押几年后突然被放出来的经验，知道老伴的身体和精神都处于一种危险的边缘。她忙着张罗给叶飞检查身体，看病治疗，给叶飞补充营养。王于畊还陪着叶飞去乘地铁、逛商场。两人一起去买菜，给老朋友打电话。叶飞酷爱围棋，王于畊就找人来陪他下棋，实在没人了自己也去摆一会儿。

到了 8 月 24 日，中国共产党第十次代表大会召开了，叶飞正在北京医院检查身体，突然得到通知，要他立即赶到京西宾馆，并告诉他已当选为中央候补委员。从九大到十大，叶飞一直被"监护"，刚"解放"就当选实在意外。后来《周恩来年谱》一书才透露了其中的原委："周恩来在 8 月 28 日主持召开十大主席团会议，介绍各小组讨论政治报告和党章报告情况。在谈到选举问题时，提出：对'文化大革命'以来犯错误的省委第一书记，只要承认错误态度比较好，绝大多数都解放了，并都是这次新一届中央委员会候选人；对犯有严重错误的老同志，有的也还要保留，这是一个代表性问题，体现了毛主席的教育干部政策。"

在中国共产党第十次代表大会上，叶飞、江华、江渭清都当选为第十届中央候补委员。各家都很高兴，毕竟这是说明他们被彻底"解放"了。很快中秋节到了，三家就联合举办了一个中秋晚宴。由江渭清的儿子江旅安主勺，江华的儿子江小华打下手切菜、切肉，做了一桌地道的淮扬菜，又香又有色。叶飞和王于畊，江渭清和夫人徐敏，江华（夫人吴仲廉已被

才女教育家——王于畊

迫害致死）五位长辈坐在客厅餐桌旁品味，小辈们全在端菜倒茶。

叶飞当选为中央候补委员，但没有分配工作，因此在万寿路招待所赋闲着。江华、江渭清、廖志高、宋任穷等一大批老干部都是这样在万寿路招待所赋闲着，他们的家都没有了，有的老伴也没有了。他们已经远离了政治权力的斗争，摆在这样一批政治家面前的就是冷眼观察和深刻的反思了。

这时朱德总司令也搬出了中南海，住在万寿路的北面。他深知这些第一书记和老干部们遭到残酷的斗争和无情的打击，身心都遭到摧残，于是他借中联部部长耿飚的一块宝地，每周六晚上在中联部的小礼堂放内部电影，请刚刚解放出来的老战友、老部下全家来放松一下。朱老总的热诚使每人都很感动，在那个只有八个样板戏的年代，能看上《巴顿将军》、《愉快的假期》、《拿破仑情史》等西方电影真是莫大的享受了。叶飞、王于畊全家是一场不落，雷打不动。每到这一天，晚上不安排任何活动，实在无法推了，就匆匆走个过场早早抬身离席，以致得罪了人也不顾了。其实看个电影并不是最重要的，重要的是这里能感受到当年革命战争年代时的那种战友间的真诚的深情厚谊，小礼堂成了老战友的聚会地点。与此同时，钓鱼台里也有着同样的电影活动，那却是"文革"新贵的聚会，看的是相似的电影，可是心里想的却完全不同。这真是物以类聚、人以群分。1974年春节，万寿路招待所的几家人相约去给朱德总司令和康克清大姐拜年，表达大家的感谢和崇敬之情。

因为没有分配工作，叶飞这一批中央委员、候补委员都不能及时看到文件，不能参加中央的会议。但是，他们的子女都个个消息灵通，各有各的信息渠道。他们可以很快地得到中央斗争的情况，如什么时候江青挨毛泽东批评了，什么时候江青又在大闹政治局了，邓小平如何和"四人帮"斗啦，等等，每个消息都会到万寿路来转一圈。而且这些年轻人特别愿意把消息首先告诉王于畊阿姨，因为在家里的老人听了他们的消息，看到他们激动的神情，总会严肃地教训他们不要乱听乱传小道消息，老太太则会唠叨不休"要谨慎"、"不要惹麻烦"。只有王于畊是专心地听他们的讲述，是平等地和他们一起分析、讨论着。王于畊会和年轻人一样愤怒地斥责着

1977年，新四军几家人在一起庆祝"八一"建军节。左起：凌奔、楚青、王于畊。

江青一伙的猖狂和倒行逆施，会极力赞扬周恩来和邓小平的工作。慢慢地，王于畊家的客厅成为一个小道消息汇集中心，成为年轻人的无拘无束的聚会中心。

由于一直没有工作，万寿路各家慢慢都打起了麻将，一来调剂生活，恢复身心；二来可以无拘无束地谈谈心，交流对形势的看法。可是不久就有"积极"的服务员向中组部告密，说："一帮老干部打封资修的麻将"。一些家就谨慎了，不敢打了。王于畊就在自己家客厅摆起桌子，请各家老人来玩，人不够还让孩子顶替，一边打一边谈论时事。有时还故意把服务员叫来，王于畊一边出牌，一边说："咳！都没事干，不打牌，干什么啊！你们见到中组部干部，就告诉他们，没工作就打牌咯，不然就分配工作啊！"说得大家都笑了。

王于畊还积极组织老头、老太太去旅游。叶飞当年的作战处长、参谋也都闲在家里，王于畊就发动他们做组织者。这些也都是军师级的干部，完全按照当年制订作战计划一样制订着参观计划，几点几分在何地集合，几点几分在何地野餐，哪几位坐1号车，哪几位坐2号车，准备多少份野餐干粮等等。这样一个小车队去过潭柘寺、西陵，还去过当时尚未开发的石花洞，每个人都举着个自制的火把在溶洞里探险一番。这些活动受到了万寿路住户的热烈欢迎，甚至自制三明治都得到了极高的评价。王于畊家的客厅俨然成了"老干部活动中心"。

1975年1月，在第四届全国人大第一次会议上，叶飞被任命为交通部部长，开始了艰难的工作和斗争。既然当上了部长，国务院机关事务管理局就张罗给分房子。叶飞不管家里的事，这都由王于畊决定。

王于畊看了几个院子，最后选定了圆恩寺的一个中等院子。很快开始装修了，王于畊不时去看看进度和质量。谁知才几个月，中国的政治形势发生了巨大变化。11月，毛泽东批刘冰的信："矛头是对着我的。"政治局开始批邓小平，1976年1月，周恩来同志去世，引发了全国人民的沉痛哀悼，由此引起了"四人帮"一伙的极大恐慌和仇视。他们公开批判邓小平，影射周恩来，引起了广大人民群众的最大的激愤。"四人帮"在压制人民、强奸民意的同时，对正在工作，全力支持整顿的国务院各部委、各省市负责人进行着肆无忌惮的围攻。

最后的斗争

1976年1月8日，周恩来去世。这不啻是全国老百姓和广大干部天大的哀伤。在15日开完追悼会后，北京百万群众自发地带着黑纱，举着白花，站在长安街的两边为周恩来送行。灵车缓缓地移动，车走到哪里，哪里就是一片悲痛哭声。王于畊在子女的搀扶下，也肃立在长安街旁，迎着周恩来，送着周恩来。北京长安街上满是使人窒息的泣声和悲哀的泪雨。

在上海却是一片惊天动地的汽笛鸣声，所有在江上的、港口上的轮船，无论是军舰还是货轮，无论是国外的还是国内的，一律汽笛长鸣，为周恩来总理送行，一时间汽笛声如长空霹雳，如汹涌波涛惊天地泣鬼神。北京的哭声和上海的鸣笛声，代表着人民的呐喊与一个民族抗争的先声。

不久，叶飞也成为"四人帮"要打倒的目标。上海的那伙人，借着"风庆"轮事件和"造船买船"之争，围攻交通部部长叶飞。叶飞知道最严重的政治风暴正在向自己扑过来，他和王于畊讨论局势的发展，要老伴准备可能再次到来的厄运。王于畊非常干脆地说："无非是第二次被打倒吧！九年的离乱都过来了，还怕什么！现在孩子们都自立了，更不怕了。"这样，叶飞和王于畊坚定了坚持斗争的决心。

这时的斗争已经是残酷的你死我活了。王于畊看到"四人帮"一伙这样的倒行逆施愤怒极了，她不再去看房子的装修进展了。她说："我不要那房子了。1966 年我们被扫地出门，现在要房子干什么？不过就是再被扫地出门一次吗？不要房子了，就在中组部招待所住着，一直住下去。我还是党员，中组部要赶我走，我就要和他们斗争。我不相信共产党会改变颜色。"

国防科委主任张爱萍被批斗住进医院，在病床上仍被批斗，副主任肖向荣倒在了被批斗现场上而牺牲了。接着，教育部长周荣鑫又倒在教育部的批斗会场上牺牲了。就在肖向荣、周荣鑫战斗到最后一刻的消息传到交通部之后，叶飞愤怒到了极点，回到家里脸色铁青地对家里人说："我不能不站出来了，我再不讲话就不是共产党员！"王于畊劝他说："你这么干并不能改变局势，只能把自己送给他们打倒！"叶飞说："打倒就打倒，我不怕！如果你们怕受牵连，我们脱离关系好了！"王于畊很生气，大声说："老叶，你说什么？难道你不知道，我和你一样，早就做好了第二次被打倒的准备！难道我们家受你的牵连还少了吗？我们什么时候害怕过！我讲的意思是，现在并没有到你这么做的时候。你现在这样做，只是白白把权力让给了那帮人！你经常讲坚守岗位，我觉得现在正是需要你坚守岗位的时候！"叶飞不讲话了，在房间里继续踱步，从快到慢，渐渐地停了下来，坐下来，终于冷静下来了。他想起两句话。一句是李先念多次叮咛他的："铁路已经乱了，交通不能再乱！"另一句是鲁迅先生讲过的：要有韧性战斗精神！他决定要坚持到"最后一分钟"。与交通部相邻的就是闹得更凶的铁道部。叶飞和万里部长商量着对策，仔细推敲表态的口径，对付"四人帮"。这批复出的老革命家们，已经把对"四人帮"的斗争当作在特殊时期的对敌斗争了。

最后的胜利

1976 年是中国共产党人和群众与"四人帮"一伙斗争最激烈的一年，王于畊坚决地支持着叶飞。终于 10 月 6 日党中央一举粉碎了祸国殃民的"四人帮"，李先念很快就告诉了叶飞，叶飞和老战友纷纷频传捷报，奔走相告，王于畊兴奋得买了很多好酒和三公一母的螃蟹，每来一个客人都要酒花迸溅，祝贺革命的重生。

10 月 14 日，中央正式宣布粉碎"四人帮"的消息，全国人民都激动地自发组织了大游行。在北京，从天安门广场一直到东西长安街几十里路上都是打着红旗欢庆胜利的游行队伍。王于畊和老战友凌奔相互搀扶着挤进游行队伍的长龙，欢呼着。她们战斗的一生中曾经庆祝过抗战胜利和全国解放战争的胜利，但这次的胜利却不一样。十年的艰难困苦，非人的精神折磨，她们终于熬过来了！中国共产党终于胜利了！两个气喘吁吁的老太太随着沸腾的人群走了好几

1976 年，摄于粉碎"四人帮"后。

粉碎"四人帮"后，王于畊和万寿路的"儿子"们合影。

里，实在走不动了，就在马路沿上坐着大口喘气，但压不住笑声泪盈。最后，两个人手扶着手回到万寿路。

第二天，万寿路的几家人，老老少少三代几十口人，在宽大的草坪上照个全体照，每个人都透着灿烂的胜利笑容。然后每家都照一个全家福，留作胜利的纪念。最后，第二代年轻人纷纷要和他们的"忘年交"王于畊

粉碎"四人帮"后,王于畊和万寿路的"女儿"们合影。

合影,于是又留下了一张王于畊和一帮"儿子"们的照片,一张王于畊和一群"女儿"们的照片。所有的老太太们都羡慕感叹说:"王阿姨是你们最亲的阿姨啊!"

十年浩劫结束以后,当胜利到来,她和老伴叶飞一起回到福建。和人们想象的不同,她没有理会那些结论里的字句,也没有对那些批斗过她的人追究、责难，历史和人心自会作出公正的评价，还有各自良心的审判，谁也逃脱不了。她住在交际处的小楼里，每天来看她的同志、校长、老师们络绎不绝，她静静地听他们述说自己"文革"的遭遇，对她和老伴的关心和问候，还有对这场十年浩劫的愤怒和谴责。令他们想不到的是，她一开口，竟然是和他们讨论起如何治疗遍体鳞伤的福建教育，如何恢复往日的辉煌。她说，十年的损失要补回来，过去的经验和做法要努力恢复，我们个人受到的委屈和摧残没什么，把这一页翻过去吧，福建的教育事业更重要。她特别高兴的是学生们来看她，她相信年轻人会醒悟，有志者会千方百计夺回失去的时间，作为一个教育工作者，有责任帮助他们。到她离开福州的时候，竟然有几百人自发到车站送行，火车在福建境内，每到一站，得到消息的校长和老师们都到车站来，他们呼唤着："厅长！王厅长！"只为再看她一眼，再和她说说心里话，他们用自己真诚的感情和热爱温暖着王于畊的心，她眼圈红了，群众的爱戴和肯定是对她最好的评价。

十四、五彩缤纷的情致

王于畊一生以书为伴，是个"书迷"。她也是一个超级"戏迷"，还不遗余力推动艺术事业的发展：支持福建省筹建越剧团，大力推介福州古老剧种高甲戏；更是一个《红楼梦》迷，一生与《红楼梦》有着不解的情缘。她还特别喜欢昙花、水仙、腊梅，对它们的特点、品质有着独特的认识。她身上有着名士的影子，才华横溢，情致缤纷，称得上是一名披着彩虹的女兵！

书缘

王于畊一生与书为伴，不论什么时候，你都可以发现，在她的生活中总是有书的影子出现。当还是 9 岁的小孩子时，她就被二哥床下的书迷住了。她偷偷地如饥似渴地读着，她认识了鲁迅、茅盾、丁玲……当她 15 岁参加保定"中华民族解放先锋队"时，更是读到了大量的红色书籍，确立了到延安参加革命的信念。在新四军战地服务团的图书馆里，王于畊是常客。她一方面吸吮着知识的乳汁，另一方面在这纯净的斗室间躲着世俗的闲言碎语。为此，有人说她清高，有人说她骄傲。王于畊却依旧如故地钻在书中。最奇妙的是，一个书箱，成为叶飞和王于畊订盟的见证。当王于畊走上教育战线时，攻读师范大学有关教育学、心理学的课程，成为她迈向新的事业高峰的开始。她是用心读书的，她是认真读书的。

读书使人增长智慧，但也有读书读不懂的时候。1965年"风雨欲来风满楼"之时，毛泽东推荐读《后汉书》的《李固传》和《黄琼传》，王于畊和张茜就完全不得要领。王于畊说："《李固传》就是让我读得烂熟，我也不懂要我们做什么。"而张茜则根本不再谈这两本书了，只好谈起了水仙。

在"文化大革命"中，王于畊探望被关禁的老伴叶飞时，他们也只能谈书。叶飞说："我已经读了三遍《资本论》了。"王于畊说："不要老是读理论书了，换本其他的书吧。"她带来了一本《斯巴达克斯》，让老伴大喜过望。

1965年11月，陪同张茜游览厦门。

王于畊退休之后，更是与书相伴。王于畊亲自组织班子协助叶飞写回忆录，组织新四军女兵们写《女囚》一书，最后更是以自己的心血书写了一本《往事灼灼》留给后人。王于畊的一生，是与书结伴的一生。

戏缘

王于畊是一个天生的超级戏迷。她不是文化局长，但每有战友来福建，她总是请他们去看福建的戏。文化部副部长徐平羽来福州，王于畊就请他去看高甲戏。这是福州古老的特有的戏种。徐平羽看了高甲戏《团圆之后》和《连升三级》，颇为激动和惊讶，说没想到福建还有这么优秀的剧种。他称《团圆之后》一剧是"中国的'莎士比亚'"。徐平羽看了梨园戏《陈三五娘》更是激动，回京后大力宣传介绍福建的古老剧种。不久，《陈三五娘》进京演出，轰动一时。

新中国成立后，大量上海人支援福建建设，而上海人最爱看的戏是越剧。福建省委第一书记叶飞就向上海市委书记陈丕显请求调越剧团支持福建，上海就动员当时还是私立的芳华越剧团去福建。团长尹桂芳是当时越剧界最有名的小生，是30年代"越剧十姐妹"的老大。建国后，她一直要求进步，因不能进入公家的剧团而苦闷。所以，当上海动员她时，她立刻就答应了，把自己的房产全部无偿交公，1958年率领整个越剧团入闽。她的剧团改成了福建省越剧团。

王于畊得知尹桂芳率自己的剧团加入福建，很是赞赏。她说："这是一件了不起的事。一个上海大牌演员肯到福建来，证明了她的进步，证明了她的艺术道德是了不起的。"

王于畊对尹桂芳特别尊重，经常请她到家里来吃饭、聊天。王于畊家里人口多，请人吃饭，不过是加双筷子和一碟荤菜，虽不是什么盛宴，却给人以十分亲切的氛围，就像一家人团聚在一起那样温馨。尹桂芳演的每个戏，王于畊都要去看。特别是尹桂芳演的新编历史剧《屈原》，王于畊更是看了好几次。王于畊鼓励尹桂芳多创作、多演出一些有意义的戏。尹桂芳在解放前见过很多官太太，都是珠光宝气，比吃、比穿，从未见过王于畊这样的"督军夫人"、"省长太太"，对待一个演员如同姐妹，谈的都是有关社会民生的大事。尹桂芳安心地留在福建了，为前线军民认真地演戏，也算是对王于畊这个知己朋友的回应了。

后来，"文化大革命"来临了，王于畊被打成"走资派"，尹桂芳被打成"反动的学术权威"，都失去了自由。一天，她们在澡堂不期而遇，却不能说话。但是，她们都从对方的眼神中看到了相互支持的深情。"文革"结束后她们再见面时，回忆这一刻，都感慨万分。她们都说从对方的眼神中看到了心语，这是既让人感动又让人勇敢的心语。

"文革"后，王于畊专门请尹桂芳到北京住在自己的家里。尹桂芳约了同是著名越剧演员的戚雅仙、毕春芳和魏小云来到北京，王于畊当时正因病住院。叶飞感到四个女演员住到家里来不合适，就安排她们住到了海军在京最好的招待所。王于畊听了很生气，马上出院，要孩子们调换一下房间，把尹桂芳四人接到家里，气喘吁吁地招待她们，一起吃住。叶飞没有办法，只好任由王于畊安排。尹桂芳等人白天出去看看老朋友，晚上就与王于畊一起聊天、聊戏，聊到高兴时，几个人还要唱上几段，这时王于畊就最惬意了。尹桂芳在王于畊家住了两个月才离开。

后来，尹桂芳因中风不能上舞台了，再加上"文革"中她对生活在福建心灰意冷，便要求落叶归根，回上海养老。各种关系都办好了，就是没有房子，王于畊就找到当时的上海市委书记彭冲说："人家过去把个人的房子都交给了国家，难道政府就不能分给她一套住房吗？你一定要安排她的住房。"尹桂芳中风，生活不便，还是王于畊帮忙，把尹桂芳一个外甥女的户口转到上海来照顾她，让她安享晚年。

这就是一个共产党女兵与一代名伶之间的最具传奇色彩的交往，也是王于畊"戏缘"中最闪亮的一幕。

20 世纪 80 年代初，正是百花含苞、百业待兴之时。叮是，极左的思潮也仍然很有市场。海政文工团推出了不是音乐专业出身的演员苏小明，一曲新颖低吟的《军港之夜》充满了抒情，一反"样板戏"的激昂、高亢，受到了广大群众的喜爱，特别是在海军官兵中受到热烈的欢迎。但是，苏小明及她的歌也遭到了"左派"人士的批判，还有一些不负责任的记者对其大肆渲染。苏小明受到了极大的压力。

王于畊很喜欢《军港之夜》，就请林琳来听。林琳在"文革"前曾担任中央人民广播电台文艺部主任，在文艺上是个内行。她听了苏小明的歌曲后，说这是流行歌曲，每一个时代都有流行歌曲，反映了一个时代人们的心声，算不上什么大事，不应该封杀。王于畊便向时任海军司令员的叶飞建议，支持一下海政文工团及歌手苏小明。叶飞当时因心肌梗塞正在医院住院，他在医院接见了海政文工团领导及苏小明，鼓励苏小明好好唱。这样，苏小明的《军港之夜》越唱越火。海政文工团的演出，特别是它的轻音乐，在北京受到广大群众的喜爱。

王于畊还是一个京剧迷。王于畊家搬到护国寺后，离人民剧场很近。人民剧场经常演出京剧，王于畊成了那里的常客。她最喜欢看李维康、耿其昌的演出。李维康后来去拍了电视剧《四世同堂》，也许是爱屋及乌的缘故，王于畊对这部电视剧也是每集必看。她还经常买了票请几个朋友来看戏，最常请的是林琳和马连珍。怕她们住得远，就派车去接，散场后再送她们回去。后来，她身体不行了，无法到剧场里看戏，仍照样买戏票请林琳等好友看戏。等好友看戏归来，就跟她细说这出戏的演出情况。每讲到精彩处，王于畊都非常兴奋，就像她本人亲自到现场观看了一样。

1982年陪叶飞养病时，在上海西郊宾馆。

与《红楼梦》的情缘

在王于畊的"书缘"和"戏缘"中，都有一个很重要的元素，就是

《红楼梦》。

1980年中南海对公众开放时，王于畊和女儿小毛参观瀛台。

在大观园众多的女性中王于畊最欣赏探春。每当讲起王夫人抄检大观园时各位小姐、丫环的表现时，王于畊总是眉飞色舞、滔滔不绝地讲着探春如何秉烛侍立，如何不准查抄丫环们一点东西，如何一巴掌甩到王善保家的脸上。王于畊欣赏探春的胆量和正气。每当讲起探春治理大观园，树立威信，实行"承包改革"时，王于畊又特别赞赏探春的魄力和精明，甚至还说："看到没有，这里有资本主义的萌芽？这是一种进步。"

当年，服务团的一些女兵都是《红楼梦》迷。她们经常议论："张茜多愁善感，清纯漂亮，像不像林黛玉呀？!""林琳爽直口快，心无城府，就是一个史湘云嘛!""凌奔口利齿清，笑话一说一堆，什么俗语、歇后语一套一套的，又会持家、管家，一点也不逊于凤姐。""王于畊精明能干，遇事有见识，办事沉稳、大气，最像探春了。"王于畊对于女友们的比喻并不表态，但从她默默的笑意可以看出，她还是有些满意的。

"文化大革命"初期，王于畔被关在工人疗养院，管得较松，儿女们还可以去看望，但见了面又能谈些什么呢？与小毛见面时，王于畔除了问问家人外，还让她背《好了歌》、《葬花词》给她听，用《红楼梦》伴随她最苦难的日子。可以看出，《红楼梦》在王于畔心中的分量了。

北师大的启功教授熟知清史，也是一名了不起的红学家。王于畔任北师大副书记时经常与他探讨《红楼梦》。他以自己熟悉旗人上层社会文化生活的优势，对于一些备受争议的问题总是有自己的独到见解。

距护国寺不远的后海有个报刊亭，卖与《红楼梦》相关的期刊。王于畔于出门散步时，总忘不了买本期刊带回家。几乎所有与《红楼梦》有关的书和研究文章，王于畔都要找来看看。她对《红楼梦》的喜爱与钻研几乎到了痴迷的程度。

在戏剧中，王于畔最爱的也是《红楼梦》戏。她喜欢上海越剧院排演的《红楼梦》，喜欢徐玉兰的高亢，但更喜欢尹桂芳的"哭灵"，一声委婉压抑的"林妹妹"，就让全场失声。王于畔说："这是最缠绵的宝哥哥。"

1987年，电视连续剧《红楼梦》播出了，王于畔成为最忠实的观众，不但每集不落地看电视，还买来录像带，一遍遍地欣赏，徜徉在大观园的兴衰之中。主题曲《枉凝眉》，成为王于畔最着迷的歌曲，光录音带就听坏了好几盘，让她的儿女们惊讶不已。在她去世以后，最了解她的爱子小宇把这盘录音带放到了她的骨灰盒里，永远陪伴着她。

花缘

花比美人，女人爱花。王于畔也不例外，但她的爱花有独特的理由。

王于畔最爱的花是昙花。"昙花一现"本来是个贬义词，可是王于畔却最喜欢昙花。因为她觉得昙花虽然只开那几个时辰，却把自己一年集聚的心血化成了最美丽的花瓣送给世界。花的生命如此短促，却要在最黑暗的夜里以纯白的雅韵献给喜欢它的人。昙花是这样的执著，王于畔赞赏着昙花的执著。王于畔在自己的文章《遗物——记王传馥同志》中，非常深情地写道：

一晚，我在单位开完会，回到家时已是深夜。因是熟路，我没有开路灯，信步拾级而上，忽然眼前闪耀一片白光。仰头看天上却没有月亮；馥郁的清香，扑面而来，我蓦然想起，是昙花开了。我在门口的石阶上坐下，黑夜中闪光的昙花，拂去我脑中乱纷纷的琐事。我静静地陪着它们，任思绪飞驰……

顺手开了电灯，我迎面看到十几盆昙花，都盛开了，琳琳琅琅似有一二百朵，正昂首怒放，香气熏得我薄醉了，我绕着这些花走动着、思索着：你品格高洁，从不炫耀，你超越其他花卉的冷艳仙姿，掩映在黑夜里，使有幸结识你的人们渲染在脱俗的清香之中，留下终生难忘的记忆，而你却早早地凋谢了，留下的只是一张相片。

在精心地养护一年之后，每当暮春时分，花蕊慢慢长大，含苞待放时，王于畊就会静静地坐在花的旁边。夜深了，家人都睡了，只有王于畊

1991年在护国寺家中。好不容易在北京找到一盆昙花。

静静地坐在那里，看着那无比清丽又无比纯洁的花儿慢慢地开放，又慢慢地凋谢。花为了这一刻的灿烂而开放，人为了这一刻绝世的美丽而赞叹。

作为半个福建人，王于畊对于水仙花也是情有独钟。水仙花是福建漳州的特产，一直是文人雅客的案头之宝。1962年，王于畊送给住在北京的好朋友张茜一颗水仙花头，引起了张茜的雅兴。她翻书弄卷，很好地考证了一番水仙的来历和习性，并写了一篇小短文，登在《人民日报》的副刊上，算是对好友王于畊的回应。王于畊看到报纸后说："这不是对我们福建水仙花的宣传吗？"她非常高兴，还推荐给《福建日报》转载。

"文革"中，王于畊在福建受到非人的折磨和残酷的斗争，她心冷了。在获得自由离开福建时，王于畊丢下了一句狠话："我再也不回福建了！"这时，一个老同事送行时，带给她几颗水仙花块茎，对她说："看在水仙的分上，你不要忘记福建吧。"王于畊捧着水仙的茎块，心在颤抖。以后每年冬天，王于畊仍然精细地用刀雕刻着水仙，然后送给老伴的战友们，送给自己的战友们。在她家的客厅、书桌和窗台上，无不摆着造型各异、洁白如玉的水仙，在浓浓的香气中迎接着新的一年的来临。王于畊怎么会忘记自己战斗过近二十年的福建呢？那里有自己事业的巅峰，那里有足以醉人的冰清玉洁的水仙。

王于畊虽然生在北方燕赵，但最美的青春却是在长江的南北度过的。她已经江南化了，她已经深深地爱上了大江南北的万物，特别是那在冬季怒放的梅花，一直深深地吸引着王于畊。叶飞一家在北京最后的住宅是护国寺的一处四合院，院里有一株腊梅。在度过波澜壮阔的一生，特别是经过"文革"的灾难以后，她对于梅花在冬季怒放有着刻骨的共鸣。每当寒风凛冽之时，腊梅悄悄地开放了，淡淡的黄瓣衬映着素白的雪花儿，像是宣告它的勇敢和坚贞。淡淡的香气弥散在小小的院子里，就像是在告诉人们它胜利了，它是胜利者。每当这时，王于畊就会站在腊梅的旁边冥想，任由雪花扑打着，任由梅花的香气熏染着。她也许是在想那个激情的少女时代，她也许是在想那些不堪回首的灾难，她也许是在追思那些已经离去的战友。

每一年，王于畊都和腊梅相约、相聚，他们的心相通了。可是，1993

年腊梅却没有开放，整个树枝枯枯的，在寒风中痛苦地摇动。女主人也不在院子里，她静静地躺在医院中。花是有情的，花是有灵的，花是为着爱花之人哀悼。

和老伴叶飞下围棋。

昙花、水仙、腊梅都是文人雅客心中最纯洁、最高雅的花仙。其实，王于畊身上确实有点名士的影子，真名士，自风流。正是因为王于畊有着横溢的才华，她生活和情致才会那样的五彩缤纷。如果不是生长在那个战火纷飞、国难临头的年代，如果不是毅然抛弃一切投身革命，奉献了自己的青春和一生，王于畊也许会依恋于自己的爱好，成为一个名士，但是，她始终只是一名披着彩虹的女兵。

十五、"往事灼灼"

北京师范大学党委副书记、分管教学的副校长，是王于畊最后的工作岗位，她继续挥洒着一位教育家的才智与心血，洋溢着一位女兵攻坚克难的战斗精神。但是，这里并不是她的人生终点站。她尽管重病缠身，仍以杜鹃泣血之力，花十年时间精心织就了怀念战友的九篇锦绣文章。在生命的最后时刻，她看到了《往事灼灼》的样书，已经不能讲话了，可是她抚摸着样书笑了……

最后的岗位

粉碎"四人帮"后，中央开始花大力气拨乱反正，为遭受迫害的干部和知识分子平反。1978年，组织上为王于畊分配了工作，任命她为北京师范大学党委副书记，兼任分管教学工作的副校长。王于畊已经57岁了，十年"文革"夺去了她最宝贵的工作时间，但她痴心不改，仍义无反顾地选择了自己最钟爱的教育事业。

王于畊一到北师大，就全身心地投入到工作中。她还保持着战争年代的优良传统，一切工作先从深入基层搞调查研究开始。就像当年在福建省当教育厅长时那样，她开始不分昼夜地忙碌起来。因历史遗留问题太多，主动来办公室找她反映问题的人很多，有一段时期几乎到了"门庭若市"的程度。单位里谈不完的事情，她就把人约到家里继续谈。她调查研究的内容都很具体，很细致。她不愿意坐在办公室里听汇报，一有空就到教职员工中搞调查研究，还经常召集学科带头人、研究生导师座谈，广泛听取各方面的意见。她提出，要坚决贯彻落实邓小平同志关于办好重点大学的指示精神，通过抓好教师工作和学科建设，努力把北师大建设成为一流的重点大学。

北师大有一大批全国知名的杰出知识分子，这些人在"反右"和"文革"运动中屡受冲击，处境很艰难。王于畊视他们为学校最宝贵的财富，一到校就代表校党委前去看望、问候他们，该平反的坚决平反，该摘帽的尽快摘帽，并在工作和生活上无微不至地关心、照顾他们。

中文系教授的黄药眠先生，在1957年的反右派运动中被打成"右派分子"，在十年"文革"中又遭受迫害，受到不公正待遇达20年之久。党的十一届三中全会召开后，北师大为他恢复名誉，将罗织在他身上的不实之词一举推翻。王于畊代表校党委，多次登门探望黄老，与他促膝谈心，听取他对学校各项工作的意见。步入教育事业的春天后，黄老以75岁的高龄重登讲坛，培养了一批博士和硕士研究生，还发表了很多文学作品和论文专著，为北师大的学科建设和人才培养贡献了最后的光和热。

王于畊刚到北师大工作不久的一天，北师大物理系的金永琳教授叩开了她家的大门。与他同行的，还有一位面容慈善、谈吐儒雅的长者。他叫启功，是清王朝雍正皇帝的第九代孙，时年66岁，与金永琳是亲戚。启功先生命运多舛，"文革"结束时还只是中文系的一个副教授。党的十一届三中全会以后，王于畊代表北师大党委正式宣布为他平反，并落实政策聘他为教授。启功先生这次登门拜访主要是为了解决自己的住房问题。当时，启功先生住在位于小乘巷的内侄家，只有两间破旧的平房。而内侄已经到了结婚年龄，启功先生不得不向学校要了一间房子。他说自己生活别无所求，只要有个睡觉的地方就行，但是大量宝贵的书籍无处摆放，使他苦不堪言。

由于历史欠账太多，北师大当时"一房难求"，住房问题最受大家关注。王于畊主持分房工作，她坚持分房要向一线优秀教师倾斜，并组织人员反复组织讨论制订分房细则。最终，启功先生这样的优秀教师都成了这次分房的受益者。王于畊把"小红楼"里一套四居室的房子分给了启功先生。启功先生后来名声越来越大，学校几次要给他调整到更好的房子里，但启功先生婉拒了，在这所房子里一直住到 2005 年 6 月驾鹤西去。

外语系还有一个叫常梦九的副教授，家里房子小、人口多，儿女们都大了，全家人不得不分成为男女宿舍居住。常教授有一次因过分激动，患上了脑血栓，经治疗后回家调养，而这种居住条件对他养病十分不利。她夫人万般无奈，抱着试试看的心情找到学校党委办公室。王于畊正好在走廊里碰到她，热情地接待了她，耐心地听她诉说。常夫人并不认识王于畊，原以为她只是校长办公室里一位年长的工作人员。王于畊当即表示要去家里看看，顺便探望病中的常教授。爬楼梯时，王于畊因有肺心病，累得气喘吁吁，常夫人见状很过意不去，而王于畊却一直说："我们的工作没有做好"，常教授一家都很感动，积藏心底已久的怒怨也烟消云散了。没过多久，学校给常教授一家调换了一套三居室的住房。就在他们一家喜出望外地安顿好新家后，王于畊与另一位校领导又特意登门看望。常教授虽然一生中只与王于畊见过两三次面，但他却从王于畊身上感受到了党的关心群众疾苦的好传统和深入细致、雷厉风行的好作风。后来他听到王于畊逝世的消息，专门撰文回忆此事。文章在校刊发表后，很多对王于畊很熟悉的同事才知道了这件十几年前发生的小事。

王于畊十分乐于做教师们的"后勤部长"，千方百计为他们排忧解难。1980 年 5 月初，已任海军司令员的叶飞在东海舰队视察期间，突发心脏病，经紧急抢救才转危为安。这件事对王于畊触动很大。她跟同事讲过，叶飞平时心脏没毛病，可年龄不饶人，一累就出了问题。她希望学校的老先生们不要遇到这种问题，希望老先生们健康长寿，有更多的时间把肚子里的学问发挥出来传下去。有几天吃过晚饭后，她领着从海军总院请来的杨烨医生，带着手提式心电图机，到几位健康状况欠佳的老教授家为他们做心电图，进行简单的体检。她从这家跑到那家，王于畊要不时地停下来张大嘴喘上几口气，有时还要往嘴里喷上一点治疗哮喘病的药剂，直到把老教授们都检查完了，她才安心地回家，累得躺在床上。

王于畊特别重视抓北师大的重点学科建设。她始终认为，重点学科是

王于畊在北师大纪念鲁迅诞辰一百周年大会上讲话。

北师大这所大厦的顶梁柱，没有一批一流的重点学科，北师大就不可能建成重点大学。她不仅为重点学科建设所需的设备和经费操心，更为人才队伍建设操心。她把重点学科带头人看作是学校的宝贝，尽己所能为他们提供更好的政治、生活和工作环境。一次，王于畊了解到有些教授做实验时，要自己刷试管和瓶子，亲自为实验用的小白鼠、荷兰猪购饲料。她认为，教授们的时间是宝贵的，不应被这些琐事缠身。她建议为教授们配工作助手，获得学校采纳。她还在调查中了解到，有的知名度较高的老教授社会兼职太多，如历史系的白寿彝教授大大小小兼任的职务竟有十六个之多。她及时向教育部反映，吁请尽快改变这种情况。

王于畊在北师大承担了事无巨细的工作。北师大迎来 80 周年校庆，她任校庆委员会副主任、纪念委员会主任。学校隆重纪念鲁迅诞辰一百周年，她担任了校纪念委员会主任委员，主持纪念大会。她还在校学位评定委员会和学术委员会担任重要领导职务，每天在校内外的文山会海中穿梭。从 1983 年起，她开始担任全国政协委员，代表教育界参政议政……王于畊想干的事情太多了，但在满负荷工作了几年后，她的身体状况每况愈下，一次又一次地住进医院。1984 年 9 月，王于畊服从组织安排退居二线，改任学校顾问。

即使在家休养，或卧病在床，她魂牵梦绕、最放心不下的仍然是教育事业。有一次她了解到心理学系主任、著名心理学家朱智贤教授主持的国家级重点科研项目"中国儿童青少年心理发展与教育"，因编制、经费、设备等原因无法向前推进，阻碍了学科发展，就立即打电话请朱教授带着他的学生，我国恢复学位制度后培养的第一个教育学、心理学博士林崇德到家里叙谈，听取他们关于学科建设的意见。王于畊向朱智贤教授建议说："朱老，您应该学白（寿彝）老，建立一个有利于学科发展的研究所。"在她的关心及催促下，经过半年的筹备，校长办公会于 1985 年 5 月初正式批准朱老的建所申请报告，北师大儿童心理研究所随即建立起来，并逐渐发展成为在国内外拥有很高知名度的著名心理学研究机构。

王于畊尽管在北师大工作时间不长，却为学校和教师们做了很多实事、好事。她求真务实、雷厉风行的作风，坦坦荡荡、真诚待人的胸怀，都给这所著名学府及其师生们留下了无法磨灭的印记。

最后的心愿

王于畊退居二线后，连续三届当选全国政协委员，同时还担任中国教育学会副会长。虽然具体行政事务没有了，可是她并没有停止自己的工作步伐。她再度重拾文学的旧业，把晚年的所有精力投入到写作中。她用自己最后十年的心血，为历史留下一件件的真实，一个个鲜活夺目的人物。

20 世纪 80 年代初，中国打开了改革开放的大门，经济大潮迅速澎湃的发展。另一方面，由于"文革"的影响和各种外来的思潮涌入的影响，相当一部分年轻人产生了种种迷惘。王于畊长期从事教育，又刚刚从教育战线上退下来，她敏锐地意识到自己这一代人，仍然有一项未完成的历史使命，就是应该告诉年轻的一代，自己的青春是如何度过的，她们这一代人是怎样的人。她不但自己写，还组织鼓动新四军的老战友共同书写历史，为中国的五千年文化留下宝贵的一页。

1980 年 4 月，叶飞患心脏病后，需要疗养恢复。王于畊陪着叶飞每天散步、聊天，这时他们感到人生之变幻，生命之宝贵，他们常谈起战争年代的事情和友人。这一重病促使叶飞和王于畊下决心，要把历史写下来。1982年，叶飞从海军司令员的位置上退下来，开始回忆录的准备工作。王于畊就去请教浙江省文联主席，也是新四军的战友黄源。在这年夏天，黄源就带了两个《大公报》的记者，随叶飞、王于畊一起到烟台，由叶飞口述，两个记者录音。黄源和王于畊由于也是亲历者，一边听，一边还提些问题，一个夏天留下了十几盘录音带。

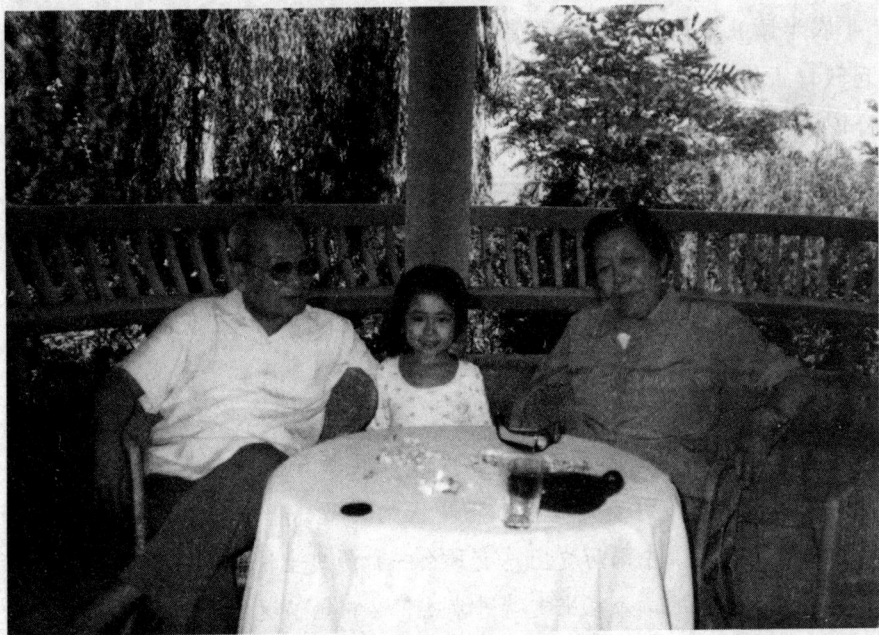

1982年夏，王于畊和老伴叶飞在烟台，协助撰写回忆录。

叶飞首先讲的是他所经历过的主要战役。这年秋天，叶飞、王于畊回到老部队二十军。二十军领导听说第一任司令员要写战争回忆录，十分敬重又十分兴奋，一定要求参与这项工作，因为这也是对二十军军史的最权威的讲述。叶飞考虑到是写战争，由军人写更合适，于是就同意二十军派几个人随行，一面整理录音，一面继续补充对战场的回忆。1984年，最后成稿时，王于畊又找来王昊，帮助整理、核稿。1986年，叶飞的《征战纪事》出版了。

王于畊虽然远在北京，却一直与福建教育界的一大批同事、校长和教师保持着非常密切的往来，他们来京出差都来家里拜访，王于畊也常给他们写信，谈的都是教育的话题。福建省编撰教育史和《福建省志·教育志》，王于畊十分赞成，应邀担任其顾问。她希望修史工作不是为谁记功，而是为了总结历史经验教训。王于畊从事教育工作二十多年，戏称自己一条腿从幼儿园、小学、中学、大学本科、研究生这个全过程都履过一遍，另一条腿从扫盲班、工农速中、业务函授、半工半读（半农半读）等各种学校也都履过一遍。这种特殊的从业经历，让她谈起教育工作总是充满真知灼见。她在写给陈君实校长的一封信中曾这样说道：

教育是怎么回事，它不是孤立于社会之外的，是受社会的政治、经济和各种意识形态的影响而存在并又对政治经济和各种思潮有影响的，我越是看到教育的特点、作用，就越觉得它是个复杂的、不可轻率地处置的东西，不能有任何的片面性、任意性去随便处理教育问题。它的涉及面太大了。如果不用马列主义的基本观点来统帅，不从中国社会的实际出发，没有千千万万持有正确的观点、政策的人去埋头苦干，是干不出什么来的，而破坏它又是非常容易。中国的历史反映在教育上，也是一部教育的盛衰史，中国的封建社会的盛衰，旧中国的腐败，都在教育上明显地、突出地反映了出来。中国历史上总有那么一批历史上进步的（革命的）教育家，追随于中国的革命家来支持进步的符合中国情况的推进社会进步的教育事业。因此，我们退下来了，还有后来人，要坚信这一点，要有这样的眼光。

1988年，王于畊和战友主持编写了反映"皖南事变"中被俘的新四军战士，在集中营组织的茅家岭暴动的《茅家岭下英雄血》一书，并将自己写的《遗物——忆王传馥同志》一文收在其中。1990年，《茅家岭下英雄血》出版。1992年，王于畊和战友季音、纪白薇又组织编写《女囚》一书，并专门为此写了《长江的女儿——记杨瑞年同志》一文，以纪念"皖南事变"后的"女囚"。当她把这篇文章交给纪白薇后说："我身体不行了，写不动了，可是你们这些上饶集中营幸存下来的女囚要好好写一写。这本书，是专门回忆那些受苦受难的女革命者的。"王于畊不仅是组织者，更是以自己心血融化的文章来纪念那些崇高的革命者。1993年，《女囚》出版了，在编者王于畊的名字上多了一个黑框框。

王于畊在医院病重时，对老伴叶飞嘱咐："别的事可以不管，凡是研究纪念新四军的事你一定要管，要支持。"叶飞望着王于畊那渴求的眼神，很郑重地点了点头，说："你放心！"后来叶飞一直在实践着这生死之交的承诺，凡是新四军将士要出书，他都慨然题字。各地新四军纪念馆和各种纪念活动，他都有求必应，留下了很多弥足珍贵的墨迹。他支持成立中国新四军研究会，并任第一任会长，支持有关省、市，甚至到县成立的新四军研究会，为新四军的历史研究和传承革命传统工作倾注了大量心血。王于畊更是将自己的每一篇作品都交于新四军研究会的刊物《大江南北》发表，以自己的实际行动支持着这份新四军老战士的刊物。

往事灼灼

在叶飞写书的同时，王于畊也开始了自己的"耕耘"之旅。王于畊的写作过程很有自己的特色。她最喜欢聊天，特别是和服务团的好战友聊天，一聊起来，就是几个小时，饭也顾不上吃，觉也顾不上睡，一杯清茶要泡好几次。上午刹不住"车"，就留下吃饭，然后再谈，一如她在福建教育厅的作风。到了20世纪80年代后期，她的身体状况越来越差，叶飞就给王于畊下了禁令，不许连着谈一小时，一小时必须歇会儿。可是王于畊谈兴之大，根本无法禁止。一次中饭后，叶飞嘱咐老伴午睡一下再谈，王于畊满口答应，催叶飞去午睡，自己一定午休。可是到3点叶飞起床来到书房，听见隔壁客厅热闹非凡，王于畊不时大声地讲着故事。叶飞很着急，又顾忌客人的面子，让儿子出去提醒先休息一下，可是王于畊根本不理儿子，仍然和战友们说说笑笑。叶飞生气了，一把推开门，对王于畊嚷道："你还讲，你不要命了！"叶飞从来没有当着客人的面责备过王于畊，可是这次也忍不住了。

就是在和战友纪白薇、林琳、马莲贞等人的聊天中，王于畊积累了大量的素材，激发出无数的灵感。然后就是呕心沥血的伏案工作。说是呕心沥血一点不夸张，因为她每写完一篇文章，就会大病一场，就会住进医院。别人劝说，她却回答道："与这些战友相比，我是一个幸存者。有些人我不写，就会渐渐地被人遗忘。有些事我不写，就没有人知道。把它们写出来，留给后人看吧！"

写作成了王于畊晚年第一位的工作。她的身体每况愈下，她可以放弃很多活动，却从不停止自己的回忆与写作。1987年，全国妇联原定由王于畊为团长率中国妇女代表团出国访问，王于畊从未出过国，担心自己的身体会影响全团的活动，更是珍惜自己仅余的体力，她坚决推辞了这次出国任务，全力进行《怀念徐平羽同志》一文的写作。代表团访问回来，她这篇文章也完成了。

1989年1月，叶飞率中国人大代表团访问菲律宾，这是叶飞60年后重回自己出生的地方。王于畊又因为哮喘严重，很难走长路，只好放弃。王于畊把所有的精力放在组织编写《茅家岭下英雄血》一书，并完成了《遗物——忆王传馥同志》一文。

1990年和1991年是王于畊身体急剧恶化的一年。她的哮喘病很厉害，有时晚上不能躺下，只能坐着靠着枕头熬过漫漫长夜。这时她索性拿出纸来慢慢记下她的灵感，她的思索，她的回忆。就是凭着这样艰苦的执著，王于畊反而在这两年登上了她文学的顶峰。1990年夏天，她同时拿出了《戏剧工作回忆三则》和《馈赠——忆张茜同志》两篇文章。1991年夏天，她又交出了《长江的女儿——忆杨瑞年同志》一文。

《馈赠》在《大江南北》杂志刊出后，被编辑部评为优秀作品一等奖，受到各方的纷纷好评。一位很早就成名的大作家给王于畊的信中称"自叹弗如"。不久，《新华文摘》、《中国老年报》、《中流》等报刊相继转载。

《长江的女儿》也被很多报刊转载。北京大学一位教授读了后，对文章的构思和文字很是赞赏，专门写一篇文章称赞这篇文章开创了人物传记写作的一种新形式。

王于畊用十年心血，留下了九篇锦绣文章，留下了近20位光彩夺目的人物。其中最使人难忘的是四位女兵的形象。

李珉是一位最普通的新四军女兵，娴静而温柔，但在生命的最后时刻，她却因一句"革命流血不流泪"而震撼着所有的女兵。她牺牲在日本法西斯的罪恶子弹之下。王于畊写这篇文

1990 年金婚纪念日。

章是为了给陈老总的一首诗《记遗言》加注。这是陈老总 1940 年 10 月听说李珉临终前的壮语而有感而发的。诗中写道："革命流血不流泪，生死寻常无怨尤；碧血长江流不尽，一言九鼎重千秋。"

杨瑞年美丽、热情，还很有些张扬，在革命队伍内既能坚持正确的意见，又能忍辱负重。而面对反动派，她却是最勇敢、最坚强的。最使人悲愤的是，她不是倒在日寇的枪下，而是倒在国内顽固派的屠杀中。杨瑞年是著名的烈士，她临终时的英勇壮烈，使在场的刽子手丧胆，有的甚至敬畏，故而应把她牺牲时的情况流传开来。王于畊把自己所知道的烈士形象和战斗生活生动地记述下来，使人们认识了这个英雄女兵。

张茜，一生努力学习，大放东方风韵的外长夫人，她和王于畊在少女时代就是"闺中密友"，她们追求的是夫妻之间的生死之交、至纯至善的爱情。王于畊钦佩的是张茜抱病整理陈老总诗稿，心痛的是她没能亲眼看到"四人帮"覆灭、人民胜利的那一刻。她用泣血的深情和凄美的文字，记叙了张茜去世时那悲痛的一刻：

直到 1974 年 3 月 20 日深夜，我同她的儿子们，站在已撤除了一切抢救器械的病床边时，我轻轻地抚摸她那渐渐冷却下来的手，我注视她的颜面，她已合上了那双深邃清澈的大眼晴，睡着了，深深入睡了，双颊舒

展了。她穿着笔挺的军衣，张茜，我们都是终生的女兵，你参加了无数次的战斗，国内的，国际的，你无愧于这套军服，你穿着这身军服带着战士的称号……走吧！

一张有轮的窄窄的小床，载着你移动了。小床上铺着洁白的被单，你一生爱好洁净。你儿子推着这张小床，我在你头侧和你的亲人们护卫着你。出了病房，经过地下室长长的通道，我们慢慢地推着，慢慢地慢慢地推，怕惊动了她，摇晃了她……我们要让她沉稳地走完她在人间的这最后一程路。啊，她最后的居室到了，医院的太平间里有一盏黄色的灯亮着。张茜，这里寒冷，当把洁白的被单盖上你的全身，最后轻轻地盖上你的脸时，我惊慌地觉察到你已去了另一个世界，你在人间消失了。我倚在门上恸哭，从此，我们确实永别了！失去她，我像失去了一个亲姐妹。

我永远不能忘怀她对我深厚的友谊，她的至纯至善的心灵……

凌奔，一个充满侠气的巾帼，20世纪在50年代末期就震耳喊出"革命队伍也要有情义"，在"文革"中顶住种种压力，在自己家里先后收容了近二十位落难的"黑帮"子女，赢得了人们的尊敬。王于畊用生命中最后的力气，记述了这个侠义女战士的事迹，歌颂凌奔和钟期光这对"同甘苦，共患难"，相互支撑，相濡以沫的革命夫妻，歌颂了他们对战友、对孩子们的重如泰山的革命情义。

汉口的张茜，芜湖的凌奔，镇江的杨瑞年，上海的李珉，她们都是长江的女儿。王于畊以一支燕赵的心笔，最细致、最深情地留下了"长江女儿"的风采。

1992年底，王于畊把十年心血汇集编成一本书，定名为《往事灼灼》，并请时年87岁的黄源作序。黄源是鲁迅的学生，是新四军《抗敌》杂志的总编，解放后任浙江省文联主席。他躺在病床上，用了三天时间阅读完《往事灼灼》，他为之震撼，为之惊叹，提笔一口气写了5000字的长序。

他写道："这册令人眷恋的女兵生活的回忆，她的最鲜明的特点，也是最引人入胜的特点，就是真实地、生动活泼地、丰富多彩地绘画了新四军女兵的战斗生活和精神风貌，同时也反映了新四军全军的战斗风貌和崇高的精神状态，而这些都是通过她一生的战斗历程，和同辈战友的生与死的斗争来真实地、形象地反映的。因此，这也反映了那时代的战斗的女性，她们参与了扭转乾坤的惊天动地的斗争，非常确切地体现了生的光荣和死的伟大。她写的是真人真事，人物个性鲜明，真情实感，生龙活虎，又不失革命女性的坚强而又温柔的特性。她们是普通的、平凡的女战士，又是'革命流血不流泪'的女英雄。总之，这些女兵，著名的女作家史沫特莱一见到她们，便喊道：'噢，女兵！'又是握手，又是亲吻，欢喜地叫道：'我简直是爱上你们了！'在战场上，究竟怎样生活，怎样战斗的？她们的思想、感情和人事关系，甚至少女间的亲密絮语，通过王于畊的女性角度的细致观察，真挚的感情，诗情并茂的笔致，又增加了不少明丽和新鲜，使你都看得见，摸得着，一个个活跃在你的眼前，这不仅使老战士读之回味无穷，我想，也能使现代青年为之惊叹流泪的。"

他写道："对这几位新四军的才女，我都熟悉，我觉得她们的最可贵的精神是：战斗一生，处境变了，但她们都是终生的女兵，忠于人民，忠于党，忠于生死之交。"

他写道："我作为新四军的老兵，可以证实这确是一部新四军女兵生活的壮丽的历史画卷，我想，把这奉献给90年代的20岁上下的妙龄青年们，该是最好的精神礼品。"

1993年6月，王于畊收到了《往事灼灼》的样书，已经病得不能讲话了，可是她抚摸着样书笑了。因为她终于把那一段最激情、最纯洁的女兵时代留下来了。正如她描述的：几朵披了晨光的浪花，斑斓如锦，令人眷恋。

1993年6月23日，王于畊走了，她带着笑意，欣慰地走了。

六年后的1999年，叶飞将军平静离世。将军和女兵合葬于厦门烈士陵园，紧邻镌有陈毅元帅手书的"先烈雄风，永镇海疆"八个金光大字的烈士纪念碑。

在他们两人的骨灰盒中，孩子们放进了一些纪念品。叶飞的盒中是《叶飞回忆录》和他晚年看书的放大镜；王于畊的盒中是正式出版的《往事灼灼》和老花镜，还有那盒她听烂了的《红楼梦》歌曲磁带……

烈士陵园里开满了红彤彤的木棉花。为纪念在解放厦门战斗中牺牲的烈士们，叶飞将它改名为"英雄花"，它就像是无数先烈的鲜血染成的红云。终生女兵王于畊踏着红色的理想而来，迎着灿烂的朝霞而舞，最终化为美丽的"英雄花"，骄傲地装点着她无限钟情的红色大地。

2000 年，叶飞、王于畊的骨灰安放在厦门解放纪念碑北侧。

鸠兹侠女——凌奔

引 子

　　鸠兹是芜湖的别称，鸠兹鸟则是传说中的神奇之鸟。在中国古代的诗与书中有着很多的记载和流传，使得现在繁华的芜湖又显得有些神秘。在这片神奇的土地上涌现过很多著名的传奇人物，他们在历史长河中匆匆而过，给现代的人们以无尽的怀念。

　　今天我们想要介绍的却是一位默默无闻的女性，她叫凌奔，参加革命前在芜湖时名叫黄明英，是中国人民解放军开国上将钟期光的夫人。她的生命之路并不太长，只有 66 岁，但她那特有的性格却发出了特别的光辉，让人久久不能忘却。

　　我们称她为鸠兹侠女。

一、无忧的富小姐

　　一个叫明英的女孩，生下来就命硬。在她未出生前黄家有个约定，如生下的是个女婴就送给别的人家，结果送入家门伊始她就哭个不停，只好被退了回来。小明英人小鬼大，女佣人把她扛在肩上去买菜，小贩在秤上搞点小动作，她的小手一指说："他称得不对！"明英性格开朗、直率，喜欢与人打交道，还乐于助人，俨然成了一个知书达理的"小大人"。1932年她上了高小，小小的年纪，就明白"天下兴亡，匹夫有责"的道理。

　　1920年3月27日，在芜湖城里一个宽敞的院子里，一个小姑娘出生了。但是，她的出生，没有给这个家一点欢乐。母亲叹口气对接生婆说："阿婆！你抱走吧！送给哪个想要的人家吧！"接生婆高兴地说："街那边正有一户人家想抱一个女孩，家境好，你放心好了。"接生婆抱着这刚出生的小女婴走了。母亲与父亲相对望着长叹一口气。

　　谁知第二天一早，接生婆抱着小女孩匆匆跑进来，把小女孩往产妇身边一放说："你这小丫头昨天一进人家的门就哭不停，足足哭了一晚上，闹腾得全家不能合眼。人家说，这孩子命太硬，我们养不起，让我立刻送还你们。"接生婆又惊奇地说："你看奇怪不，一回你家门就不哭了，看来就是黄家的命。"产妇和丈夫看着小女婴竟然睡得甜甜的，丈夫抱起小女婴说："送都送不走，就是我们黄家的人，就叫她明英吧！黄明英。"

　　明英生在一个颇为富裕的家庭，院子很大，除了自己家人住外，还有亲戚、佣人、帮工。明英的母亲陶氏是个富家小姐，是一个独女，所以除了有丰厚的陪嫁，还继承了相当的祖业，只是她出生时就留下跛足的残疾，招赘了一个黄家的子弟。

明英的父亲叫黄敬益，出生于一个赫赫有名的世家，其先祖黄钺是乾隆、嘉庆、道光的三朝元老，在朝前后27年，一直当到礼部尚书、军机大臣、户部尚书。黄钺还是当时著名的文人雅士，吟诗作画、著书立说无一

凌奔的父亲黄敬益先生。

不能。在2001年国内的一次古画拍卖会上，黄钺的一幅描绘嘉庆皇帝巡游五台山的《长城岭春晴览胜图》力拔头筹，拍出671万元的天价。

20世纪初时，经过一百多年的沧桑，黄明英父亲这一支黄姓已大大衰落，明英的父亲成了一无所有的穷人，为了生活他选择了当上门女婿，但大家还是称其为黄爷。

他是个身材高大的书生，相貌堂堂，一表人才。他在"以身相许"前，提了一个条件，要求把同在贫困中挣扎的哥嫂一家也带到家里来，陶家痛快地答应下来。

黄老爷到了陶家之后，时来运转，最后竟然进入了当地海关任高级职

鸠兹侠女——凌奔

员，收入相当丰厚。他每天到芜湖海关大楼上班时，有专门的黄包车接送，在当时算得上是"高级白领"了。他一个人的薪金，居然可以供养十几口人。明英父母年轻时拍过的一张合影，是他们留给后代们唯一的影像。照片上，父亲身穿西式燕尾服，气宇轩昂，新潮时尚；身旁坐着一个小脚姑娘，仪态端庄，一身中国女人传统的装束。

黄夫人生了三个女儿，黄明英是最小的。小明英自幼身体不好，总是生病。到了上学的年纪，母亲不放心她，干脆把她留在身边，自己教她小学课程。母亲的教导下，小明英从牙牙学语、看图识字一直学到四书五经、《增广贤文》。在传统文化的熏陶中，小明英明白了很多事理，俨然成了一个知书达理的"小大人"。

那时黄明英就像母亲的小尾巴，走到哪儿，牵到哪儿。过了几年，父母从大伯那里过继了一个小男孩，取名黄宗炎，比明英小几个月，这个小男孩一进家门立刻成了全家的宠儿，母亲再也不拉着明英了，这个小男孩成了母亲的尾巴，走到哪儿，牵到哪儿。明英虽然只大宗炎几个月，却俨然是个大姐姐对小弟弟的样子，也处处宠着、惯着他。

在大人们眼中，明英是个"人小鬼大"的孩子。她三四岁时，经常被家里的女佣人扛在肩膀上，一起到市场上买菜。小贩们为了吸引顾客，不停地舞动秤杆，长呼短叫，让她感到很新鲜。久而久之，她学会了看秤。有一次，一名小贩在她和女佣人面前麻利地过完秤，把菜倒进菜篮里。谁知小明英手往秤上一指，说了句："他称得不对。"女佣人警觉起来，要求重新过秤。其他人也走近围观，小贩不敢再在秤上做什么手脚，菜的分量果然少了一些。围观的人啧啧称奇，夸奖小明英说："这个小鬼头，真是不得了！"

打麻将，是周围大人们的主要消遣。小明英很小的时候就坐在母亲腿上看大人打麻将，看得久了，居然看出了一些门道，知道怎样能够推倒和牌。大人们在三缺一的情况下，常拉她凑个牌局。没想到，小明英牌技长进很快，扣着的牌经她一摸就知道是幺鸡还是二饼。

小明英八岁那年，父母给两位姐姐每人做了件皮袍子，说小明英太小，以后再说。小明英不干，央求妈妈也给自己做一件，还振振有词地说："我的皮袍，要是料子不够的话，可以两个袖子不做，只要前面后面……"父母亲笑了，觉得小女儿很聪明，决定给她也做一件皮袍。两个姐姐长大后好打扮，喜欢抹进口香水，穿进口玻璃丝袜子和高跟鞋。她们到家跟前的布店买布做旗袍，挑完了就走，过后由家里一起结账。弟弟上学后，父母给他买了辆从英国进口的那种"凤头自行车"，让其他同学好生羡慕。

黄明英性格开朗、直率，喜欢与人打交道，是黄家三姐妹中最活跃的一位，也是最受父母疼爱、亲朋好友喜欢的侠义女孩。明英小时候，有一次到一个穷亲戚家玩耍，偶然发现他们家中已断了粮，全家人正在为此愁眉不展。黄明英感到心里很不是滋味，马上说："你们不用愁，我家里有米，我给你们拿去。"她一溜烟跑回自家，顺着长梯子爬上粮仓，用自家特制的米升舀出米来。为了不让母亲发现，她用手抚平米堆，用米升底在上面盖上自家特有的印记，好像米仓从未动过一样。这一套小把戏，都是她看家里伙计干活时用心学来的。穷亲戚家拿到米，自然感激不尽，直夸小明英心眼好，不嫌贫爱富，赞美的话说了一大堆。当面承受褒奖之词，黄明英尽管有点不好意思，但内心里感到很满足。

家里的佣人和帮工常常聚在一起聊些轶闻趣事、家长里短，发泄一下对现实的不满。黄明英整天与他们混在一道，自然听进去不少，很早就懂得了世态炎凉和人情冷暖。她渐渐学会了独立思索，也敢于发表自己的见解。有时，家里出现了矛盾纷争，或者佣人之间吵架，这位"小大人"都要出来评评理，讲上几句公道话。她善于察言观色，很会琢磨人的心理，又喜欢摆事实、讲道理，有些话讲得当事人心服口服。看到她如此能言善辩，父母和两位姐姐都感到很惊奇。这也给了她更大的鼓励，家中的大事小情，她都很有主见，总是大包大揽。

黄明英无忧无虑地成长着，但她的父亲却发生了重大的变化。黄老爷本身是个伟岸的新潮君子，却娶了一个身有残疾的旧式女子，心中多有不如意。又因为过去的穷困受到黄家各门的冷眼、歧视，心情难以舒畅，学会了抽大烟，把薪金花光了，就向妻子陶氏要。陶氏自觉亏欠丈夫，只能听之任之，最后把陪嫁箱子盖四个角的金元宝罩都花掉了。

1932年，小明英已经12岁了，长成一个清秀、可爱的小姑娘。她虽然依然很瘦弱，但母亲还是决定送她上家附近的芜湖市立江声高级小学，让她接受正规的教育。没正式上过一天学的小明英，成了该校四年级的一名插班生。她第一次背起书包，走进了幽静的校园。通往教室的小路上洒满金灿灿的阳光，她感觉，天地一下子变宽、变大了。

1931年，"九一八"事变发生后，一浪高过一浪的抗日救国运动把芜湖小城卷入了时代的旋涡。在中国共产党地下组织的领导下，当地成立了以"集中芜湖各中学之力量，反抗日本帝国主义之政治、经济、军事及文化侵略，挽救国家危亡，誓雪国耻为宗旨"的芜湖中等学校抗日救国会。救国会向国民党中央政府发出了要求抗战的通电，派学生代表到南京请愿，要求奉行不抵抗政策的国民党政府停止剿共，出兵收复东北失地，还组织了声势浩大的芜湖各校抗日游行总示威活动。

明英发现，她认识的很多高年级的同学纷纷走上街头，当众演讲，张贴标语，散发传单，希望以此唤起全民的抗日救国意识。在这些活动中，为了替东北抗日义勇军募捐，一些学生甚至向商人下跪，流着泪向他们宣传抗日救国的道理，乞求他们更多捐款……虽然明英1932年上了高小，年纪尚小，但她明白"天下兴亡，匹夫有责"的道理。千千万万热血青年自愿为国赴死的侠义豪情强烈地感染了年幼的黄明英，冲击着她的心灵，让她感到一种莫名的冲动。

二、逃难与选择

　　由于家庭的变故，黄明英看到了人间的不平之路，见到了社会中的种种丑恶。她在芜关私立女中学习优秀，爱看武侠小说，崇拜那些有情有义的侠义英雄。她与同学吴友廉积极参加学校的抗日爱国宣传活动。芜湖沦陷，学校南迁，又能逃到哪里去？一次看到新四军中有与自己相仿的女兵，部队行进到哪里，她们就跟随到哪里，两人很快成为新四军发动起来的第一批进步青年，后来她瞒着母亲，与吴仲廉一起加入了新四军，那是 1938年 8 月……

　　1935 年，黄明英 15 岁了，才刚进私立芜关女子中学。私立芜关中学前身为清同治二年（1863 年）创办的鸠江书院，光绪初为中江书院，1914 年更名为芜关中学。这段时期，黄明英因为走读，每天下课即回家，是个很单纯的女中学生。她学习很用功，总想考第一，学习成绩一直非常好。她爱看武侠小说，十分崇拜小说中的那些有情有义、路见不平拔刀相助的侠义英雄。

　　一天，她看到同学吴友廉抱着一个大木盆洗衣服。黄明英很奇怪："你们家不是茂林的大户吗？怎么还自己洗衣服啊？"

　　吴友廉笑了："在家里是有很多老妈子、丫环，可是我到学校还能带个丫环吗？再说，我们女孩子更要自立才行。"

　　黄明英很钦佩吴友廉的勇气和见解，就常带着她回家玩，吃点好的，两人成了好朋友。

　　1936 年，黄明英的父亲因病去世，支撑全家的顶梁柱轰然倒塌。黄老太太不忍坐吃山空，集中全家最后的财力，搞了两项"投资"，希望就此解决生计问题。她首先拿出自己的私房钱，委托南陵的一个远房亲戚买了 25 亩田地，并由其代为打理，赚取地租。丈夫离开海关后曾得到一笔退职金和储蓄费，黄老太太便委托表弟存入银行，借此赚取一点利息。但是，黄老太太接连被骗。先是存入银行的那笔积蓄被骗，血本无归。几年后，南陵的亲戚也伸出黑手，把委托他代买代管的那 25 亩地七搞八搞，居然变换到自己名下。老夫人被一骗再骗，眼见家财散尽，却无力扭转颓势，只能拖着一条残腿闷在家里唉声叹气。为了维系一大家人的生计，家里值钱的家具、字画及其他物件不断被拿出去变卖换钱。对一直很单纯的黄明英而言，这种家庭的变故，让她看到了人世间的不平，见到了社会中的种种丑恶和虚伪。她对社会的现状产生了极大的不满，她开始考虑寻找

1970 年，凌奔与吴友廉（左）在北京。

一个公平的社会。

1937年7月7日，卢沟桥的炮声，翻开了中华民族全面抗战的历史篇章。在外地读书的安徽学子纷纷返回家乡，发动家乡人民奋起抗日。这期间，黄明英表现十分积极。她和吴友廉等同学一起参加了学校组织的宣传队、募捐队，走上街头游行示威，当众演讲，高喊口号，沿街张贴标语，为前方抗战将士募捐，慰问伤员……明英感到热血沸腾，尽管每天累得腰酸背痛，嗓子喊哑，却毫无倦意，愤怒的情绪如同火山喷发一般不可抑制。

淞沪会战打响后，距上海仅四百公里的芜湖也连续遭到日军空袭，民众伤亡惨重，各中小学校不得不停课。日寇攻下上海后，旋即兵分三路进逼距芜湖不足一百公里的民国首府南京。其中，南路日军进犯安徽广德、宣城，北路日军从江苏高淳经宣城杀向当涂。国民党军队不战而退，芜湖成为日寇唾手可得的孤城。向芜湖逼近的日军一路烧杀抢掠，无恶不作，引起芜湖城内的民众极度恐慌。旧时为躲避兵乱或匪患而逃往别处的"跑反"现象重现芜湖，家境富裕、有条件的市民纷纷举家逃难，蜂拥出城。私立芜关女中率先外迁至南陵县城。黄明英带领全家随着学校匆忙撤往南陵，暂时栖身于当地的亲戚家。12月10日，芜湖沦陷，南陵不保，私立芜关中学又迁往歙县西溪南，黄明英就此失学。因芜湖遭到日本侵略军的野蛮轰炸，黄明英的家陶家大院被炸成一片废墟。黄明英已是全家的主心骨了。可这风雨飘摇的一家人，又能逃到哪里去呢？黄明英一时难住了。

"你们就去我家吧。我们家房子多，住得下。"正打点行装准备返回泾县茂林老家的同班同学、也是最好的朋友吴友廉，此时向黄明英伸出了救援之手。吴友廉的家是泾县茂林镇有名的望族，茂林唯一的祠堂就是吴家祠堂。吴友廉与黄明英兴趣爱好相同，都是直率、爽朗的脾气，平日里无话不谈，情同姐妹。尤其通过私下传阅各种进步书籍，她们对中国共产党及其救国救民于水火的崇高革命理想十分钦佩和向往。在中共地下党组织的领导下，她们积极参加各种抗日救亡活动，共同进步，结下了真挚的友谊。

黄明英携母亲、弟弟及两位姐姐随吴友廉抵达茂林，吴友廉家人十分热情地腾出屋舍，帮助她们安顿下来。虽然有了暂时的安身之处，毕竟国亡家毁了，黄明英心里充满了对日本侵略者的仇恨，又感到前途的黑暗，看不到明天怎么办。

皖南民间常说"小小泾县城，大大茂林镇"，从中不难看出茂林的富庶与繁华。但是，由于地处交通要道，随着日寇铁蹄的逼近，这个古老山村早已失去了往日的宁静与祥和。抗战爆发后，这里不仅逃来了不少像黄明英一家的城里人，也涌入大量从南京、芜湖等地逃来的难民。难民们饥寒交迫，处境十分悲惨。逃难于此的黄明英，从其他难民的述说中了解到了日寇的侵略暴行，以及"国军"不战而退的可耻行为。

黄明英先是看到，一批批装备精良的"国军"无心应战，从茂林仓皇过境，川流不息地向南撤退。随后有一支部队经茂林北上阻击日军，是国民党川军一四四师，虽装备一般，但出征前誓言收复失地，勇气可嘉，只是几天后也败下阵来。各路国民党败兵一路征夫抓丁，偷鸡摸狗，搅得茂林古镇乌烟瘴气，百姓不得安生。有的百姓一见国军身影，就大门紧闭。有一支番号为七十八师的国军，因祸民不浅，当地人以七十八师的地方发音，送给他们一个"吃了不死"

1938年，凌奔在安徽泾县。

的骂名。黄明英看在眼里，恨在心里。自从失学后，她更加深了对日寇的仇恨，决心不当亡国奴，不再随着家庭到处乱逃。但是，她虽然有抗日的热情，但无抗日之路。她不但不愿意参加国民党军队的工作，就连接近他们也感到不舒服，所以心里感到很苦闷。

1938年4月底，一支500人的队伍从南面开过来。这些军人，虽然身穿着"国军"的灰色军服，戴着"青天白日"的帽徽，武器装备很破旧，但个个精神抖擞，意气风发。他们分散住在群众家里，睡在草铺上，纪律严明，秋毫无犯，一路宣传抗日。直到这时，黄明英才知道他们就是共产党领导的由工农红军八省游击队改编而成的国民革命军新编第四军，由粟裕、钟期光率领的先遣支队来到敌后。他们像一阵旋风从茂林穿过，留下了新四军的名字。茂林老百姓以为用不了几天他们也会溃败下来，可是没想到去了竟无人回来。

5月，又一支更大的新四军队伍经过茂林，在茂林住了好几天。这次是新四军一支队司令员陈毅率部队两千多人东进敌后，路过茂林，特意休整几天，在繁华的茂林镇再一次掀起抗日宣传高潮。黄明英惊奇地发现，这支队伍中有一批年龄与自己相仿的年轻女兵。她们同样穿着灰军装，一律齐耳短发，打着绑腿，腰间束根皮带，挂着一个搪瓷口杯。望着这些飒爽英姿的女兵，黄明英真是羡慕极了。这些女兵都是战地服务团成员。她们与男兵们一到驻地，放下背包，就上街宣传、讲演，在大街小巷的墙头写标语、画漫画，还教孩子们唱抗战歌曲、跳"丁铃舞"。服务团演出了《送子参军》、《放下你的鞭子》、《流亡三部曲》等抗战小剧目，吸引很多人前往观看。全村上下，无论男妇老幼，都打心眼里喜欢上了这支帅气的队伍。这支队伍纪律严明，说话和气，与百姓亲如一家，与往日过境的军队完全两样。"新四军来了！""这下子好了，再也用不着逃难了！"茂林街道上的人们奔走相告，争睹新四军的风采。

看到与国民党军队的作风完全两样的新四军部队，黄明英从心底感到无比的亲切。新四军队伍行进到哪里，她和吴友廉就跟随到哪里，不停地为战士们沏茶送水，问这问那。两人很快成为新四军在茂林期间宣传发动起来的第一批进步青年，她们自觉接受新四军的教育，成了新四军在茂林开辟地方工作的得力助手。

一支队离开茂林前，在吴家祠堂专门召开群众大会，陈毅司令员在一个搭成的简易台子上讲演，表示东进敌后的决心，鼓励各行各业为抗日多作贡献。演讲到一半，台子忽然塌了，陈毅也摔了下来。很多老百姓都大吃一惊，认为这是出征前的不祥之兆。可是，陈毅却毫不在意，拍拍身上的土，又跳上桌子，继续演讲，然后豪气十足地率领队伍走向敌后，不久就传来了新四军敌后的第一战卫岗战斗告捷。消息传到茂林，茂林沸腾了，就是

1942 年，曾如清在苏中 3 分区。

从这儿走出去的中国军队打了胜仗了。吴友廉和黄明英都激动不已，她们和其他人一样都看到了希望。

一支队走了，可是新四军的种子却播在了茂林，由陈时夫、曾如清等人组成的中共茂林工作委员会秘密成立了，随后茂林区委在茂林的辑园秘密成立。

7 月底，又有一支三十余人的新四军队伍抵达茂林，并长驻下来。这是新四军进驻皖南后派出的第一支民运工作队，工作队由新四军政治部副主任兼民运部长邓子恢亲自领导，由皖南特委组织部长陈时夫带队，所有成员都是邓子恢亲自从军部民运部、皖南特委和战地服务团中精心挑选的。其中，有民运部组织科长曾如清、武装科长陈茂辉等。军部还派三支队五团的一个营驻守茂林，负责安全警卫。曾如清、陈茂辉等人就住在吴友廉家，经常带着黄明英、吴友廉一起外出宣传发动群众。曾如清后来成了吴友廉的终身伴侣，他是一位了不起的革命者，黄明英和吴友廉两位热血青年正是在他的培养下，迅速成长为民运工作的骨干力量。

在很短时间内，茂林区委相继建立了三个中心支部和33个支部，党员发展到千余人。茂林区委组织了农抗会、青抗会、妇抗会、学抗会等抗日团体，组织民众自卫，开展肃奸、防空，动员民众参加抗日军队，支援抗战前线。在共产党的领导下，茂林迅速成为幅员百里的新四军民运中心。人们一扫过去的悲观情绪，对抗战胜利充满信心。茂林这个古镇重现人心安定、生意兴隆的繁荣景象。一时间，新四军美名远播，皖南老百姓尊称这支队伍为"菩萨兵"。

老百姓的抗日热情很快被民运工作队点燃了，茂林及周边一些山村沸腾起来了。尤其是新四军民运工作队入驻后，提出审理过重的苛捐杂税，减租减息，虽然受到国民党顽固派和反动大地主的百般抗拒，但极大地赢得了民心，为穷苦农民壮了胆、提了气。

吴友廉作为本地人，参加组织泾县第一个乡妇抗会，先是被推举为妇抗会理事，后被推举为妇抗会主任，很快光荣加入中国共产党。黄明英也积极参与民运工作队组织的工作，忙前忙后，表现十分活跃。

通过参与妇抗会、青年会等工作，黄明英对新四军有了更深入的了解。她看到新四军官兵到处都受人尊敬，部队里还可以学习，就萌生了参加新四军的想法。正好吴友廉也有此意，她们两人便于1938年8月正式向曾如清提出参军入伍的请求。曾如清表示同意，并告诉她们，云岭军部正在组建新四军教导总队，大量招收像她们这样的知识青年。两人听后高兴地跳起来。

接下来要处理善后事宜。吴友廉的家人，对她的参军表示支持。吴友廉又很快与本家族中威望很高的"汪老太"吴鸿赐完成了妇抗会主任的交接工作。这位"汪老太"也不简单，她虽然已是一位年近六旬、出门要拄拐杖的小脚老太太，但担任了妇抗会主任后，把工作抓得有声有色，还光荣地加入中国共产党，在日后的血雨腥风中始终不屈不挠，成为吴氏大宗祠中一位不同凡响的杰出人物。

但是，黄明英的善后工作却没这么容易。身有残疾的母亲怎么办？怎样才能闯过母亲这一关？决心已下，不容更改。黄明英偷偷找来已出嫁的大姐、二姐，对她们说："我已经决定参加新四军，母亲和弟弟只能交给你们照顾了。算我亏欠你们的，等将来革命成功了，我会加倍回报你们。"大姐紧握小妹的双手，眼含热泪，点了点头。

这天凌晨，天刚放亮，母亲和姐姐尚未起床，黄明英便背起包裹，溜出家门，与吴友廉相约上路了。从茂林到云岭虽然只有 35 华里，半天就能走完，但对于黄明英来说，这却是一段无比漫长的旅程。对于毫不知情的母亲，她满负愧疚之情，脚步无比沉重。然而，为了实现自己的理想与信仰，她又必须坚定地迈出这一步。

云岭又如一位慈祥的母亲，热情地张开怀抱，接纳新一批年轻的新四军女兵。黄明英和吴友廉被分配到新组建的军部教导总队女八队学习，如愿以偿地穿上了灰军装，成为向往已久的新四军女兵。

三、新四军女八队

　　新四军女八队有一百多人，其中有城市女工、乡村妇女，还有参加二万五千里长征和三年游击战的老战士，更多的是像黄明英这样的学生，文化程度以中学生居多，她们都经历了千辛万苦才来到云岭。女兵们以山林、谷场为课堂，以背包、草垫为坐椅，以膝盖为课桌，睡的是老乡家的地铺，吃的是清汤寡水的大锅饭……精神上的洗礼超过了物质上的享受，她们在锻炼中成长，从幼稚走向成熟。18 岁的黄明英，入伍仅两个月就加入了中国共产党。

　　新四军军部 1938 年 1 月在南昌组建之初，就设立了教导队。当年 4 月，军部进驻皖南岩寺镇后，扩建成教导营。到了云岭，根据新的抗战形势的发展需要，军部又决定扩建为教导总队，学制半年。总队成立前的四个队，作为第一期学员于 9 月份毕业。第二期从 10 月份开始设立，共设两个大队、十个中队，学员达到一千两百多人，计划于次年三四月份毕业。其中，八队为女生队。次年初，教导总队又增设了一期女八队。黄明英、吴友廉这一期女八队被称为八一中队，后一期称为八二中队。

　　教导总队的总队部设在距云岭约七公里的中村，大队部和中队分别驻扎在沿中村河一带的村庄。女八队设在张村，一个难以在地图上找到的小山村。

　　一段时期里，几乎天天有提着小箱子、拎着小包袱的年轻姑娘，高高

1980年，曾在皖南新四军教导队八队的部分老战士合影。前排左起：童紫、陆力行、张西蕾、徐慧珍、王仪、凌奔、谢井、俞曼影；二排左起：三李玲、四张维、五徐若冰、八罗伊；三排左起：二杨疆、四殷小娟、五陈华、七陆秀琴。

兴兴地踏进女八队的驻地。女八队女兵人数迅速壮大，突破了一百人。这些女队员年龄相差很大，个别人已年过三十，多数人在二十岁左右，年纪小的只有十五岁左右。文化程度差异也很大，有留学生、大学生、中学生，也有小学生和半文盲的农村妇女，其中以中学生居多。这里有参加过二万五千里长征和三年游击战争的老红军女战士，有城市女工、乡村妇女，更多的是像黄明英这样的女学生。这些女孩子都是历尽千辛万苦才抵达云岭的。

女八队是一个锻造坚强意志的革命大熔炉，黄明英和姐妹们就在这里接受考验，百炼成钢。每天清晨，黄明英和战友们被嘹亮的军号声唤醒，她们立即穿戴整齐，快步跑向石埠桥大操场集合，开始了紧张而充实的一天。晨曦中，她们分队开展队列训练，练习战斗动作。有时为了强健体质，还要进行越野跑步或登山竞赛。早操之后，各队女兵们分散在小村河两岸，取水洗漱。时届寒冬腊月，她们脚穿草鞋，戎装单薄，仍要破冰取水，手脚被冻得冰凉，但没有一个人叫苦。早饭后，便开始了一天的上课学习。她们以山林、谷场为课堂，以背包、草垫为坐椅，以膝盖为课桌，睡的是老乡家的地铺，吃的是清汤寡水的大锅饭。这样的苦，是黄明英这样的富家女孩子从来没有吃过的。她虽然对那种艰苦的生活有些不习惯，但精神上的洗礼超过了物质生活上的享受，她的脸上总是挂着笑容，时刻洋溢着青春朝气和革命激情。

位于罗里村西一公里处的陈氏祠堂，是军部大礼堂所在地，是欢声笑语最多、人气最旺的地方。这座祠堂建于清康熙年间，分为前、中、后三大厅，规模宏大。新四军进驻后，在前厅搭起了一个木质舞台，连同宽阔的大院子，就成了军部的大礼堂。叶挺、项英、袁国平、周子昆等首长经常在这里给大家作报告。到了周六下午，军部会在这里举办大型联欢晚会和各种大会。每当这样的时刻，分散在各村的男女战士陆续排着整齐的队伍向这里集结，场面十分壮观。在这些队伍中，教导总队女八队的女兵队伍最为引人注目。她们一律穿着军装，腰间扎束皮带，戴着军帽和臂章，绑腿裹得整整齐齐，英姿飒爽，意气风发。黄明英身在这样一支队伍中，感到格外自豪。

会前拉歌是新四军的传统。男生队的战士们总是把拉歌的目标集中在女八队队员们身上。他们高喊："欢迎你们，女生队，来一个好不好？"接着就是一阵阵热烈的掌声。女队员们稍为迟疑，他们又会喊："快快来，不要羞羞答答！"唱歌对于女八队来说可不算什么，她们大大方方地合唱一曲后，又回请男生队们"来一个"。

而课余之时是女兵的自由时间。有的女兵迎着东方旭日，在河边、田埂上轻歌漫步，陶醉于山水之间；也有些女兵三三两两地聚在石埠桥畔，谈天说地，促膝谈心。一些女兵则忙于书写家信，或拜访同乡，探问亲友音信……女八队的战斗生活是丰富多彩的。每到周末，女兵们紧张的神经会松弛下来，自己办晚会，搞歌咏和诗歌比赛。一大群十几岁、二十岁左右的花季少女聚在一起叽叽喳喳、说说笑笑，别提多开心了。美丽的云岭，给每个女兵都留下了不可磨灭的美好记忆，也记录了她们成长的历程。

加入女八队后，黄明英在政治理论学习和军事训练等各个方面都很投入，很快从幼稚走向成熟。尤其在思想上开始成熟起来，由过去单纯为打鬼子、不做亡国奴而参军的思想，升华为党的事业、为共产主义而奋斗终生的理想境界。1938年11月，18岁的黄明英，入伍仅两个月就光荣入党。

四、优秀的民运战士

　　为了开辟新区，黄明英被抽调到教导总队组织的民运工作队。开始工作很艰难，有些老百姓认为新四军与国民党军队没什么两样，经常是敬而远之，妇女更是如此。工作队采取男女队员三人一组，分头到老百姓家里去做工作。这些年轻的女兵让老百姓感到格外新鲜，特别是黄明英，一口当地的芜湖话，喊起"大爷"、"大妈"分外亲切。再加上她口才出众，说出的乡间俚语，逗得乡亲们开怀大笑，博得阵阵掌声，不久就打开了工作的新局面。

　　日军在占领芜湖后，即将芜湖作为控制长江中下游和进攻皖南的据点，沿江又占领了铜陵，不时骚扰南陵。这样铜陵、南陵、繁昌成了中日双方争夺的军事要点，也成了皖南中国军队正面战场防御的要地。在国军节节溃败的情况下，第三战区司令长官顾祝同不得不把铜南繁地区交给驻扎泾县的新四军防守。随着新四军三支队挺进铜南繁防区，民运工作也在铜南繁蓬勃开展起来。1938 年 8 月，军部民运部、战地服务团、三支队民运科共同组成了南陵山区工作委员会，负责新区的开辟工作。为了迅速开辟新区，军部又决定服务团和教导总队抽调力量组成民运工作队，开赴铜南繁新区。黄明英也被抽调参加了民运工作队，负责南陵一带的村庄。这一带原是国民党的防区，那些部队的士兵纪律性很差，常常强抢豪夺，欺男霸女，给当地老百姓留下了很坏的印象。

　　黄明英他们进入南陵村庄时，并不受欢迎。有些乡亲以为新四军与国民党军队没什么区别，纷纷退避三舍，敬而远之。妇女们更是如此，一见到有穿军装的人走过来，就吓得赶紧跑回家躲起来。新四军民运工作队队员们挨家挨户地拜访乡民，找他们谈心，经常敲了半天才有人出来开门，没说几句话就赶紧把门关上。工作队召集村民代表开会，没人敢来。组织妇女识字班，也没人报名。

　　面对各种冷脸和困难，民运工作队没有退却，男女队员每三人一组，分头到百姓家中做工作。大多数当地老百姓还是第一次见到女兵，她们都是20岁上下的年纪，一头齐耳的短发，一身整洁的灰军装，英姿飒爽，富有朝气。这些年纪轻轻就勇敢走出家门投身革命的姑娘们，让南陵百姓既感到很新鲜，又感到很亲切。尤其是黄明英，一口的芜湖口音，喊起"大爷"、"大妈"来，与当地人没什么两样。她口才特别出众，讲什么都

1983年老战友们在北京。前排左起：宗瑛，周林；后排左起：楚青、殷小娟、凌奔、冯伯华、罗伊、张西蕾、苏杨。

通俗易懂，从她嘴里蹦出的乡间俚语，像痒痒挠一样，逗得乡亲们开怀大笑，博得阵阵掌声。

黄明英作为本地人，做民运工作有自己独特的优势。她和其他队员一迈进老百姓家的门，就抢着挑水、劈柴，打扫庭院，那亲切劲儿就像是回到了自己家。为了打消乡亲们的疑虑，黄明英一有机会就主动与乡亲们拉家常，问这问那。她本来就能说会道，善于察言观色，现在又熟悉乡音民情，所以与乡亲们交流起来格外有亲和力。她介绍说，新四军是老百姓自己的军队，是打鬼子的军队，与其他军队不一样，所以她告别母亲参加了这样的军队。这支军队有三大纪律、八项注意，不拿老百姓一针一线，请大家共同监督。她滔滔不绝地宣传共产党的抗日主张及当前的抗战形势，讲全民抗日救亡的道理和前方军民抗战的故事。围坐在一起的乡亲们听着听着，脸上绽放了笑容。有的人过去受国军和地主恶霸欺压已久，如今好似遇到了亲人，什么话都敢讲，什么苦都愿意倒出来。群众聚集较多时，黄明英就与其他战友一起向乡亲们教唱抗战歌曲，村里村外一时歌声、笑声不断，喜洋洋的气氛如同过节一般。

受惯了兵匪欺压的百姓们，何曾见过这样的军队？几天下来，他们逐渐认同了这支新四军工作队。一些乡亲不仅不再躲避穿灰布军装的民运工作队队员，反而热情接待，并大声转告邻近的人家"共产党新四军到我家来了"，让他们过来见识一下。不少乡亲们争相邀请工作队员到自己家同吃同住，帮他们解决一些困难。有的年轻队员不会打草鞋，老乡们就手把手地教，甚至点灯熬夜给队员们打草鞋。

南陵三里店、桂村乡等地的民运工作很快轰轰烈烈地开展起来。农抗会、青抗会、妇抗会、儿童团等抗日团体，如雨后春笋般涌现出来。在南三区工委的领导下，当地实行减租减息，斩除旧军阀、旧官僚长期以来横加在农民头上的苛捐杂税。在农抗会民运工作队的指导下，开展了借粮运动，向地主、富农借粮，全部分发给生活最困难的贫雇农。民运工作队还按照"三三制"的原则，组织选举了地方乡政权，正副乡长分别由进步的国民党员、开明士绅和不公开身份的共产党员担任。广大群众觉悟提高后，纷纷自觉投入支援前方抗战的行列中。儿童团员们放哨，唱歌，农抗会和青抗会的会员们运输弹药、抬送伤员，妇抗会的妇女们则为新四军洗衣、做鞋，自发慰劳新四军伤员。

1938年12月26日，日寇进犯五团驻地中分村，遭到迎头痛击。新四军乘胜追击，一举克复繁昌县城，取得了首次繁昌保卫战的胜利。新四军在前线打了胜仗，各地百姓更是欢呼雀跃，不少青壮年农民踊跃报名参军。有皖南的"粮仓"之称的三里店一带，每天都有几十名乡亲赶着驴车拉着粮食到新四军驻地卖粮，极大地减轻了新四军筹粮的负担。

这一时期的黄明英，每天有做不完的群众工作。她带领队友走村串户，不停地奔波，有时要忍饥受渴日行几十里。碰上阴雨风天，更是满身泥泞，寸步难行。可黄明英一点也不叫苦，从没有掉队。一位曾经弱不禁风的富家小姐，就这样在烽火前线摸爬滚打，接受着各种各样的考验。

1939年春，黄明英从新四军教导总队八一中队毕业，被分配到战地

1983年部分老八队战友合影。前排左起：王于畎、凌奔、罗伊、郑人觉；后排左起：楚青、杨禶、陈西乔、季尼、殷小娟、严敏。

服务团。由于她有民运工作的经验，被任命为民运队民运组长，负责做四个乡的民运工作。她和战友们还像以前那样，没有固定驻地，平常三人为组、四人为伍，活跃于皖南山区的抗敌前线。

一天，服务团领导带来一位年轻女兵，跟她说："她叫陈日梅，是从马来亚来的华侨姑娘，分

1941年，陈日梅（右）与凌奔。

配到你们组。她人生地不熟，你要照顾好她。"这位女兵身材瘦小，面容白净，一头男孩子般的短发，一双大眼睛透着一股机灵劲。其实陈日梅比黄明英还大一岁，但是在黄明英眼里她就是个小妹妹。黄明英高兴地向领导表态："是，保证完成任务！"

和黄明英一起开展民运工作的队员，都是二十岁上下的"学生兵"。这群天南地北的年轻人，他们因为有着一个共同的理想走到一起，在偏僻而贫瘠的皖南山区深深扎根于广大民众之中。他们缺衣少食，居无定所，夏日烈日烘烤，冬日冷风刺骨……他们在山村间穿梭，在村庄里展示他们的决心，动员着群众。如果赶上雨天夜行军，田埂湿滑，人人都要摔上几十跤。一到宿营地，大家最先做的事情是生上一堆火，围坐在那里烤衣服，烤干了再用刷子刷泥巴。他们睡的是老乡家的稻草铺，每个人身上都生出很多虱子、跳蚤，大家戏称这种虫子为"革命虫"。皖南湿冷的冬天更是一个严峻的考验，每个人都长了疥疮，痛痒难忍。

这群二十岁上下的年轻人出现在哪里，哪里就充满朝气。他们白天到农户中开展工作，晚上回来后经常开晚会，唱歌跳舞。年轻的民运队员以前在家里大都没做过菜，炒菜时不知往锅里先放油还是先放菜，索性油、菜、盐一起放，大家还是吃得很香。由于早、中、晚三顿饭吃的都是青

菜，戏称"青菜三部曲"，如果哪天吃到了豆腐，都非常开心。如果因为部队打了胜仗，有一碗肉吃，大家便会一拥而上，立即把它干掉……

为扩大工作范围，民运队员们经常分头行动。大家一般在晚饭碰头时，一边吃饭，一边汇报各自工作情况。陈日梅有个不记路的毛病，一个人在大山里经常迷路。而当时凤凰山里有老虎出没，这让黄明英很担心。遇到陈日梅晚归的情况，虽然饭做好了，可大家谁也不动筷，坚持等陈日梅回来再开饭。

民运队员中有男有女，到了一个地方，如果老乡家房屋不多，男女队员们需要挤在一间屋里睡下时，便有一个不成文的规矩，睡在中间的一般是年龄最大的女队员和年纪最小的男队员。有一次，黄明英带几个人到一个小山村开展民运工作，就遇到了这种情况。这几个人里，黄明英在女队员中年纪最大，由她睡在中间。与她相邻的男队员，是当时只有15岁的人称"小不点儿"的队员。有一天半夜时分，黄明英突然惊叫起来。其他人忙起身察看，原来黄明英身下的褥子湿了一大片。"小不点儿"脸红了，不好意思地低下了头。黄明英得理不饶人，指着身下的"地图"训斥说："你把我的褥子尿湿了，让我怎么睡呀？"四面透风的寒舍里笑声不止，大家睡意全消。就是这位当年"尿过界"的"小不点儿"，后来成长为新中国杰出的电影工作者。

大家都愿意与黄明英一起开展工作。黄明英虽然年龄不过19岁，做起民运工作却如鱼得水。队员们跟着她，吃住都不愁，一般是住在老百姓家，吃饭到地主家。一开始是到地主家"吃派饭"，后来离哪个地主家近就在哪家吃。有时候，黄明英还带着陈日梅跑到地主家的地里摘蚕豆，用军帽兜着，带回驻地煮着吃……

有一段时间，她与陈日梅、刘希孟组成一个三人组，到农户中动员青壮年参军抗战。黄明英会讲话，她自幼又熟读《增广贤文》、《朱子家训》、《千字文》和格言联璧，说起话来总是满口典故和成语，妙语连珠。什么"人情似纸张张薄，世事如棋局局新"，什么"相见易得好，久住难为人"，她在工作和生活中随口拈来，有很强的亲和力和说服力，陈日梅等队员们都很佩服她。陈日梅会唱，她的歌儿唱得婉转动听，很受老百姓欢迎。由老舍作词、张曙作曲的《丈夫去当兵》很受欢迎，陈日梅唱起来很是得心应手："丈夫去当兵，老婆叫一声：毛儿的爹你等等我，为妻的将你送一程。你去投军打日本，心高胆大好光荣……"刘希孟则擅长写东西。这三人在一起做民运工作，称得上是一个完美组合。他们曾自编、自演了一台活报剧，黄明英演新四军工作人员，刘希孟演丈夫，陈日梅演媳妇。每场演出结束后，前来报名参军的农民兄弟都很多。这三个人后来都被评为"青年突击队员"，受到了上级的嘉奖。

　　参军一年多，富家小姐出身的黄明英的阶级感情已发生了明显变化。每到一地，她走家串户，嘘寒问暖，跑前忙后，与乡亲们打成一片，表现出对劳苦大众的极大同情心。而对于一贯欺负穷人的地主，她则是另外一种态度。她带着穷人斗地主时，经常当众拍桌子，刁蛮的地主都怕她。遇到不平事，就一定要铲除它，黄明英一生都是这种好打抱不平的性格。

五、朦胧的感情

> 黄明英因工作需要，留在三团民运股工作，股长江河流是一个刚 20 岁的青年，办事干练、沉稳。明英发现他有一个小本本，记录着各种情况和问题，怪不得他与群众有那么多的共同语言，老老少少都愿意跟他讲心里话，他工作拿得起，撒得开，有条不紊，指挥自如。明英把他看作引路的良师，可寄托的知心朋友，还萌发了一种相互依恋的真挚情感。他们曾多次分别，一次见面时，江河流送她一把缴获的袖珍手枪作为纪念，但不久传来他不幸牺牲的消息……

当铜南繁的新区已经比较巩固了，军部把大部分民运队撤回云岭，当地的民运工作移交给二支队三团负责。可当时三团民运股就一个股长，于是三团团长黄火星和战地服务团团长朱克靖商量留点人帮助一下，朱团长慷慨答应，就留下黄明英等七名队员，临时编在三团民运股，讲好由三团和服务团双重领导。

黄明英等七人来到三团民运股时，发现股长也是一个刚 20 岁的青年，身边只有一名小鬼通信员，是实实在在的一个"光杆司令"。

黄明英初见股长江河流，觉得这个人看似学生出身，但身上看不出学生味；很有见识，又看不出特殊身份；讲一口流利的普通话，但听不出是什么地方人。他落地生根，在部队像军人，到农村像农民，从当地旱烟的烟袋、蹲坐姿势、吃饭端碗，到讲话口气和皖南的方言，他都能合群合俗。

江河流办事很干练、沉稳。他将黄明英七人分成两个小组，他带一组，黄明英带一组。江河流要求各位民运队员，每星期要有工作计划，每天早上要碰头，晚上要汇报。他经常到黄明英的小组具体帮助指导。黄明英发现，他身上有个小本本，记的是每个积极分子的思想动态，群众中存在的问题，地主、士绅的表现和言行，甚至群众家中婆媳不和、兄弟吵架等事情都记录在内。黄明英颇为叹服，怪不得他同群众有那么多共同语言，乡里老老少少都愿意跟他讲知心话。他工作拿得起，撒得开，有条不紊，指挥自如，黄明英从他那里学到不少做民运工作的知识和方法，打心眼里佩服他。在江河流的指导下，她领导的小组在扩军、减租减息、斗地主等各方面都开展得卓有成效。

江河流对待工作特别认真，平时严于律己、宽以待人，但有时也会板起面孔训人。民运工作队有一次召集当地乡绅开会，宣讲政策。黄明英当

1983年，部分老八队战友合影。前排左起：苏杨、张维、毛维青；后排左起：凌奔；殷小娟、罗伊、张西蕾、苏蕴、楚青、童紫。

众讲话时没注意，不小心夹带了一句粗话，自己却没有丝毫察觉。江河流听到了，会后找黄明英单独谈话，足足"训"了她两个多小时。他说："你忘记了听话的对象。士绅们多是老学究，注重文礼，他们中有的人对党的政策有偏见，你口出粗言，有损共产党和新四军的尊严，只会增加他们的反感，影响党的政策落实和工作效果。"他还说："你是组长，所以要批评你。大辫子梳小辫子，抓你可以带动大家。"黄明英被说得心服口服。

有了这次教训，黄明英讲话时就谨慎多了。有一次，民运队员们筹划开一个规模较大的群众大会，由黄明英作动员讲话，宣讲党的抗日方针和统一战线政策，动员当地富户、绅士有钱出钱，有力出力。这是黄明英面对听众最多的一次大会。讲话前，她有点紧张，感到自己只是一个年轻幼稚的女青年，担心在众多满腹经纶的士绅们面前讲话出丑。她向江河流请教，江河流便当起了"导演"。江河流亲自帮她拟好了讲话提纲，然后一本正经地坐下来当听众，请她试讲，发现问题，一一指正。正式讲话时，黄明英尽管心里还是突突的，但发现江河流就坐在对面，面带微笑，并不时点头赞许，便胆壮心定，声音越发洪亮了。

黄明英、陈日梅等其他几个女孩子长期远离家乡，时常想念亲人，夜深人静时有人甚至还会偷偷哭鼻子。有一天晚上，皓月当空，黄明英和其他几个女孩子忙完工作，围坐在一个小小山包上聊天。不知谁提议"咱们唱首歌吧"，大家由陈日梅领腔，唱起了那首流传大江南北的抗日救亡歌曲。"我的家在东北松花江上……哪年，哪月，才能够回到我那可爱的故乡？哪年，哪月，才能够收回那无尽的宝藏？爹娘啊，爹娘啊，什么时候，才能欢聚一堂？！"哀婉的曲调，刺痛了想家的神经。黄明英唱着唱着，脸颊上滚下了热泪。大家流泪唱罢一曲，回头才发现，江河流不知什么时候也坐在她们身边，倾听她们的歌声。

江河流看着这群伤感的少女，动情地说："谁没有自己的父母？谁没有自己的家乡？可是现在，日本侵略者日夜在屠杀我们的父母，毁坏我们的家园！革命者告别自己的父母，是为了保护更多的父母，今天离开家乡，是为了明天建设更加美好的家园。我们只有向前看，想明天，一切为着共产主义，心中才有奔头，行动才有力量，才不会留恋自家过去的舒适生活。"他还特别勉励黄明英："要克服女性先天本能的脆弱性，收住眼泪，要坚强，不要哭……"

黄明英晚年时，仍清晰地记得这个月光朗朗的夜晚。她写道："在那炮火连天，收不到家信，环境艰苦的彼时彼刻，他的话像和煦的春风驱散了我们心中的迷雾，坚定了我们的信心。虽然事隔四十多年，他当时的音容至今记忆犹新。"

前线战事频繁，危险无时不在。有一次日寇突袭凤凰山，与防卫这里的新四军部队爆发激战。江河流一面指挥民兵和群众支援前线，一面组织非战斗人员有序撤退。几位女民运队员战斗经验不足，舍不得丢下自己的东西，动作缓慢。江河流就跑前跑后地大声催促她们丢掉非战斗用品。他逐个清查，沉着地率领大家坚壁清野。战斗结束后，姑娘们缴获了一些"胜利品"，其中有饼干、糖果、罐头等，非常高兴地拿起来就要吃，江河流却大喝一声："谁也不许吃，有毒！"有人不信，嘀咕说他吓唬人，故意不让大家吃。江河流便弄来一只狗，喂给几块饼干，那狗几分钟后就倒地身亡，惊得姑娘们直吐舌头。真是生死一线牵，若不是老练的江河流慧眼识破敌计，她们都可能成为烈士了！

对于江河流，黄明英既把他看作是自己的引路良师，又是可寄托幸福希望的知心朋友。两个人相遇又相知，萌发了一种相互依恋的真挚情感。

1939年秋的一天，上级突然通知江河流去执行一项新任务，由黄明英接替他任老三团政工队长，负责民运工作。工作交接完了，黄明英仍依依不舍，她问江河流到什么地方做什么工作，多长时间才回来，江河流说这是机密。后来，黄明英才知道，江河流此次接受的任务是在参谋长熊达飞的带领下，化装到我们与日、伪军占领区交界的边缘地区做税收工作，以解决新四军当时十分紧迫的财政困难问题。江河流半年多搞到很多钱，出色地完成了任务，受到了上级表扬。

江河流走了，黄明英一直在想他什么时候回来？一个月了，江河流没回来，两个月了还是没回来。第三个月，军部服务团来了命令，黄明英等七个人撤回云岭。在离开三团时，黄明英还特地跑到江河流的住处，还是空的。三个月后，江河流完成了筹款的任务回到三团，他立刻去黄明英的住地，那里已是一间空屋子。

黄明英回到云岭的服务团驻地，身体瘦弱不堪，服务团领导看她实在难以坚持工作，就动员她回家休养治疗一个时期。这时，母亲陶氏已带着弟弟黄宗炎辗转到了南陵。

南陵距新四军军部不足百里路，属国民党部队辖区。走在回家的小路上，黄明英居然忘记了病痛，脚步矫健而轻盈。推进陌生的家门，迎面撞见面容憔悴的母亲，她的眼泪扑簌簌地落下来。这眼泪，源于欢欣与激动，也饱含了痛心与自责。母亲见日思夜想的小女儿回家了，也是喜极而泣，把女儿揽在怀中，哭得昏天黑地……姐弟们也纷纷跑上前来，一家人为团圆而欢欣鼓舞。

在母亲和姐姐的精心调养下，黄明英的病体渐渐恢复，脸色红润起来。黄明英与周围乡亲也很快熟悉起来。她又闲不住了，不放过开展各种宣传工作的机会。她绘声绘色地介绍共产党的抗日主张及新四军在抗日前线的英勇表现，引来民众们的阵阵叫好声。她的"赤色宣传"，很快引起了驻守在当地国民党顽军五十二师的注意。一天，顽军突然抓走了黄明英，对她审讯、逼供达六天之久，威胁利诱她放弃亲共立场。黄明英以硬抗硬，奋然抗争，从多方面驳斥顽军的恶劣行径。最终，顽军黔驴技穷，理屈词穷，不得不迫于国共统一战线的压力，将黄明英公开释放。

五十二师有一名便衣，原来在黄明英二姐家做过厨师。他暗中传信说，顽军仍不肯放过黄明英，正在密谋陷害她。黄明英得知此消息，辞别家人，连夜翻过南陵城墙，跑回云岭。黄明英的英勇表现受到军部服务团支部大会的表扬。为了教育更多的年轻新四军战士，服务团领导还破例在非党群众会议上公开了黄明英的党员身份，介绍了她的先进事迹，号召大家向她学习。1944年的党内整风运动中，此事又被重提。当时组织上经审查后作出的结论是：凌奔同志被捕6天，态度强硬，没有被敌人的威胁所吓倒与动摇，并能和敌人进行面对面的斗争。

转眼到了1940年秋天，日寇展开疯狂大扫荡，国民党反动派也磨刀霍霍。新四军军部奉命转移江南，大部分战地服务团人员及伤兵由东南分局副书记曾山率领先行撤退至江南，再渡江北上。战士们唱着《别了皖南》，与皖南乡亲洒泪道别。黄明英也接到通知，作为战地服务团第三批人员撤退。江河流从团首长那里得知这个消息后，立即请假来看望她。江河流骑马奔波几十里，终于在服务团找到黄明英。他们两人已经一年没有见面了，黄明英看到江河流满头大汗，又激动，又感动，竟然说不出话了。江河流把背着的一条毛巾被一把扯下来，送给黄明英说："这是缴获的毛巾被，把你那条死硬的旧棉被换下来，你身体这么瘦，毛巾被行军要轻多了。"黄明英抱着被子，一股股暖意冲进了心口，她这才真正体会了江河流的真挚友爱。江河流又从口袋里掏出一把袖珍手枪，塞到黄明英手里。"这也是缴获的。"江河流嘱咐着："要英勇杀敌，永远向前，宁愿殉国，也不能当俘虏。只要活着，我们江南军部见面。你先到江南，可找五十二团彭冲同志，他会帮助你，我是他领导走上革命道路的。"

黄明英听得一股豪气冲到了胸膛，她大声地说："对！到江南见，我们在那儿会师。"他们谈话也就一个时辰，江河流要赶回部队了，黄明英送他到村口，江河流跨马而去，才跑了几步，忽然回过头来挥着手，大喊："江南见，江南再见！"喊声在天空回响，喊声在大地激荡。黄明英痴痴地望着远去的人影，紧紧握着那把小手枪，这才发现她是那样地盼着他再回来说几句话。

12 月中旬，第三批撤退人员出发了，黄明英随着队伍经过宣城，向江南溧阳走去。她精神抖擞地走着，不时还帮助比她更瘦小的陈日梅背东西。她对前方充满了期待，不光是因为即将抵达敌后前线，而且是向往着与江河流的会师。

走着走着，忽然迎面看见三团熊达飞的通信员走过来，黄明英高兴地抓住小通信员，问起三团的情况。小通信员告诉她，就在前几天他们遭遇了日、伪军，好打了一仗，牺牲了不少人，江河流也牺牲了。黄明英听了犹如五雷轰顶，她怔住了，很长时间都说不出话来。一连几天，黄明英都没有笑声，没有话讲，只是行军、行军。到了晚上睡觉后，黄明英用那软软的毛巾被蒙着头，喃喃地说："这不是真的，这不是真的。他说过要在江南再见的。"这时她的眼泪才汩汩地流下来。

黄明英一直为曾经有过江河流这样一位知己而自豪。与江河流诀别时

鸠兹侠女——凌奔

315

获赠的那支小手枪，她一直精心地保留在身边，直到"文化大革命"爆发后才上缴。她对已故知己的这份情感超凡脱俗，感人至深。晚年的她不顾体弱多病，精心撰写了一篇题为《江河流千古》的回忆文章，为这位革命知己写下了这样感人至深的字句："英雄虽逝，忠魂永存。江河流烈士的革命精神与高尚品德，正像他那富有诗意的名字，犹如浩瀚的长江黄河，万古奔流，永不熄灭！"这是她公开发表的唯一一篇文章。

六、血与火的洗礼

　　皖南事变后，黄明英在主力部队 16 旅政治部任民运队长。1941 年春节刚过，旅长罗忠毅率旅机关向宜兴地区转移，黄明英随部队冒雪抵达宿营地。翌日清晨，正要出门演出，传来密集的枪声，原来是日军突然偷袭。在乘船紧急转移中，一只船遭到疯狂扫射，旅长夫人柳肇珍不幸牺牲。黄明英随大家跳船上岸快跑，她看到一个负伤的战友在呼唤，立即侧伏下身去拉，忽然感到后背灼痛无比，中弹昏了过去。当偷袭的鬼子路过时还踢了她两脚，她忍痛装死，躲过一劫。她大难不死，背上却留下了 30 公分长，1 公分宽的伤口……

　　黄明英从皖南撤到江南后，就调到 16 旅任旅政治部民运队长。"皖南事变"后，1941 年元月 17 日，新四军新军部成立，江南的部队整编为第六师，谭震林任师长，16 旅成为六师的主力。

　　1941 年春节刚过，六师参谋长兼 16 旅旅长罗忠毅率领旅机关向宜兴地区转移。2 月 21 日午夜时分，黄明英随部队冒雪抵达预定宿营地——宜兴和桥地区的西施荡村。翌日清晨，黄明英准备带领几名民运队员到村民中搞文艺演出，开展宣传抗日。大家正准备出门时，突然村的西南和东南方向传来了密集的枪声。原来是日军来袭。狡猾的日军采取长途奔袭、分进合击的战术，三百多人兵分三路偷袭包抄过来。一路日军由和桥出发，抢占西施荡西南的大元地，架起机枪向西施荡猛烈扫射。第二路日军

凌奔在 1948 年。

由归美桥猛扑钱家祠堂。还有一路日军由楝树港出发，偷偷埋伏于三叉河口对面的牛头坟。

当时，16 旅的主力部队驻守在邻近的王母村、官庄一带，驻在西施荡的全部是机关人员，几乎没有战斗部队。

危急关头，16 旅旅长兼六师参谋长罗忠毅命令身边的战斗人员迅速抢占有利地形，掩护旅部机关撤退。16 旅政治部组织科长王直组织机关人员突围，黄明英随旅部机关人员乘船转移。当船行至三叉河口时，突遭河边敌人的伏击，掷弹筒、机枪、步枪火力自东边猛烈地喷射而来。

政治部的几位女同志潘吟秋、史毅与罗忠毅的夫人柳肇珍同乘一条船，突遭埋伏在这里的日军疯狂扫射。密集的子弹打在木质船板上，发出吱吱吱的响声，弹孔处喷出一股黑烟。柳肇珍不幸中弹牺牲。潘吟秋和史毅低伏在船舱里，侥幸躲过弹雨，脸都给烟熏黑了，像京剧里化妆的黑包公。

黄明英乘坐的小船驶在后面，听到前面枪声后迅速调头靠向对岸。小船被子弹打漏了，河水不停地涌入，划不动了。黄明英与战友们跳下船，涉水跑向岸边。他们冒着弹雨爬上堤坝，拼命向北跑去。前方有个小土堆，冲过去就安全了。突然，一队日军从旁边偷袭过来，子弹又如暴雨般倾泻而来。黄明英跑在前面，再跨前一步就可以翻过土坝，进入安全地带。这时，她忽然看见一个负伤的战友在呼唤。瘦弱的黄明英立刻停住脚步，侧伏下身来，抓住战友的手，拼命向坝上拉。就在这时，黄明英感到后背灼痛无比，一颗无情的子弹击中了她。她从土坡上滚落下来，昏死过去。她的身边，不断有战友中弹倒下，有人横压到她身上，鲜血染红了晶莹的雪地。

枪声渐渐平息下来。偷袭得手的鬼子兵，端着明晃晃的刺刀，向死伤很多新四军战士的小土堆步步逼近。凶残的鬼子兵对于受伤倒地呻吟的新四军战士不是狠刺一刀，就是补上一枪。鬼子在黄明英身上狠踢两脚，见她没有什么反应，就从她身上跨了过去。倒在黄明英身边的一位女兵，因被压在死难战友身下，眼见无法逃脱，就机智地用鲜血胡乱地涂抹在脸上，屏住呼吸装死。鬼子走近时，用大头鞋踢她，她强忍疼痛，一动不动，终于也逃过一劫。

这时，罗忠毅旅长率特务连一个排赶来救援，地方游击队也围拢过来，一举将敌人击退。敌人龟缩在附近一个祠堂里，准备再次反扑。潘吟秋、史毅等幸存下来的女兵也纷纷聚拢过来。大家迅速分头地逐个察看倒在血泊里的战友们，心情无比悲愤。在小土堆下面，潘吟秋和史毅发现熟悉的老战友黄明英，只见她一动不动地伏卧在雪地上，后背上血肉模糊，血流不止。潘吟秋跑上前去，把手伸到黄明英的鼻子下面，试探了一下，突然惊喜地对史毅等战友喊道："你们快过来，黄明英还有气！她还活着！"在当地游击队和船工的协助下，黄明英和其他几名负伤战友被小心翼翼地抬上小木船，沿江快速转移。身后，鬼子又重新发动进攻，激烈的枪声再次响起，江南水乡再次笼罩在火光和硝烟之中。

在这次军史中鲜见记载的西施荡战斗中，有二十多位新四军战士壮烈牺牲。黄明英虽然身负重伤，却大难不死，被从死人堆里解救出来。她后背上的枪伤，长约30公分，宽约1公分，深可见骨，从外表上看真是惨不忍睹。但是，黄明英算得上是幸运的。这颗子弹只是紧贴着黄明英背部的右下方腰部射入，又从靠近左肩的背部穿出。如果这颗不长眼的子弹角度再向身体内侧深入一点，那她将无法抢救。

打退鬼子后，部队还要继续行军。当时部队还没有后方，又缺医少药，伤员只能就地分散安置到老百姓家。这种"打埋伏"是非常危险的，一旦被敌俘获，必死无疑。身负重伤的黄明英留在一户老乡家养伤。由于无医无药，老乡只能依照民间疗伤的土方法，在她后背伤口上涂抹了一些香灰。由于治疗不及时，黄明英的肺部受到枪伤感染，从此落下了咳嗽、哮喘的毛病。

黄明英在南陵作民运工作时的老领导曾如清，听说黄明英负伤后，专门派人送来从日军那里缴获来的炼乳，让她加强营养。经过一段时间的休养，黄明英渐渐恢复体力，可以在别人的搀扶下下地行走了。有一天，她正俯卧在户外的稻草上晒太阳，一位女战友前来探望。黄明英兴奋地抓起这位姐妹的手，没完没了地

凌奔在 1949 年。

问起了部队上的事情来。在养伤这段时间里，黄明英十分思念战友，渴望早日返回部队。她突然感到背上奇痒无比，就让这位战友帮忙揭开衣服看一下。这位战友一看，大吃一惊。原来，黄明英后背的伤口上生出很多白色的蛆虫，经阳光一晒，纷纷蠕动出来。战友从地上捡起一个小木枝，帮她"扫荡"了一番……

新中国成立后，政府曾为黄明英颁发了一个叁等甲级的"革命残废军人证"，上面对她受伤状况的描述是："右腰背贯通枪伤"。她一直把这个证书深深压在箱底，秘不示人。直到"文化大革命"期间，家里的工作人员也都撤走了，她的身体也垮掉了，生活不能全部自理，小女儿娓娓为她洗澡擦拭后背时，才第一次看见妈妈背上的那道长长的伤疤。2010年农历虎年春节，在她诞辰90周年前夕，娓娓和大哥整理母亲遗物时，终于第一次见到这个珍藏多年的红皮子证书。黄明英（凌奔）在世时从未向政府领过一分钱抚恤金。她常对孩子们说过："想想那些牺牲的战友吧！他们到哪儿领残废金去？"

七、战地情缘

    1941 年夏，黄明英在老乡家养伤痊愈后归队，考虑到她身体状况不适合做民运工作，被调到一师政治部任政治文化教员，还兼师部党支部书记。为了纪念大难不死，她改名为凌奔，寓意希望革命奔向胜利！这时一位老红军闯入她的生活，他就是师政治部主任钟期光。可这时的婚姻问题对她来说显得有些麻木，江河流的牺牲对她的打击太大了。后来虽然又经过一些波折，最终两人还是美满地走到了一起。

    1941 年夏，黄明英伤愈归队，又被调到苏中一师。明英是有着很多传统思想的，她大难不死实在值得庆幸，但终不能忘记这次灾难，于是改了个新名字。她是从南陵逃难到茂林的，又在南陵做了她最得意的民运工作，开始了她革命的历程，她就取陵的谐音凌为姓。她的特点是直爽、麻利，思维快，说话快，走路快，连骂人都快，就以奔为名，当然也寓意着希望革命战争奔向胜利。凌奔，一个豪爽的名字诞生了。

    由于长期营养不良，凌奔身体状况很差，又黄又瘦，因肺部受伤常常气喘咳嗽不止。考虑到她的身体状况不适合继续做艰苦的民运工作，一师首长调她到师司令部任政治文化教员，并兼任师部党支部书记。

    在一师，凌奔还见到了曾经朝夕相处的老战友陈日梅。"皖南事变"前，陈日梅被选拔进了何士德的演出队，离开了凌奔领导的民运小组。何士德见陈日梅歌喉出众，有意送她到鲁艺学习，但因发生"皖南事变"，战争环境更加恶劣，她最终还是回到一师做民运工作。陈日梅与凌奔劫后重逢，都很高兴。尤其是陈日梅，重又找到了自己的"主心骨"。太平洋战争爆发前，她家里从国外给她寄来 3000 块大洋。她以前什么事都听凌奔的，这次也不例外，她把这笔钱交给凌奔处理。凌奔做主，把这笔钱的十分之九交公，其余的十分之一分给战友们，每位战友补贴 2 元，生病的补贴 5 元。最后还剩下一点钱，统由凌奔保管，陈日梅需要时再找她取。两位女兵间的亲密关系可见一斑！

这时一位老红军硬闯进了凌奔的麻木的生活。说是老红军，其实也才 33 岁。他就是一师政治部主任钟期光。

钟期光，乳名钟昱明，1909 年出生于湖南省平江县肥田村，父母都是忠厚老实、勤劳善良的农民。钟家四代单传，钟期光是八个孩子中的唯一男孩儿，备受长辈宠爱，人称"昱长子"。伯父家也没有男孩儿，认他为"半个儿子"。钟期光的婚姻很不顺利，曾结过几次婚，又几次家庭破碎，一个孩子也没有留下来。

钟期光的第一任妻子，是伯父按照当地民俗为他娶的童养媳，大他几岁。1927 年，国民党地方当局对共产党人大搜捕，因捉不到钟期光，竟气急败坏地烧了钟家的房子，还当场杀害了钟家的一个女婿。钟期光的童养媳也抓走卖掉，从此下落不明。

在中央苏区革命时期，钟期光与平江籍红军女战士胡平然结婚。胡平然，字满玉，号苹园，生于 1914 年 11 月，曾就读于平江启明女子师范学校。她于 1930 年 7 月加入共产主义青年团，同年 10 月参加革命，担任过湘鄂赣军区政治部机关文书兼油印员、湘鄂赣省委机关收发科长、少共中心县委宣传部长。由于战争年代的残酷和党内存在的种种极左思潮，钟期光与胡平然的婚姻只维持了一年，就不得不分开。

钟期光自与胡平然分开后，经人介绍，与湘鄂赣被服厂的一位女工喜结良缘。但是，他们婚后仅三天，被服厂遭到敌人偷袭，这位女工壮烈牺牲。

新四军创建后，胡平然恰巧也分到女八队，这时才又遇到了钟期光。两人很快复婚。"皖南事变"中，胡平然再次被俘，关押一段时间后获释。

她重新找到新四军队伍，但有人怀疑她有自首情节。组织上虽然接纳了她，但仍要按照惯例，审查她在被俘期间是否有自首和叛变行为，并取消了她的党籍。胡平然感到，钟期光是军中高层领导，如果自己仍与他生活在一起，会对他很不利，便忍痛割爱，主动提出离婚。

进入1942年，钟期光已经33岁，仍孑然一身，陈毅、粟裕都很着急，暗中帮他物色理想的对象。于是，已经22岁的凌奔成了最佳人选。

当楚青等老战友受粟裕等领导的委托，以满是神秘和兴奋的表情前来推荐钟期光主任时，凌奔脸上几乎看不到一丝愉悦之情，即使再三追问，亦未置可否。江河流的牺牲，对她的打击太大了，此时突然触及婚姻问题，让她多少显得有些麻木。

对凌奔来说，这次在与日军的遭遇战中身负重伤，在鬼门关前侥幸生还，也让她从内到外经受了一次彻底的洗礼。干革命就会有流血和牺牲，一个革命战士要时刻准备赴汤蹈火，为党和人民的利益献出自己的一切。凌奔对革命的内涵又有了更深刻的理解，性格中更多了几分沉稳和豪迈。组织上希望她嫁给一位"老革命"，她竟然服从组织的安排。钟期光也主动约请凌奔谈话，介绍了自己投身革命的主要经历及几次婚姻的情况，并表达了对凌奔的爱慕之情。钟期光温文儒雅，侃侃而谈，对过去的不幸婚史也能够坦诚相见，这令凌奔深受感动。她觉得，钟期光是一位和蔼可亲的首长，又是一位可心信赖的老大哥，既然组织上出面介绍，自己完全可以接受这一婚姻。

但凌奔有一点是举棋不定的：自己与钟期光的结合，会不会伤害到战友胡平然的感情？她感到，现在是必须尽快作出抉择的时候了。一向喜欢直来直去的她，这次出人意料地跑去找胡平然谈心，把自己心中的种种疑问全部袒露出来。胡平然也坦诚相见，讲了自己为何坚持要与钟期光分开。她说，钟期光是个好人，而他太爱孩子了，自己与他结婚几年了，不能满足他的这个心愿。此番又经过狱中的磨难，她已不可能生孩子了。所以，她回到部队这段时间，心里总是感到很歉疚。更重要的是，她现在还背负着自首变节的骂名，绝不能因此影响到钟期光在新四军中的威望。胡平然郑重地把钟期光托付给凌奔，希望两个人结合后幸福美满，恩爱百年。凌奔深受感动，也向胡平然敞开心扉。生性豪爽的两个女兵通过这次非同寻常的倾心交谈，成为一生中肝胆相照的挚友。

钟期光主任将与凌奔结婚的消息传开后，大家很是为他们高兴，但也传出一点杂音。有人奉劝凌奔不要嫁给钟期光，说什么"你怎能找这样一个年纪大的"，凌奔一笑了之。钟期光那边也有人跟他讲："你为啥要找个'药罐子'？你要背个包袱的。"这话不知怎么传到了凌奔耳朵里，反而更坚定了她嫁给钟期光的决心："哪个说的？身体不好就不能结婚，幸福地过一辈子了？"

1942年春，经组织批准，凌奔与钟期光结婚。没有摆酒席，没有仪式，两人把背包搬到一处，就算结婚了。新婚之夜，凌奔没有想到，煤油灯下，钟期光充满爱意地为凌奔戴上了一枚精心准备好的戒指，上面一小块儿象牙瓷片上烧制了两个人的名字。窗外，静谧的农家小院里洒满月光，这是温馨的新婚之夜，对凌奔来讲却是浪漫的恋爱的开始。

1943年，钟期光凌奔夫妇在江苏宝应。

八、疏散的凶险

　　1943年初，面对敌人的大规模扫荡，部队动员非战斗人员分别疏散，投亲靠友"打埋伏"。凌奔带头响应，战友陈日梅同她一道回到了皖南。她们精心化了装，扮成小商贩模样，一切还算顺利。一天，一队伪军突然将她抓走，凌奔临危不惧，谈笑风生，巧妙应对，甚至还同伪军斗酒。令伪军没有想到的是，这个瘦弱的女子酒量大得惊人，推杯换盏之后，竟把几个伪军喝倒在桌下。她的豪气令人佩服，伪军也不再为难她。扣押两天之后，她毫发无损地回到家里。

　　侵华日军占领武汉后，改变其侵华策略，逐步将主要军事力量转向中国共产党领导下的抗日根据地，实施灭绝人性的"三光"政策。国民党顽固派也趁机兴风作浪，加紧封锁与破坏抗日根据地，不断掀起反共高潮。我抗日根据地日渐缩小，物资供应极端困难。在此背景下，中共中央发出指示，号召全党全军实行精兵简政，要求党、政、军各级组织机构切实进行整顿，精简机关。

　　新四军军部作出决定，机关女同志均分散下去做地方工作。钟期光时任一师政治部主任，主管机关精简工作，凌奔当然要带头执行军部的决定。她受命带领一组人员到东台县唐洋区工作，她被任命为区委书记。

　　陈日梅也随凌奔一起来到唐洋。她在一师民运队工作期间，患上了严重的痢疾，跟不上部队行军的脚步了。何况她是归侨，不会讲当地话，到地方生活、工作都有困难。凌奔主动向师部申请，要求陈日梅随她疏散下去。来到唐洋后，陈日梅的病情日渐加重。凌奔找到一位老中医，请他给陈日梅调治。没想到这位老中医替陈日梅号脉后，连连摇头，说这病已经治不了了，建议赶紧回去准备后事吧。凌奔闻讯后，抱着陈日梅大哭起来。陈日梅反过来安慰她，说自己命大，不会就这样死的。凌奔想办法找到一点大米，熬了点米汤，喂陈日梅吃下去。经过凌奔几天的精心照料，陈日梅竟然奇迹般地好起来，逃离了鬼门关。

1943年初，为对付敌人更大规模的清乡扫荡，保证前方供给，军部再次动员一些非战斗人员暂时疏散，化整为零，设法通过敌占区，投亲靠友"打埋伏"。粟裕、钟期光两位领导率先垂范，他们的妻子都在疏散人员之列。凌奔二话不说，表示坚决服从组织的决定。凌奔心里明白，组织上作出让她们回老家"打埋伏"的决定，是应对当前严峻革命形势的需要。自己作为一名革命战士，一切行动听指挥，对军令必须无条件服从。而且，丈夫钟期光是政治部主任，主抓这项工作，自己作为外人眼中的"首长夫人"，更要全力支持他的工作，时时刻刻起模范带头作用。组织上要陈日梅也跟随凌奔一起回皖南"打埋伏"。

离开部队，风险便无处不在。从苏北军部到南陵，不过百里路，但因日军封锁严密，只能在党的地下交通员护送下绕经上海。日伪军岗哨林立，敌特活动猖獗，对过往人员盘查得很厉害。凌奔和陈日梅起程前都精心化了装，换上农家装束，揣着纳鞋底的针线包，背上背着几颗大白菜，手里拎着几只鸡，装扮成小商贩的模样。陈日梅又瘦又小，讲一口广东话，要想装扮成地道的当地人很不容易。凌奔嘱咐她路上尽量少说话，如遇到有人问话，统统由凌奔出面应付。陈日梅因久在军营，养成了一个习惯动作，一见到有人与她打招呼，就下意识地把右手举过头顶敬军礼。凌奔一再叮嘱她说："你千万别做这个动作，太危险了，要彻底改掉。"

地下交通员护送凌奔和陈日梅上路，将她们送上了一条驶往南京的长江商船。这条船的主人，是时任新四军一师三旅旅长陶勇夫人朱岚的哥哥，是地下党暗中接洽的。同时搭乘这条船的，还有两个日本特务，他们穿着马褂长袍，打扮得跟中国老百姓一样。凌奔和陈日梅上船后都不多说话，一直倚坐在船甲板一角麻利地纳着鞋底，偶尔望望江两岸的景色。朱岚的哥哥骗两个日本特务说，搭船的两位女人是他在乡下的亲戚。日本特务没看出破绽，信以为真。船靠南京码头，稍事休整。陈日梅很喜欢吃当地的臭豆腐，凌奔就拉她上岸，满大街找炸臭豆腐

1938年，凌奔（左）与赵正和。

吃。船到上海，她们在朱岚娘家所在的崇明岛下了船，不敢久留，又在全国解放后曾任南京军区政治部副主任的胡志坚接应下，马不停蹄地转船赶往芜湖。

凌奔在芜湖有一个同学叫赵正和，与凌奔情同姐妹，当时在芜湖一家医院当护士。凌奔和陈日梅在赵正和家里住了一段时间。在组织上的安排下，凌奔与在芜湖做地下工作的伪军军官杨进取得了联系。因芜湖早已在日本人的严密监视之下，特务、汉奸众多，而赵正和家突然来了两个年轻的乡下妇女，长时间住下不走，难免会引起敌人注意。有一天，一队伪军突然把凌奔抓走，关进军营隔离盘查。因有地下党员杨进的策应，凌奔临危不惧，谈笑风生，巧妙应对。凌奔还与伪军们斗酒，令伪军没想到的是，瘦弱的凌奔酒量大得惊人，推杯换盏，一阵豪饮，居然把为首的几个伪军喝倒在酒桌下。凌奔的豪爽令伪军钦佩，也不再为难于她。凌奔被伪军扣留了两天，竟然毫发未损地全身而退。正心急如焚的赵正和、陈日梅，见凌奔笑容满面地回来，惊喜万分，与她紧紧拥抱在一起。凌奔说，此地不宜久留。凌奔和陈日梅很快在杨进的安排下，迅速离开芜湖，避往国民党控制下的南陵县城。

到达南陵后，凌奔很快找到母亲的居所，再次见到了日思夜想的母

亲。母亲此时已经因思念女儿心切，再加上远房亲戚骗走了她苦心积攒下的那份田产，受苦受气，以致哭瞎双眼。凌奔没想到家中发生了这么大的变故，扑倒在母亲怀中，大哭一场。母亲轻轻抚摸着女儿清瘦的脸庞，流下了热泪。她安慰女儿说："回来就好，都会好起来的。"

回到南陵，凌奔暂时安定下来，享受着难得的与家人团聚的幸福时光。陈日梅在凌奔家也得到了很好的照顾。

在母亲面前，女儿永远是长不大的孩子。回到久违的母亲怀抱，凌奔活泼好动的天性再次呈现出来。有一次，母亲正在为陈日梅讲三国演义故事，凌奔却调皮地拉了拉陈日梅的衣襟，示意陈日梅跟她悄悄地离开。凌奔拉着陈日梅躲在远处一个角落里，得意地看着双目失明的母亲对着一所空房子绘声绘色地讲着故事，抿嘴窃笑，以致后来忍不住笑得前仰后合……

二十多天后，在县教育局任督察的二姐夫突然跑回来，对凌奔和陈日梅说："你们已经引起注意了，赶快走吧，不走会有危险。他们正在密谋要逮捕你们。""皖南事变"后，统治南陵的国民党顽固派视新四军为死敌，其凶险程度丝毫不亚于日本侵略者。凌奔当机立断，拉着陈日梅当日出城，重又奔向芜湖。凌奔先把陈日梅安置在同学赵正和处，自己匆匆赶往皖北无为，寻找在那里活动的七师。

傅秋涛是七师副师长，与钟期光同乡，两个人是出生入死多年的亲密战友。凌奔到达七师的防区后，找到傅师长的手下，指名道姓要见傅秋涛，并自我介绍是钟期光的老婆。傅秋涛从未见过凌奔，半信半疑，就差人来问凌奔："你有什么证明？"凌奔拿出随身携带的结婚戒指，上面的象牙瓷片上印有她与钟期光的名字。凌奔还讲得出钟期光以前与傅秋涛一起闹革命时用过的名字。傅秋涛听后深信不疑，马上吩咐准备好酒好菜，热情款待，又派人把陈日梅也接了过来。

傅秋涛还叫来梁金华，指着凌奔和陈日梅对他说："这两个人交给你了，你带着她们行动，要保证她们的绝对安全！"其实，钟期光与梁金华在红军三年游击战争时期就在一起。钟期光受到不公正处分后，还下发到梁金华班里当战士，梁对钟十分照顾，两人友情很深。梁金华长得人高马大，又机智过人，是傅秋涛手下的一员猛将。

日军在当地清剿得很厉害，凌奔和陈日梅经常跟随梁金华的部队穿插转移。有一次，部队趁夜急行军，路过一片水田地。有一段小田埂狭窄而湿滑，凌奔和陈日梅走不习惯，明显跟不上部队的行军节奏。梁金华见状，不由分说，上来把凌奔和陈日梅一边一个夹了起来，三步并作两步，迅速走完了这段田埂。

凌奔和陈日梅来到皖南后，傅秋涛安排她们到皖南地委协助工作。到了1943年9月，新四军在苏北的形势有所好转的情况下，组织才安排杨进又将凌奔和陈日梅一路护送回一师。为期半年多的"打埋伏"生活结束了，屡次历险的凌奔和陈日梅又回到了一师大家庭，等待分配工作。而与她们同时出发疏散的一些战友却没能回来，不少人在这场没有硝烟的特殊战斗中付出了生命的代价。

九、血脉亲情

　　1945年，凌奔已有了两个可爱的儿子——"狗牯"和"毛骡"。1946年，在一次印刷厂紧急转移时，作为厂长的她当看到船只不堪重负时，发出命令："把竹筐中的两个孩子弄下船！"后来，还是带上了两个孩子。全国解放后，她将母亲接到身边，把母亲结婚时的陪嫁丫头也一起接来，直到为她们送终。当年，她投奔革命，不辞而别，总有愧疚之情，今天，让亲属们努力成才，为新中国多作贡献，也是回报亲人们对自己的支持。

　　重回一师不久，凌奔怀孕了。早已盼子心切的钟期光，自然高兴得合不拢嘴。

　　在战争环境下，部队在对敌作战中不断地转移，没有一个稳定的后方，新生儿得以存活下来相当不易。看到周围不少姐妹在残酷的战争环境流产，痛失骨肉，凌奔很紧张。但看到一位又一位熟悉的女兵战友当起了妈妈，她又很向往，希望自己的孩子早点来到人世。

　　1944年5月的一天，怀有七个月身孕的凌奔，挺着大肚子走路时，不小心滑了一跤，羊水破裂。也许是孩子知道父亲盼子心切，想提前来到人间。当时，钟期光不在身边，幸有陈日梅在身边照应。陈日梅一溜小跑到村里找来一个接生婆，在一个农户家里按农村的土办法为凌奔接生。生产时，凌奔疼得"妈呀妈呀"地大叫。陈日梅紧紧握住她的手，不住地为她打气，还开玩笑说："好呀，你现在想起妈妈来了？！你忘了你以前是如何捉弄她的？"

孩子终于降生了，是一个男孩。这时接生婆还不肯鸣金收兵，说凌奔的肚子很大，按她的经验，应该还有一个孩子会生出来。陈日梅跑出去给钟期光首长打电话，说凌奔生了一个儿子，还有一个等待降生。钟期光一听，高兴极了，立即打马过来。他进门时，另一个孩子仍未见踪迹。接生婆不得不宣告生产结束。

钟期光和凌奔夫妇对这个儿子宝贝得不得了。为了让这个七个月的早产儿存活下来，钟期光一有空就跑回来帮

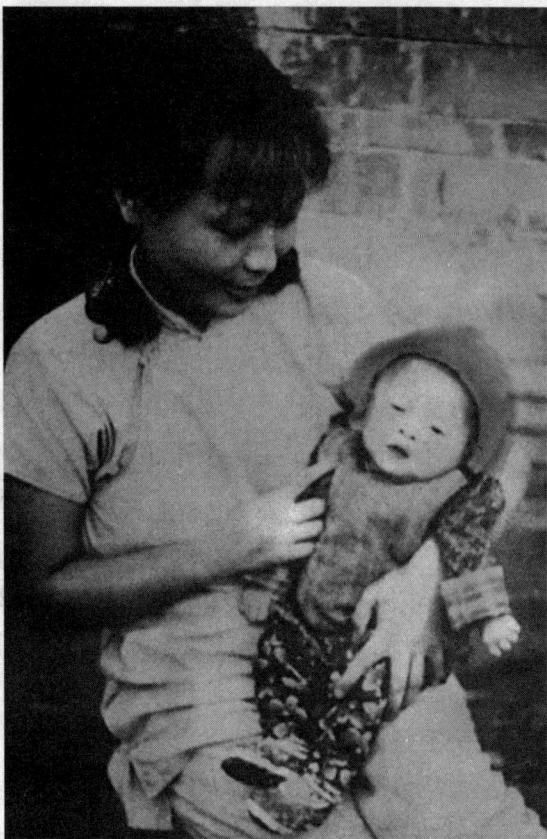

1944 年，凌奔在苏北有了第一个孩子。

助照看儿子，凌奔和陈日梅二人更是不分昼夜轮流守护着孩子，后来还专门请了个奶妈。白天怕孩子被蚊虫叮咬，就让奶妈抱着孩子，坐在蚊帐里。渐渐地，孩子面色红晕起来，像正常孩子一样一天天长大。为了让孩子"好养活"，钟期光根据湖南老家的习惯，为孩子取了一个小名——"狗牯"，希望他强健起来。因他在江苏出生，大名叫钟德苏，以示纪念。

钟期光爱子心切，不许凌奔出去工作，让她在家专心带狗牯。几个月过去了，随着狗牯渐渐长大，被圈在家里动弹不得的凌奔，看到战友能够开开心心地外出工作，自己却被淘气的孩子拖累动弹不得，心情越来越差。她是一个性格外向的人，喜欢与人交往，从来没有"与世隔绝"这么

长时间。酷暑难耐，狗牯越发闹腾得厉害，身边不能离开人，不能满足要求便要发泄不满。有一天，狗牯不停地哭闹，凌奔突然发火了，把他顺势往床上一丢，气哼哼地说："哭吧，哭吧，我不管你了！"

挨摔的狗牯感到委屈，哭得更凶了。凌奔索性不去理他，坐在一边生气。钟期光的警卫员此时刚好撞上，等钟期光回来时，他偷偷向首长打"小报告"，添油加醋地说："首长，今天凌奔同志就这样把狗牯'啪'地往床上一摔……"。钟期光一听，火冒三丈，命令警卫员立即把凌奔捆起来。凌奔从小到大哪受过这样的气？她大喊大叫，上蹿下跳，吵闹着要与钟期光离婚，还要找陈军长和粟裕师长来评评理。这次"战事"延续了好几天，还是钟期光道了歉才算过去，两人又和好如初了。不过，经这样一闹，凌奔反倒可以出去工作了，在师部机关里担任政治协理员，干她的老本行。

抗战后期，一师奉命开赴浙东，开辟新的抗日根据地。凌奔也随师部来到浙东天目山，并于1945年8月生下第二个孩子，仍然是个男孩。钟期光连得二子，大喜过望。他仍按照湖南老家的习俗为儿子取了个常用的乳名——毛骡，学名钟德浙。

解放战争初期，凌奔从浙西转战到两淮，在华中军区任民运干事，继续做她最擅长的民运工作。1946年，部队转战到山东，凌奔被任命为华东军区印刷厂厂长。此时，她既要拖儿带女，又要照常工作，付出了比一般人更多的心血。她指挥印刷厂人员及珍贵的设备紧随大军行动，战斗和行军间隙还要完成印刷出版任务。

有一次，印刷厂人员及印刷设备紧急乘船转移。她的两个儿子狗牯和毛骡各坐在一个竹筐里，也跟随她上了船。因设备过多、过重，船只不堪重负。敌军正在步步逼近，如果稍有延误，部队辛辛苦苦攒下的这点家底就全报销了。危急时刻，凌奔命令丢弃所有不重要的物品，重点保证印刷设备运输安全。她还向船工发出了一个出人意料的指令："把竹筐里的两个孩子也弄下船。"凌奔为了转移设备竟不惜舍弃自己的亲生骨肉，这令船工颇为震惊，也颇为感动。船工坚决不肯搬孩子下船，并向凌奔求情说："这两个孩子能有多重呀？带上他们，保证出不了事。"小船摇摇晃晃地起航了，幸未遭遇什么不测。凌奔总算平静了下来，过来安抚两个惊魂未定的儿子，对他们说："好了，都过去了，我们找爸爸去。"

为了减轻负担，凌奔克服重重困难，把体弱多病的狗牯留下，亲自把毛骡送到南陵外婆家抚养。因急着归队，凌奔不能多陪陪双目失明的残疾母亲，扔下毛骡就要走。毛骡不干了，哭着闹着要妈妈，不愿意待在外婆家。凌奔狠下心来，一边擦着眼泪，一边头也不回地快步离开了。

1948 年，钟期光与凌奔在山东乳山抱着双胞胎大宝、小宝合影。

外婆把对小女儿的思念全部转移到第三代身上。白天，她让毛骡与表兄弟们一起玩耍，晚上为他摇扇挠痒，讲故事哄睡觉。没几天，毛骡就喜欢上了外婆家，再也不吵闹着找妈妈了。母亲为了让女儿安心在前方工作，特意找人带信给女儿，说毛骡在这里玩得很高兴，已经不想家了，请她不要再惦记家里。凌奔听到这个消息后，心里如打翻了的五味瓶，七上八下的，说不出是高兴还是难过。

这时部队行军时，随处可见幼小革命后代的身影。有的是襁褓之中的婴儿，紧紧依偎在妈妈的怀里。有的孩子虽然年龄稍大一些，但还走不了远路，一双一对地被放进竹筐里，或者驮在毛驴身上，或者由叔叔们轮流挑着。有的孩子一开始不愿意被放进筐里去，母亲们就会采取强制措施，孩子在筐里哭着哭着，就累得睡着了……这些孩子一路上被扬起的尘土搞得灰头土脸，一个个像霜打的茄子，一副无精打采的样子。可是等队伍一安顿下来，他们便焕发出活泼的天性，彼此间嬉笑追逐，带给大人们无限的快乐。

抗战胜利了，可是战争仍没有结束。1946 年 7 月，国民党又悍然挑起了内战，叫嚣要在三个月内打败共产党。蒋介石低估了共产党军队的力量，更是低估了人民的意愿。到 1947 年 6 月，一年内人民解放军不但没有被消灭，反而歼灭了国民党军队 96 个旅。这年 4 月，在孟良崮，华东野战军一举围歼了蒋介石的五大主力之一、骄横一世的七十四师，让蒋介石心痛得吐了血。有趣的是，在同一时间，凌奔生了一对双胞胎儿子，有人就说笑话了："前方打胜仗，捉俘虏；后方喜添人丁，共产党的队伍又扩大了。"凌奔高兴得不行，直呼大宝、小宝，钟期光起名为德鲁、德东。

孟良崮一仗大胜，但华东战场仍处于国共两军交战的焦点。为了减轻后方负担，华东野战军决定军区、野战军的家属和部分后方单位撤到由苏联红军控制的大连。这批转移的有几十位家属和孩子。陈毅、粟裕、张鼎丞、谭震林、曾山等人的妻子和孩子都在其中。凌奔带着大儿子和刚生下来的双胞胎也登上了渡海的旧轮船。

此次海上"闯关东"，无任何护航力量，危险极大。如遇到敌军海上拦截或炮火袭击，一船人都可能会失去生命。凌奔、张茜等带着孩子们从烟台乘船出发，靠夜幕掩护，悄悄通过国民党海军控制的渤海海峡，幸未遇到敌情。

解放战争的战局发展得出人意料地快。凌奔在大连不到半年，人民解放军就已经转入了反攻。1948 年春，凌奔携子从大连渡海南下，返回山东济南。组织上先是安排她在三野后方留守处参加学习。留守处后改为妇女干校，凌奔被任命为保育委员会副主任。凌奔奉命创办了一所托儿所，把部队里散养在各处的孩子收拢起来，成了不折不扣的"孩子王"。

1947年在大连。前排：右一凌奔，胸前搂着狗牯，右三毛骡；二排：左一康宁、左二谢青、左五楚青、左六罗伊、左八薛和；三排：左二张茜。

　　1949年春，山东除青岛、即墨及海上的长山列岛外，大部分地区已经解放。淮海战役前夕，解放大军已推进到安徽合肥、巢湖一线，逼近凌奔的老家芜湖。

　　母亲给凌奔捎信说，全家已从南陵搬回芜湖居住，毛骡也很好，请她放心。凌奔给母亲回信说，解放军就要打过长江了，天就要亮了。她劝说母亲让弟弟黄宗炎也出来参加解放军，为全国解放尽一份力。母亲接信后，犹豫再三，最后还是同意了凌奔的建议。黄宗炎当时已三十好几了，因躲避战乱一直闲在家里，尚未婚配。母亲同意他参军，他高兴得不得了，很快投奔姐姐，穿上了黄军装，成为一名光荣的解放军战士。他参军后，参加了渡江战役，经受了战火的考验。后来转业到地方成了家，在地质部门为国家勘探金矿，成为又一名对党和人民作出贡献的黄氏子孙。

　　"钟山风雨起苍黄，百万雄师过大江"。伴随着渡江战役的轰轰炮声，全国解放的进程大大加快。4月23日，蒋家王朝的老巢南京被攻占。当天，芜湖宣告解放。凌奔随解放大军一路南下，很快踏上了故乡的土地。

1950 年，在南京与家人合影。左起：大姐、二姐、母亲、凌奔、弟弟。

　　十年战乱已经结束，一家人再次团圆，凌奔甭提多高兴了。几年颠沛流离的生活下来，双目失明且腿脚不便的母亲明显衰老，行动更不如从前了。牙牙学语时就被送到外婆身边的毛骡，已经四岁有余，长成了一个大孩子。外婆把他拉过来叫他喊妈妈，他有些羞怯，躲在外婆身后就是不肯张口，逗得大家哈哈大笑。两位姐姐信守当年对妹妹许下的诺言，这些年来虽然先后成家生子，但都一直不离母亲左右，精心照顾着母亲的日常起居。凌奔告诉母亲和姐姐，等战争结束，她安顿下来，就来接她们，全家在一起开始幸福的生活。

　　侠义的凌奔没有食言。

　　全国解放后，凌奔和钟期光定居南京，即向组织提出，将老母亲从芜湖接到部队，很快得到批准。老人家迁来南京后，享受到了随军家属待遇，感到十分荣耀。她在凌奔身边安度晚年，1952 年 8 月因病去世。

　　两位姐姐读过书但都没有工作，凌奔把她们及全家从安徽乡下接到了南京，姐姐们开始了新的生活。大姐黄明文，丈夫过早离世，留下了她和女儿。凌奔介绍了一位八路军老干部与她相识组建了家庭，又把大姐的女儿接到身边，培养她上了南京第二女中，后考上南京大学生物系，毕业后分配到中科院生物研究所，成了国家科技人才。二姐黄明珍一家，也在凌奔的关照下过上了幸福美满的生活。二姐夫叫朱安武，会弹古琴，多才多艺，因为解放前曾在国民党政府里做事，一度受到调查，但没有查出什么问题。他迁到南京后，在凌奔的介绍下，成为南京一所中学的中文教员，最终学有所用。

母亲当初结婚时从娘家陪嫁来了一个丫头，这些年来一直留在母亲身边，不离不弃。母亲来南京时，也把她带来了。凌奔把她也当成亲人一样赡养起来，直到为她送终。

对于丈夫家里的亲人，凌奔也一视同仁，热心扶持。钟期光有个妹妹家庭困难，女儿没钱上学。凌奔二话不说，一直出钱供养这个孩子，培养她上了高中，直到她当了工人，找了对象，开始了自食其力的生活。

凌奔这一代人当年投奔革命时，基本上都是不辞而别，不顾一切。家庭的重担，全部压在其他家人身上。他们在外为国家流血战斗，虽然感到无比神圣而光荣，但总是免不了心怀对家庭、对亲人的愧疚之情。所以，像凌奔这样，待革命形势好转后，尽管自己还立足未稳，却一直在想方设法安置好亲人。他们是以这种特殊的方式，来回报亲人长期以来对自己参加革命的支持和对革命事业的默默奉献。这在当时是一种很普遍的现象，也是一件很有意义的事情。

凌奔还把一位亲戚——堂兄黄宗干，引进了革命队伍，并使其才尽其用，成为部队院校中的一名优秀共产党员。

上海解放时，住在这里的黄宗干已与堂妹凌奔失散多年。1949年6月初，一身黄军装的凌奔与丈夫钟期光辗转找到他的家，敲开了他的房门。黄宗干一眼就认出她来，大叫一声："明英！你终于胜利归来了！"凌奔笑着说："我现在不叫明英，改名叫'凌奔'了。"她拉着高高大大的钟期光介绍说："这就是我的爱人，钟期光。"这对堂兄妹——黄钺的后人，小时候就喜欢在一起高谈阔论，无话不说，这么多年没见面，自然有说不完的话。

　　黄宗干在大学里学的是土木工程专业，毕业后在上海一家小公司做建筑师，因长期战乱，一直感到英雄无用武之地。上海解放后一时无事可做，赋闲在家。通过与堂妹夫妇的接触，黄宗干对共产党及其领导下的人民军队有了较深入的了解，很想为新中国贡献自己的才智。钟期光、凌奔告诉黄宗干，毛主席指示陈毅创办一所军政大学，取名华东军事政治大学，用以迅速培养大批高质量的军政干部。陈老总指定钟期光去南京，在原国民党陆军军官学校和国防部旧址筹建军大。当时懂建筑的专业人才难寻，钟期光和凌奔自然想到了科班出身的黄宗干，问他："你愿不愿意投笔从戎，随我们去南京办军大当教员？"黄宗干当即表示同意，于8月20日到达南京向华东军大政治部报到。从此，他的人生轨迹被彻底改变。

他到华东军大后，立即成为部队建设中的紧缺人才，主持完成了军事院校、大军区的多项重点营建工程。华东军大后又新组建南京军事学院，最后成为南京政治学院，黄宗干一直身在其中，入了党、提了干，脚踏实地地干了一番事业。1983年11月，他经中央军委批准，以正师职离休，因工作需要

1950年，在南京三家人合影。左一起（成年人）：钟期光、唐亮、张锐、张茜、凌奔。

又连续工作了七年。1989 年 6
月，黄宗干被南京政治学院评
为优秀共产党员。到 2010 年
凌奔 90 周年诞辰这一年，黄
宗干 91 岁，在南京政治学院
干休所安度晚年。他撰写了一
篇纪念堂妹凌奔的文章，其中
说道："我之所以能有今天的
成就，首先要感谢钟期光将军
和凌奔同志的引导，他俩是我
参加革命的引路人。我愿他们
两位老人在天之灵双双相偕安

1950 年钟期光、凌奔在南京。

息永生，我们全家将永远怀念他们。"

　　1949 年 6 月底，凌奔又进了上海医院的产房。一位老战友，焦躁不
安地在产房外徘徊着。

　　他是第三野战军政治部主任唐亮，也是湖南老乡。唐亮有几个孩子，
但都是女孩，做梦都想有个儿子。看到钟家已经有了四个儿子，传宗接代
的任务早已经超额完成，他十分羡慕。钟期光十分理解老战友的心情，便
与凌奔商量，如果接下来诞生的是男孩儿，就送给唐亮抚养，给他做儿
子。凌奔没二话，当即表示同意。她十分了解丈夫的这位老战友，认为唐
亮虽然性子有点急，嘴上常常骂娘，但为人正直，是个信得过的大丈夫。
钟期光见妻子同意了，第一时间向唐亮报喜，但是有言在先："如果生的
是女孩儿，门儿都没有。"唐亮大喜过望，紧紧握住老战友的手一个劲儿
地道谢。

　　凌奔生产这天，唐亮早早地恭候在产房门口。产房里终于传来婴儿的
啼哭声，护士小姐推门出来喊了一声："恭喜了，是个女孩儿！"钟期光顿
时喜笑颜开，忘记了一切，连叫"好哩好哩"，不顾一切地冲进产房。唐
亮傻站在门外，失望之极，头也不回地走了。

　　这一天格外热闹。窗外，刚刚解放的上海人民敲锣打鼓，欢天喜地地

鸠兹侠女——凌奔

庆祝中国共产党的第 28 个生日。屋内，钟期光和凌奔围坐在宝贝女儿身旁，脸上荡漾着幸福的笑容……父母给女儿取了个小名，叫妹妹，学名钟德沪。

凌奔生了妹妹之后，又连续生了三个女儿。其中，在生第三个女儿时，钟期光和凌奔夫妇又念及战友情谊，决定把这个女儿送人抚养。

收养孩子的人叫张崇文，也是与钟期光多年出生入死的老战友。张崇文比钟期光年长三岁，浙江临海城关人，1926 年入党，曾在杭州担任地方党负责人期间被捕，被关押七年之久，受到了国民党反动派的残酷折磨。参加新四军后，他一直跟随钟期光转战大江南北，出生入死，朝夕相处。解放初期，两个人是工作中最亲密的同事和上下级。钟期光任华东军事政治大学副政治委员兼政治部主任时，张崇文任政治部副主任。两位老战友之间，两个家庭之间，彼此都非常信任，来往走动很密切。

到 1952 年，张崇文已经 43 岁了，却一直没有孩子。钟期光和凌奔就对他十分同情，两人决定把即将出生的第七个孩子送他抚养。当年 9 月 22 日，这个孩子降生了，是个健康漂亮的女婴。张崇文夫妇别提多高兴了，三天后直接从医院把孩子抱回自己家抚养，取名张晓庆。

从 1949 年至 1953 年的短短四年间，凌奔连续生了四个女儿。二女儿胖胖，取名钟德宁。一时间，钟家孩子成群，欢声笑语不断。到最后一个女儿出生时，父母称为娓娓，取名钟德南。

十、有声有色的小学校长

　　为了解决干部的后顾之忧，南京军事学院决定创建自己的子弟学校。1954年，凌奔被任命为校长，她风风火火地上任了，还发出豪言壮语：要把南京军事学院子弟小学办成南京市最好的小学。军人出身的凌奔，办事情总是充满激情，她亲自参与设计规划新校的蓝图，为校舍建设而辛劳，为解决教师的困难而奔波，为教学而竭尽心力。1960年，学校参加南京市统一考试，获得市小学教育质量第一名，同年，还被评为江苏省少先队工作的红旗单位。

　　解放了，凌奔担任过南京华东军区政治部印刷厂协理员，陪同丈夫到苏联治过病，在南京军事学院先后当过国营联华公司人事科长兼面粉厂厂长、物资保障部协理员，家内家外忙得团团转。看到身边活蹦乱跳的孩子们一天天长大，革命事业后继有人，她感到很欣慰。

　　一批又一批革命后代来到人世，而生于战争年代的大孩子们则已经到了上学的年龄。在南京军事学院，像钟期光和凌奔这样家中有几个学龄儿童的家庭比比皆是。父母们整天忙于工作，孩子的教育成了一个令他们头疼的大问题。

　　为了解决干部的后顾之忧，1953年军事学院决定创建军事学院子弟学校，最初建于石钟路，故对外称石钟路小学。在校学生大多是部队干部的子女，其中很多家长是我军的高级干部，还有不少是革命烈士或抗美援朝将士的子女。1954年，军事学院任命凌奔为子弟小学校长。1955年中国人民解放军实行军衔制，钟期光被授予上将军衔，而在部队战斗过十多年的凌奔因为转业没有享受到佩戴肩章的待遇。

凌奔风风火火地上任了。虽然学校还处于初创时期，一切乱无头绪，但她口出豪言，要把南京军事学院子弟学校办成南京市最好的小学。根据军事学院党委"一切为教学服务"的要求，凌奔提出要改变学生以走读为主的现状，逐步实现全部住校，让他们的父母

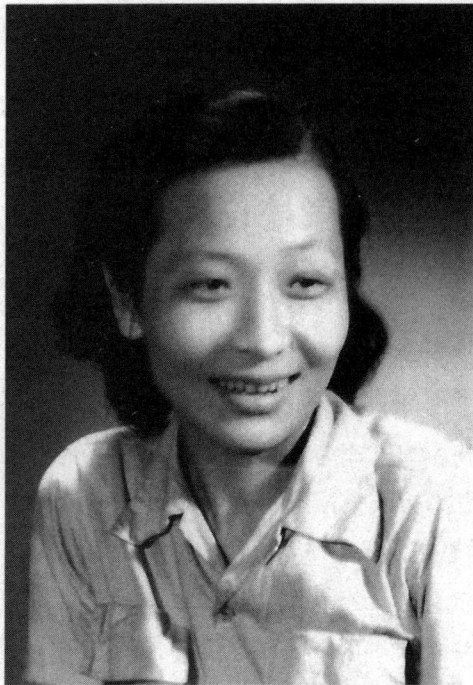

1950年，凌奔第一次赴苏联的护照像。

们全身心地投入工作。于是，搬家扩建成为凌奔主抓的头等大事。短短几年间，学校先是从石钟路搬到西华巷，又搬到解放路。

军人出身的凌奔，办事情总是充满激情，雄赳赳、气昂昂地带领大家兴建新学校，外人根本看不出来她是有哮喘病的人。她认为教育是百年大计，所以亲自参与设计解放路新校的规划蓝图，把教学楼、宿舍区、食堂、操场甚至洗衣间都一一圈定下来。在校内道路上，凌奔特意栽下两排法国梧桐树，寓意这里将飞出更多的人才"金凤凰"。

为了建设新校区，一身是病的凌奔几乎连命都不要了。她带领全校教职员工大干快上，白天不影响老校区的正常教学工作，晚上继续在新校区加班流汗，有一次累得晕倒在建设工地上。老伴钟期光心疼她的身体，下班时常来学校接她，又不敢把汽车开进校内，只好在校门口等候，可每次左等、右等就是不出来，直到夜幕降临，才不得不独自回家了。

全寄宿的解放路小学建成后，成为南京市条件最好的小学。不仅部队

干部送子女入学，社会生源也与日俱增。没过几年，学校又显拥挤，不得不再一次搬家。新址是中山门外的卫岗，凌奔又在这里挥洒汗水。新校快速建成后，她带领师生们搬桌椅干到深夜。她虽然气喘吁吁，但总是冲在最前头，老师们都被校长的这种不要命的拼搏精神深深感动了。

到1961年，军事学院子弟学校已从小学发展到小学、初中连读，在校生由当初的三百多人增加到一千三百多人。南京军事学院适龄子弟入学的问题解决了，受到军事学院教职学员的一致赞誉。

偌大的一个新校园如同一座别样的军营，而凌奔校长就是这座军营的"大管家"。当时部队学校实行供给制，连学生的书包、铅笔都由公家配给。凌奔和老师们不仅要搞好教学，还要管学生们的吃、住，甚至是穿着和换洗。而在教师们的印象中，凌校长又是个"认真得要命"的人，事必躬亲，付出的心血和汗水自然要超出常人。

经过几年的努力，特别是经过1958年的"大跃进"，军事学院子弟

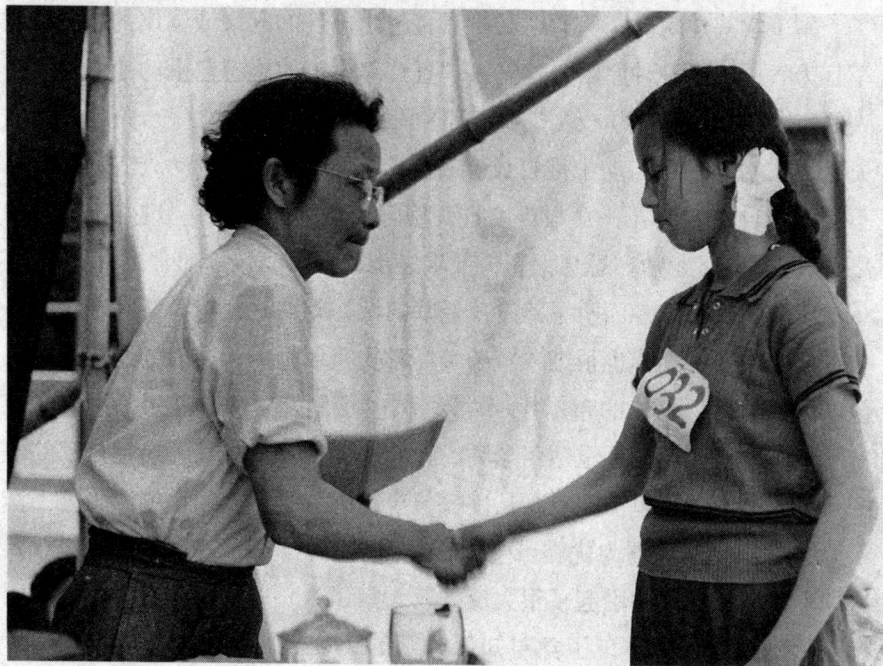

1959年，在南京军事学院子女学校运动会上，凌奔校长给运动员发奖。

鸠兹侠女——凌奔

学校的办学质量有了突飞猛进的提高。1960 年，学校参加南京市的统一考试，全校语文、算术两门主要课程总评皆在 96 分以上，获得南京市小学教育质量第一名。同一年，学校还被评为江苏省少先队工作的红旗单位。学生体育竞赛水平也令人刮目相看。在全市少年女子横渡长江比赛中，军事学院子弟学校的选手夺得冠亚军，省报《新华日报》予以了突出报道……凌奔就这样兑现了上任伊始的誓言，把军事学院子弟学校办成了当时南京市最好的小学。

凌奔不懂教学，如何做好校长？学校里知识分子聚集，而具有军人风格的凌奔来到军事学院子弟学校当校长后，大家都静静地观察着她。一道道"考题"摆到了她面前，解决不好便会失去人心。但是，凌奔已是有 16 年军龄的老干部了，带好队伍用好人，把政治思想工作做到人的心里，这是她在革命战争时期练就的看家本领，什么事都难不倒这位好强的女兵。

军事学院建院时，吸收了一批具备教学条件的起义或俘虏的原国民党军官为教员。因种种原因，这些人一直背着很重的思想包袱。他们中一些人的家属，就在子弟学校当老师，路阶萍老师便是其中之一。路老师的丈夫后来在"反右"运动中被打成"右派"，在外地接受劳动改造。路老师不得不独自带着一儿一女艰难度日，用学校老师的话说，"过着不离婚的离婚日子"。路老师在思想上积极要求进步，但家庭包袱非常沉重。

凌奔到校后，专门听了路阶萍老师的课，觉得她很有教学经验，能力和责任心很强，工作也很细致。凌奔经常找路老师聊天，鼓励她放下思想包袱，做一个"党外的布尔什维克"，同时帮助她解决一些生活困难。在实际工作中，凌奔信任重用路老师，让她专做小班班主任，还把自己的两个儿子放在她的班里。路老师从凌校长身上感受到了党组织的温暖，工作十分努力，年年被评为优秀班主任、优秀员工，后来还被评为一级教师。这件事在全校教师中引起了很大反响。大家认为，凌校长洞察力强，对所有老师一视同仁，体现了党对知识分子的政策。大家都主动向路老师学习，自觉努力地配合其工作。

凌奔在培养教师队伍上有她自己的一套方法。她坚信邪不压正，对有才华、素质好、能力强的老师敢于给他们"吃偏饭"，予以重点培养。她经常把列入培养苗子的老师组织起来，到北京等地参观学习，为他们开阔眼界创造条件，促其尽快成为教学骨干。对有特长的老师，凌奔也充分发挥他们的才智。教语文的李国才老师，是子弟学校建校之初从北京选拔来的。他讲普通话标准，业务能力很强。凌奔校长给他压担子，让他专门教高年级语文，并担当班主任。

凌奔在工作上很拼命，对自己要求高，对老师们也要求很严，不少老师常常晚上跟她一起开会加班，很晚才回家。她要求1949年刚参加工作的陆宝珍老师写一份工作计划，连审几遍都不满意，到最后由她自己口述，陆老师笔录才完成。她常对老师们讲，"师高弟子强。要给学生一勺子水，你们就要有一桶水。"她说，孩子们是祖国的花朵、祖国的未来，

1961年4月，凌奔与军事学院子女学校老师游南京玄武湖。前排左起：尹善琼，叶大鹏，郭之玉，贺元惠，后排左起：申才柳，李国才，凌奔，陈宗曜，吴俊培，路阶萍

他们将来是革命事业的接班人，一切事情都马虎不得。作为一名光荣的人民教师，我们有责任培养孩子们实现德智体全面发展，使他们爱祖国、爱人民、爱科学、爱劳动、爱护公共财物。只有把孩子教育这个基础打好了，培养孩子们养成很好的习惯，他们将来才会更好地发展。

凌奔做事大刀阔斧，有胆量，有魄力，与温文尔雅的老师们相处时，又多了几分温柔和体贴。对陆宝珍这样的年轻教师，凌奔对他们身上暴露的各种缺点绝不姑息迁就，同时也像慈母一样关心与爱护他们，在他们最需要的时候总是雪中送炭。

陆宝珍的家在镇江，父母都不在身边。她到了找对象的年龄，同事好友朱莲芳老师热心相助，介绍了一个从国民党统治时期过来的留用人员与她认识。凌奔校长知道后很不高兴，把朱莲芳叫来"臭骂"一顿。她对陆宝珍讲："我来给你找。"凌奔介绍一位在军事学院学习的优秀军人给陆宝珍认识，两人展开恋情，于1955年办理了登记手续。因陆宝珍的对象是个学员，不能分房子，两人结婚无处安家。凌奔就破例给她分了一间房，让朱莲芳等老师帮忙布置成新房，门上贴上了大大的红双喜字。婚礼前，凌奔还特意带陆宝珍去了趟上海，帮她选购床上用品，晚上住在时任上海警备区司令的廖政国家。陆宝珍感叹道："这是我第一次跑到镇江和南京以外的地方。"

1956年这一年，陆宝珍多喜临门：第一个儿子出生，又加入共产党，军事学院授予她三等功，工资连提两级……陆宝珍有了孩子，父母也接了过来，还请了保姆。凌奔见她家住不下这么多人，就把她的住房调换成了三间。陆宝珍老师后来调北京工作，当了香山中学校长。她过80岁生日时，当年很多学生登门祝贺。她又谈起了凌奔校长，连称她是自己的"一辈子的大恩人"。

常可玉老师1957年来到凌奔身边工作，当时也是一个刚出校门的小姑娘。后来，她结了婚，怀了孕。凌奔召集开会，见她打瞌睡，就温和地对她说："小常，你起来一下，走动走动，给我倒杯水喝。"凌奔通过这种方式，帮小常赶走瞌睡虫，又顾及了年轻人的自尊心。这件小事虽小，可对于常可玉来说，虽然已经50年过去了，仍时常对人念道。

学校里像陆宝珍、常可玉这样的年轻男女老师该找对象时，凌奔都主动当红娘，从中穿针引线，还帮助把脉对方的人品。几年间，她先后为几位年轻人促成了美满的婚姻。

学校有一位五六十岁的老复员军人，从朝鲜战场回来后被安置在传达室工作，一个人负责看大门、打课间铃、收发报纸信件等杂务。他没结过婚，无儿无女，孤寡单身，老实本分，平时不大说话，大家都喊他"陆班长"。凌奔了解到他的特殊情况后，专门找他谈话，给他吃下一颗定心丸："只要您在学校里面尽职尽责，我们保证给你养老送终。"后来，凌奔帮"陆班长"物色了一个婚姻对象，从两个人的认识、交往到新婚被褥，新郎、新娘穿的结婚礼服，一直到婚后生孩子，都得到了凌校长无微不至的关怀。"陆班长"也以爱岗敬业的工作精神来回馈校长的关怀。他看大门期间，校园里从未出现过小偷小摸现象，治安非常好。

还有负责照看住校孩子们生活的马凤英、魏淑华阿姨，凌校长也帮她们介绍了如意的对象，夫妻相濡以沫，丈夫后来都成长为师级干部。很多当年军事学院子弟学校的教职员工多年后提起凌奔，心里总是充满暖意。常可玉老师说："凌校长把关爱洒在每一位老师、每一位职工的身上，她在子弟学校是有口皆碑的。大家经常竖起大拇指来夸赞她，认为是一个特别有爱心、仁慈的优秀共产党员，是一位值得以此为榜样的老革命。现在她虽然走了，可是她的崇高品德，对我们的关爱还活在我们的心中，我们都很敬佩她，很爱她。"

十一、"校长妈妈"

凌奔当了七年校长，她对孩子们既严厉，又关怀备至。她关爱孩子的一言一行，给全校师生以极大的震撼和教育，培养出了一届又一届德智体全面发展的学生，孩子们都亲切地喊她"校长妈妈"。1961年，她随钟期光迁往北京，在"六一"儿童节这一天，全校的孩子深情地给凌校长写了一封信，最后署名：您最喜爱的1350个孩子。让她感到自豪的是：在这个极平凡的岗位上，为党和人民做出了不平凡的业绩！

凌奔在南京军事学院子弟学校当了七年校长，这期间毕业的孩子都是她的学生。若单以学生人数来论，凌奔可能是她这一代女兵中拥有学生最多的一位了。

在孩子们的印象中，凌奔是一位看起来很厉害的校长，大家都很怕她。学校有一群被称为"公鸡头"的男孩子，经常调皮捣蛋、打打闹闹，可他们一见凌校长，顿时鸦雀无声，都老老实实地站成一排，等待校长训话。以致25年后，在学校里调皮捣蛋的学生、军委副主席张震的二儿子张连阳都做爸爸了，见到凌校长，仍然毕恭毕敬地九十度鞠躬，同时高声问候："凌校长好！"

学生们渐渐发现，凌奔校长虽然表面上很严厉，但始终像妈妈一样慈祥可亲。南京的冬天到了，孩子们在操场上玩耍，做游戏，有的孩子冻得瑟瑟发抖，小手红红的，拖鼻涕，流眼泪。凌奔见状十分心疼，跑上前搂着孩子嘘寒问暖："哟，乖乖儿子，冷不冷啊？"她拿出自己的手帕，帮孩子擦拭鼻涕和眼泪，还把孩子的小手放到自己手中焐一焐，送到自己衣服里暖一暖。凌奔关爱孩子的一言一行，给全校师生以极大的震撼和教育。孩子们一见到凌奔，都亲切地喊她"校长妈妈"。

凌奔关心、疼爱孩子的举动是发自内心的，是革命战争年代战友之爱的延续。在凌奔看来，这些诞生于战火纷飞年代并步入新中国怀抱的革命后代是无比幸运的，是无数革命先烈用鲜血与生命换来的。这些孩子长大后，将肩负着新的历史使命，将使革命薪火代代相传。凌奔谆谆告诫老师们："不要看孩子们今天拖鼻涕、流眼泪，他们将来可都是人才哩。将来成为栋梁，贡献比我们还大呢。"

孩子们全部吃住在学校，如果有哪个孩子出了差错，或者得了传染病，都是不得了的事情。凌奔校长深感责任重大，平时坚持与孩子们一起住校，到了星期天才与儿子大小宝一起回家。她日常对教学、保育、后勤各组及医务室等各方面工作都抓得非常紧，事无巨细，事必躬亲。她要求各班主任要全面负责，不仅要教好书、培养好学生，也要管理好学生的日常生活。

国内著名军事专家、海军少将尹卓，当年是一名被凌奔校长以"儿子"相称的小学生。他的父亲是个军长，1952年奉调赴朝鲜战场参战。母亲携全家迁往北京，只把小尹卓留在南京读完学业。尹卓与钟家大宝、小宝一样都是住校生，凌奔对他很熟悉，直接管他叫"儿子"。她知道，学校里一直管理比较严，住宿生的生活很单调，每次见到小尹卓都笑着说："儿子，星期天要不要到我家去过一过，解放一下？"凌奔家孩子多，有玩伴，尹卓很乐意去，是钟家的常客。凌奔经常与他聊天，有意识地对他引导和教育，鼓励他做一个对家庭、对国家有用之人。老话讲"一日为师，终身为父"，尹卓却说凌奔校长是"一日为师，终身为母"，自己受到凌校长的影响比亲生母亲都要大。

在严格的管理之下，军事学院子弟学校培养出了一届又一届德智体全面发展的学生，在南京市的诸多小学中后来居上。很多家长慕名把孩子送到这所学校就读，每个班级学生人数急剧膨胀，课桌挤到了黑板底下。尤其在 1958 年 5 月中央提出"鼓足干劲、力争上游、多快好省地建设社会主义"的总路线后，凌奔根据中央精神，也为了让有限教育资源接纳更多的军队子女入学，大胆提出合并班级的设想。她把每个年级的两个小班都合并成一个大班，每班学生分多个组。同时给贺元惠、李国才等优秀老师压担子，让他们担任大班的班主任。当时，每个大班的学生人数都在六十人以上，有的班级达到八十多人。老师们教学工作量也随之翻番，但大家都无怨言，自觉加班加点，拼命赶上去，班级纪律和教学质量仍然非常优秀。偌大的一个班级，上自习课时教室里鸦雀无声，"一根针掉在地下都听得见"。学校后勤部门也在凌校长的推动下"多快好省"，创下了一些在今天看来几乎不可能完成的业绩。例如，400 人左右的住校生，管理他们生活的阿姨只有四位，负责为他们洗衣服的阿姨只有一位。如此高

1959 年老战友在南京。左起：于玲、彭克、凌奔、范景新、楚青、马龄松、陈芳黎。

效、能干的后勤团队，在洗衣等事务已经高度机械化、智能化的今天恐怕也很难做到，很多纪录至今也无法突破。凌校长的诀窍，就是她在用爱来管理。

1961年初夏，凌奔一家随钟期光迁往北京。临别之际，子弟学校的师生们依依不舍，为凌奔校长写下了许多感人至深的赠言。在六一国际儿童节这一天，全校1350个孩子集体给凌校长写了一封信，表达了对慈母的感恩之情。此信全文如下：

亲爱的凌校长妈妈：

和您分别了，我们非常想您，甚至梦里也梦见过您。

校长妈妈，我们不会忘记您对我们循循善诱的教导和无微不至的关怀。我们也不会忘记，当我们生病的时候，是您——亲爱的妈妈，守在我们的床前，用您那革命式的母爱看护我们，照顾我们。我们的病好了，而您，却因为过度疲劳而病了。当天气变凉的时候，又是您——亲爱的妈妈，一次又一次地督促我们多加衣服，唯恐我们生了病。我们吃饭，您跟到食堂，看看我们吃得好不好、香不香。如果我们掉了饭，您就严肃地批评："孩子，粮食来之不易呀！"您教育我们热爱劳动、努力学习，教育我们勤俭节约、爱惜粮食。您严格地要求自己，以身作则。您，就是我们学习的好榜样。亲爱的妈妈，我们将永远记住您，我们一定要做一个和您一样的人，准备好条件，建设共产主义，做一个优秀的接班人。我们一定要记住您的话：努力学习，天天向上。听党的话，做一个毛主席的好孩子。亲爱的妈妈，您放心吧，我们在学校里，一定遵守纪律，好好学习，好好休息，讲究卫生，尊敬老师、阿姨和叔叔，听他们的话，不让他们为我们操心。我们一定要以优异的成绩、良好的品德、健壮的身体，来报答您对我们的辛勤教导和关怀。亲爱的妈妈，您一定要多多休息，把身体养好。您身体好了，我们比什么都高兴。

最后祝您身体健康，工作顺利！

您最喜爱的1350个孩子

1961年6月1日

在北京，凌奔有一次见到任福建省教育厅厅长的老战友王于畊。两人谈起了教育的话题，凌奔笑着对这位同行老战友说："你是教育厅长，我是小学校长。你在你的岗位上干得轰轰烈烈，而我在小学校长的岗位上也是有声有色……"对于小学校长这段人生经历，凌奔感到很自豪。她在这个极其平凡的岗位上为党和人民做出了不平凡的业绩。

1960 年 12 月，钟期光被任命为军事科学院副政委，成为叶剑英元帅的副手。1961 年夏天，凌奔放弃了她刚刚步入最好时期的小学校长一职，全家搬到了北京西山。在偏远的郊区，凌奔只能做些杂务性的工作，担任过军科院教研馆副处长，一直到退休。

很可惜，一个有着超强工作能力的女性中止了她的事业。凌奔和许许多多的传统妇女一样，放弃了自己的事业，却为丈夫和儿子的事业增添了更大的光辉，她们牺牲了自己的梦想，却延续了民族的兴旺和社会的发展。

十二、"情义宣言"

　　1958年，在全军"反教条主义"路线斗争中，军事学院院长刘伯承元帅受到迫害打击，作为副手的钟期光也成为批判对象。叶飞关心身处逆境之中的老战友，1960年春节过后，邀请钟期光等几位老战友及夫人到福建休养、参观。几位夫人都是当年的女兵，她们有过一次彻夜长谈，凌奔是主角，她说："我本想现在是太平盛世，大家把党建设好，把军队建设好，把国家建设好，哪知左一个运动，右一个斗争，我水平低，不懂。"她们相约："如果到了需要相互扶持的时候，你们的孩子交给我，我负责培养他们，亦如自己的儿女。"

　　进入和平年代，凌奔与新四军时期的老战友们仍如战争年代那样，相互间联系密切，不分你我，俨然一个亲密的大家庭。谁家有点什么困难，其他战友们就会无私地伸出援助之手，共渡难关。

　　1958年夏，全军掀起了一个"反教条主义"两条军事路线斗争的高潮，军事学院院长刘伯承元帅受到政治迫害和打击。钟期光作为刘帅的副手，自然也免不了成为批判的对象。批判的声浪很高，钟期光身处逆境，坚持原则，主动承担责任。运动后期，钟期光实际上已经靠边站，刘伯承看到他承受的压力越来越大，就有意安排钟期光夫妇陪一批苏联专家去桂林休养，借以让他们也散散心。老战友、福建省教育厅厅长、福建省委第一书记叶飞的夫人王于畊，正在北京参加全国教育工作会议，在观看军委扩大会议的大字报时，忽然看到自己的老首长、叶飞的老战友钟期光也被点名批判，心中十分不安。她从北京返回福建途中，特意在南京下车去凌奔的家探望，想安慰一下战友，谁知扑了个空，钟期光和凌奔到桂林去了。但王于畊来访的消息很快就传到了桂林，凌奔感动得落泪了。

王于畊回到福州，把钟期光的处境和丈夫叶飞讲了，叶飞提笔去了封信，开头的一句"期光兄"，钟期光就忍不住落下了泪。老战友的一句简单问候，胜过千言万语，足以刺破沉迷的雾霾。

钟家的大女儿钟小妹，患有先天性心脏病，医生建议十岁时要做心脏手术。这时，抗战时期与钟期光一起在苏中工作的上海市委书记陈丕显、谢志成夫妇邀请钟期光、凌奔来上海，专门找了专家给钟小妹会诊，并不时安慰凌奔。凌奔很感动，一直记在心里。她说："阿丕是好人。"她对子女们说："你们要记住，任何时候，遇到任何难事，在上海就找阿丕叔叔，他一定会帮助你们的。"

1960年春节刚过，在最严寒的三九天，福建省委第一书记叶飞和夫人王于畊特别邀请逆境中的钟期光、凌奔夫妇，病境中的江苏省军区司令员刘先胜夫妇，

1976年，凌奔带孙女好好和刘先胜在北京军事科学院。

南京军区空军后勤部政委乔信明夫妇到福建来休养、参观。这三人都是叶飞在新四军一师时的战友，也是新中国成立后难得的一次聚会。

钟期光一行此次的南国之行非常愉快。他们甩掉了首长架子，像青年人那样活泼、快乐。钟期光一行出行时，王于畊带一部中型旅行车在他们住处门口等候，钟期光拿腔拿调地礼让乔信明："乔老爷上轿啰！"乔信明则故意迈着戏台上的四方步踱出门来，引来一阵欢笑。乔信明上车后，自己也笑得咳嗽起来，夫人于玲拍着他的背骂他："就爱出洋相！"一路上，钟期光挥动双臂指挥大家引吭高歌，从《我是一个兵》，唱到《二郎山》，再唱到《新四军军歌》，歌声威武雄壮，将不快和积郁一扫而空。

这期间，凌奔很感慨，过去哪经历过这样的党内斗争？她越发感到战友之间的支持和信任是多么珍贵。一天晚上，凌奔、王于畊和于玲三位女兵战友进行了一次彻夜倾谈。凌奔是这次长谈的主角，她抓住王于畊和于玲的手说："我本想现在太平盛世，大家努力把党建设好，把军队建设好，把国家建设好，多用点力气就行了。哪知道左一个运动，右一个斗争，我水平低，不懂，于畊你懂吗？"

见王于畊摇摇头。凌奔又伤感地对她说："可能是我过虑，也可能是我的妇人之见。叫我看，这样搞下去，我们谁都难说自己将来会碰到什么，会落到什么地步。一到什么关键时刻，有些本来见了你就笑的人，那脸变起来可以气死你！我们彼此了解，你我都不信邪，都心直口快。可我平时竟没有看出你这个人这样重义气。前年你两次去南京，特别是最后一次，连鬼都不上门了，你来上门，这叫我感动！"

王于畊听到这里觉得不妥，便打断她说："你胡说什么，义气？你这是从哪本旧小说里捡来的？我们共产党人不讲这个……"

凌奔叹了一口气，打断了王于畊的话："我说你是书呆子，真正不假！我们中国的共产党人要是不懂得'义'，换个说法吧，要是不讲'情义'，只信'势利'，老百姓总有一天要抛弃我们的。"她又说："我说的'义'，不是三侠五义的'义'、关云长关老爷的'义'，更不是国民党政客的假仁假义，而是共产党人之间，革命军人之间不可缺少的'义'。要是你听不懂'义气'这词儿，我们就把它叫'情义'如何？"凌奔顺手在书桌上写下大大的"情义"二字，以表示它分量之重。

凌奔见王于畊和于玲对她的话表示首肯，又激动地说道："我们别文绉绉说什么'曲折'、'坎坷'之类的话了，说白了吧，就是突然之间可能大祸（也可能是中祸、小祸）临头，想躲也没处躲。而且干革命嘛，有时候是明知是祸也不能躲的。我那老头说得好，这么大的队伍，这么漫长的革命道路，难道就不会混进一些坏人？道德观念自己人就不会犯错误？难道好人就不会错怪了好人？我们革命几十年，好同志受委屈的事见得也多了。问题在于，你见到好人受罪，难道不去帮一把？于畊，我知道你，你几十年的为人使我们——至少有我和于玲吧，愿与你结交。不，这个话不好；我们当中谁真的背叛革命了，那我们一定情断义绝。可是情况很可能不是这样。我们对革命忠诚，难保背后没人泼脏水、捅刀子，打击一个一个落到你头上，真到了那个时候，我们就要直起腰来顶着，再大的风险，再大的困难，也要不管不顾，我们互相帮助共渡难关！走长路要挑伴，我们就结这个伴，你们说好不好？"

王于畊感到，凌奔把她平时也偶有所感、若有所思的一些话都说出来了，便对凌奔表示："如果到了需要互相扶持的时候，你们的孩子都交给我，我负责培育他们，一如我自己的儿女。"

凌奔笑着说："你总算有了进步，开了一点窍。"但她话锋一转，一改爱说爱笑、风趣诙谐的风格，非常严肃地说："你难道没有想到，那些莫名的灾祸，也可能降到你的头上吗？而且以我看来，你和你老头老叶，比起我们来，也许还更多一些招祸的机会呢！现在我们相约，如果需要有人站出来照顾我们的家庭时，那就不能怕顶祸受灾，轮着谁，谁就要挺身而出，把担子挑起来。共产党员之间的情义当然不止这个，但是这个也是重要的。我们如果做不到这个，还谈什么战友之情、同志之义？"

在那个年代，凌奔这番话真是惊世骇俗，但她确实讲清一个道理，一个革命队伍中应该永存的道理。

凌奔一语成谶。六年后，"文化大革命"的劫难降临，叶飞和王于畊在福建最早被打倒，人被关，家被抄，子女流落四方。凌奔果然如她所说，挺身而出，以羸弱之躯扛起了"替天行道"的大旗。

在革命战争中，战友们亲如一家人。特别是在后方的留守处里，主任不仅要管物资供给、医院、学校，还要替前方的将士们照看他们的家属。大家戏称这样的主任为"保长"。乔信明主任就是一个当之无愧的"保长"。

　　乔信明，是一位功勋卓著、德高望重的资深老革命。抗战时期担任过叶飞的副旅长，由于革命战争留下的伤残，在解放战争时期担任了华东野战军留守处主任。他为人正直，性格开朗，又古道热肠。凡是一师老战友家里的事，包括夫妻口角、子女教育之类的各家"内政"，他都经常加以干预。由于他的公正贤明，各家大小又都非常尊重他的调解或裁决，"保长"的雅号就由此而来。

　　1963年9月4日，乔信明因病在南京与世长辞，年仅57岁。已迁居北京的钟期光和凌奔得知这一消息，非常悲痛，立即打电话到家里深切慰问。乔信明的夫人于玲听到他们亲切的话语，顿时泣不成声。钟政委又写来亲笔信，字里行间充满了对已故战友的怀念之情，给于玲和孩子们以极大的安慰。

　　乔信明的长女乔阿光远在莫斯科大学留学。凌奔立即通过外交部和驻苏大使馆找到阿光，告诉她父亲去世的消息，并安慰她，鼓励她以优异的成绩来回报和纪念父亲。次年，乔信明的长子乔晓阳又被选送出国留学，出行前要在北京接受两个月的培训。于玲送子到京，凌奔非要她住到自己家里，安慰她把眼光看得远一些。钟期光送给乔晓阳一个笔记本，并在上面题写："送晓阳出国，好好学习，做革命事业的接班人。"凌奔像对自己的儿女一样，拉着晓阳的手问长问短，还找出一件羊毛背心给他出国后御寒。乔晓阳培训期间，除星期日外一概不能外出，钟期光和凌奔知道于玲想儿子，一到星期六下午就派车把乔晓阳接过来，让这对母子多一些团聚。

　　乔信明去世后，凌奔收到王于畊的一封来信，信中说："现在轮到你当'保长'了。"凌奔即给王于畊复信明确表示，一定把乔信明的"保长"接力棒接过来，并继续传递下去，她的言谈话语中，充满了"当仁不让"

的豪气。

其实，凌奔早已是一个非常称职的"保长"了。她担任军事学院子弟学校校长的七年间，管着成百上千个孩子的学习教育和吃喝拉撒，一直是一个尽职尽责的"孩子王"。在孩子们眼中，她是"校长妈妈"。在孩子的父母们眼中，她则是"妈妈保长"。凡是与孩子有关的事情，她都要管，而且一管到底。很多军事学院的家长带着孩子找到她，跟她说："我这孩子调皮呀，交给你，我就放心了！"

"老吾老以及人之老，幼吾幼以及人之幼"。凌奔这个"保长"，不仅管别人的孩子，还管别人家的老人。曾任新四军江南指挥部政治部主任、一师政委的刘炎烈士，是钟期光亲密战友。他的夫人陈模，则是凌奔在女八队时期的老战友。刘炎于1946年11月20日在临沂病逝后，陈模含辛茹苦地伺候婆婆，养大了三个女儿。陈模想再婚时，被老人和孩子们绊住了脚。陈模来凌奔家里拜访，无意间讲起自己的烦恼。凌奔当即表态：

1965年，凌奔45岁生日（北京）。前左起：楚青、凌奔、陈模；
后左起：罗伊、宗瑛、康宁、季尼。

"你的妈妈和三个女儿都由我来管，你放心地去吧。"陈模对此十分感动，终于迈出了幸福人生的重要一步。陈模年过九旬时有一次接受《解放军报》记者采访，她由衷地写下了六个大字："战友情，深似海。"

别人家保姆的事情，凌奔也要管。她听说叶剑英元帅家缺少保姆，就把在自己身边工作多年、表现良好的小孙推荐过去，临行前一再嘱咐小孙要好好照顾叶帅。刘伯承元帅家里也缺少保姆，凌奔同样从身边挑选了一个信得过的工作人员送过去。凌奔还曾向叶飞和王于畊家推荐过一个保姆。这个人很能干，就是脾气大，与其他工作人员搞不好关系，动不动就要找王于畊评理，有时一生气就躺在床上，连饭也不做了。凌奔去王于畊家拜访时，她还乘机向凌奔抱怨。凌奔听后，立即拉下脸来说："福建前线这么忙，你不要这么闹。王厅长实在太忙了，晚上回来半夜三更，还要给你们断官司啊？"凌奔见这个保姆实在太闹腾了，就把她领回南京，放在自家使用、教导。后来这个保姆也在军事学院成了家。

十三、慈母的眼泪

　　钟家的老大狗牸 17 岁的时候偷偷地报名参了军，办完手续才告诉妈妈，凌奔很恼火。钟期光知道了却很高兴：“当兵好哇……”狗牸原定的去向是炮兵部队，父亲告诉儿子：“你要当兵就要当步兵，当大头兵，摸爬滚打，从五大技术学起，从基础做起。”就这样他去二十军当了“大头兵”。当时国家正处在三年困难时期，狗牸参军后吃尽了苦头。不过，他当兵后就像换了一个人似的，一身英武之气，待人彬彬有礼。凌奔曾为儿子流了不少眼泪，这时她却感慨地说：“我的狗牸真的长大了！”

　　狗牸是钟家的老大，人长得帅气，但很顽皮，人送外号“金陵公子”。1961 年这一年，他 17 岁，在南京师范学院附中读高一，正值国民党当局吹嘘要反攻大陆，两岸局势紧张，年轻人踊跃报名参军。部队到狗牸的学校来征兵，狗牸来了个先斩后奏，办完报名参军手续后才向妈妈报告。凌奔很恼火，发了一通脾气，但没办法，就打电话向已调到北京工作的钟期光讲了此事，没想到钟期光很高兴地说：“当兵好哇，可以当兵。”但他要凌奔转告儿子，有一个条件：“不能中途回来，起码当三年兵。要有思想准备，要吃得了苦！”秘书向钟期光建议说，全家即将落户北京，狗牸可以在北京参军，最好当个警察，守在家门口，对父母也好有个照应。钟期光听了，气不打一处来：“浑蛋家伙，哪有在家门口当兵的？”

　　狗牸征兵原定的去向是总部直属炮兵部队，父亲也不同意。他告诉儿子："你当兵就要当步兵，当大头兵，摸爬滚打，从五大技术开始学起，从基础做起。"钟期光特意给老战友、南京军区副司令员王必成打电话，要他把狗牯弄到华野的老部队去，在那里摔打、锻炼。就这样，狗牯去二十军当了"大头兵"。

狗牯有个同班同学，是钟期光和凌奔的老战友之子，见狗牯要去当兵动了心，但他胆子小，怕对妈妈说了后不仅不会同意，还会挨上一顿臭骂。他央求能说会道的狗牯当说客，狗牯很仗义，一口答应下来。没想到，他见到同学的妈妈后，话还没讲完，就给骂得落荒而逃。同学妈妈余怒未消，跑到钟家来找凌奔，对她说："你儿子不爱学习要去当兵，还煽动我儿子，拖着我儿子去当兵。你要好好管管自己的儿子！"凌奔一听就火了，把外套脱下往床上一扔，撸起袖子，拍着桌子说："哪个讲的？把你儿子找来，就站在这里说说。"狗牯的同学被叫了来，呆呆地站在那里，哭哭啼啼不敢说话。凌奔便机关枪似地发话了："我儿子是学习不好，他是要去当兵，但你儿子表示也要去。两个人一道去，什么叫我儿子拖着你儿子？"还反过来质问道："当兵又不是什么坏事情，你为什么不能让儿子当兵？你思想是不是太落后了？"凌奔本来并不想让儿子放弃学习去当兵，可被这个母亲一吵，竟滔滔不绝地讲起保家卫国人人有责的大道理来，入理切情，直讲得这位母亲心服口服，同意儿子跟狗牯一起到二十军参军。这时凌奔自己也没有了退路，只好爽快地支持狗牯当兵去。

这年夏天，狗牯即将随新兵集结开拔，这时全家也要正式搬往北京，妈妈带领其他孩子在南京浦口火车站上车北行。狗牯向接新兵的领导请了假，急三火四地赶到车站。凌奔人缘好，那一天前来送站的人很多。凌奔热情地与他们打招呼、致谢，脸上洋溢着笑容。可当一身新军装的狗牯一出现，她扒开了众人，一把搂着儿子，当众抚着儿子的肩膀哭泣起来。一贯刚强的母亲也有如此柔弱的一面，这让她的孩子们都感到有点意外。

狗牯参军后，吃尽了苦头。当时国家正处在三年困难时期，他每月只发6元津贴，整天饿得要死。天冷站哨的时候，他只穿了一件没有扣子的破棉大衣，脚上穿的是大家站哨时轮流穿的破棉鞋，没有鞋垫和鞋带。他开始想家，给妈妈写信，然后就每天盼着回信……

1947年在大连。前排左起：楚青、罗伊、谢青；中排左起：陆凯、凌奔、左四唐翠英、左五张茜；三排左二起：康宁、薛和、俞芳。

到1962年春节，狗牯参军半年多后，终于有机会第一次回家探亲。凌奔一看到日思夜想的儿子回来了，又哭了一场。狗牯长这么大，挨妈妈的打，从没怕过、哭过。这次他真切感受到了母爱的震撼，眼泪也止不住地流下来。从此狗牯是不怕打、不怕骂，就怕母亲哭，一哭就不知道怎么办了。

狗牯穿着一身整洁的军装，一身英武之气，待人彬彬有礼，与以前常欺负弟妹们的那个捣蛋鬼判若两人。晚上，他带领弟弟、妹妹们到大操场看露天电影，回来时把小妹妹扛在肩上。凌奔看到这其乐融融的一幕，又激动得流下热泪，动情地讲："我的狗牯真的长大了，他会背妹妹回来了。部队大家庭就是好，把我的儿子教育过来了！"

凌奔的长子出去当兵这一年，她的老战友张茜的次子丹淮考上了哈尔滨军事工程学院，王于畊的长女叶小楠考上了清华大学，三位母亲都是第一次放子女离家单飞。小楠赴清华大学报到时，王于畊正好要进京开会，与她同行。王于畊带着小楠与张茜、凌奔聚到了一起，话题自然集中在首次离家的孩子们身上。张茜讲到丹淮已离家到校，特别挂念他，讲着讲着就落了泪。凌奔受此感染，想起当苦难的"大头兵"的狗牯，也抹起眼泪来。

王于畊见状，"扑哧"一声笑了起来。她调皮地说道："你们这两个人真是的，还都是男孩子呢。你们自己当年是怎么出来的？还不都是不告诉家人就出来了！你们的感情怎么这么脆弱？"

凌奔立即跳了起来："你王于畊现在就会说风凉话！别因为小楠坐在你旁边，你就不想孩子了。她一住校，你回到福建，你要是不哭的话，我就不叫凌奔，跟你姓王！"

凌奔的话很灵验。王于畊回福建几个星期后，就给凌奔写信说，自己因为想念女儿已流过几次泪。她说："你们两个人可以在咱们三个人聚会时一起掉眼泪，而我现在只能一个人偷偷掉眼泪。那时你们为什么掉眼泪，我理解了，确实是太想孩子了。"

儿行千里母担忧，母亲的眼泪都是为儿女所流。这是三位革命母亲真挚情感的自然流露，是她们多彩人生鲜为人知的另一面。

十四、俗文化 "高手"

凌奔在工作上总是风风火火，操持家务也是一把好手。她烧得一手好菜，从南京到北京，要是钟期光请客，都是在家里由凌奔来掌勺，重要的宴请，还要由老两口先列出一个菜单。在家里，她对女孩要求很高，无论大小，个个应是操持家务的好手，而且要求做到"德、容、工、貌"。她对俗文化很有研究，说起俗词俚语一套一套的，歇后语、比喻词信手拈来。她打麻将是一流高手，喝酒是女中豪杰，华东军政领导中的三个"酒仙"许世友、江渭清、陶勇，都与她交过手。

凌奔在工作上总是风风火火，说话又快又麻利，再难的事也不皱一下眉头，可是在家庭、在生活中却是一个典型的东方女性。

她不像同时代的战友，少小离家，对操持家务或是毫无兴趣，或是茫然无知。她是个操持家务的能手，可以称为华东家庭第一把手。在当小学校长的时候，学生全部住校，凌奔一样住在学校，只是星期日和学生一样回家。可是她到了家里并不马上休息，首先要把家里的角角落落都巡视一遍，有什么问题就和家里的工作人员讲，要他们立即改正。然后就跪在地上用抹布擦楼梯和地板，从一楼一直擦到二楼，把家里打理得一尘不染，儿女们都说她有"洁癖"。再接着就是下厨房给全家人做几个好吃的菜。

凌奔烧得一手好菜。从南京到北京，钟期光请客，包括请华东各省市第一书记们吃饭，都在家里，由凌奔来掌勺。重要的宴请，一般都是老两口头天晚上就讨论列出一个菜单，如"蚂蚁上树"、"猪八戒踢皮球"、"墨鱼鸡蛋汤"等等，第二天一大早凌奔就下厨准备。叶飞、江渭清、谭启龙等老战友都品尝过她的手艺。凌奔最擅长腌制安徽老家的一种叫香菜的咸菜。如今这种咸菜在市场上有了自己的名字——泾县香菜。它采用南方的一种大白菜，洗净后切成丝，拌以辣椒面、五香粉、盐等调味品，揉匀后闷在小坛子里，可以吃上一个冬天。在南京时，凌奔每年都要亲手腌制很多罐香菜，大量送人，送得多了，自己做不过来，就教保姆、大姐来做。但是，送给担任军事学院院长刘伯承元帅的，凌奔一定要亲手挑白菜、亲手洗、亲自腌。

叶飞的女儿叶小楠到清华大学上学后，成了钟家的常客。凌奔如待亲生女儿一般疼爱呵护她，也如对待亲生女儿那样严格要求她。小楠在家

1964 年在军科院。右起：粟裕、惠宁、胖胖、叶小楠、妹妹、钟期光；前蹲：左一娓娓。

时，受母亲王于畊的规定，她和妹妹们都不进厨房，衣服都交由工作人员来洗。王于畊的观点是，女孩子就是要像男孩子那样干一番事业，不能为洗衣服、做饭这种家务所困，宁可矫枉过正，不让女孩子干一点家务活。而凌奔的观点却正与此相反，认为女孩子要坚守中国妇女几千年来形成的传统美德，要有劳动观点，要会干各种家务。所以她家的女孩，无论大小，个个是操持家务的好手。

小楠入学后不久，就抱着一堆脏衣物回来。她不会洗衣服，想让钟家的保姆帮忙洗洗。凌奔阿姨见了毫不客气地批评她："你看，娓娓那么小，都自己洗衣服，你好意思让人洗吗？不可以把你们培养成修正主义大小姐！我们不仅应该有劳动观点，还应该有群众观点。你别看家里有工作人员，他们是为首长服务的，不是为我们服务的。""培养劳动观点难道是一句空话吗？你在家里都不干活，哪来的劳动观点？"

凌奔越讲越来劲儿，居然讲出了一套有点另类的道理："我们虽然都是反封建主义出来的，但是，封建主义讲女人要'德、容、工、貌'，也是有点道理的。这个品德很重要。难道共产党不讲德吗？'容'是讲要化妆，你蓬头垢面的，对人家也不礼貌。我们不要穿奇装异服，但要穿得整齐一点。'工'就是女工，知不知道？一个女的，手不能拈针，十个手指头连起来，那不是资产阶级大小姐吗？这些你都应该会。"

叶小楠从来没听说过什么"德、容、工、貌"，听得瞠目结舌，只是点头。

从此，叶小楠开始自己洗衣服。凌奔对她讲："你洗不动被单、床罩这些外面的大件，可以拿回家来，我们帮你洗。"有一次，叶小楠把被子拿回来，并没有让别人帮忙，而是自己蹲在地上搓洗。一位阿姨来访离开时，小楠站起来打招呼，没想到因一时脑缺血，晕倒在客厅里。这件事后来被王于畊知道了，她很快借到京开会的机会，来找凌奔"兴师问罪"。王于畊对凌奔说："我从来不让我女儿干家务活儿，你怎么让我女儿洗被子，都洗得昏过去了！"凌奔也不示弱："你培养她们的是无产阶级思想？怎么能没有劳动观点和群众观点呢？你还以为我欺负你女儿了？女孩子不洗衣服，不会针线活儿，怎么能行呢？"

凌奔看人入骨三分，说话一针见血，不讲情面，也不留情面，只问是非。要说吵架，谁也不是凌奔的对手。王于畊说不过凌奔，气得拉着小楠走了，一边走一边对女儿说："你就不会花点钱，送到外头去洗吗？"女儿笑了，但她没有这样做。当时全社会都在倡导培养无产阶级接班人，叶小楠对凌奔阿姨讲的这一套很能接受，就不听妈妈的了。凌奔阿姨对待小楠，像自己的女儿一样体贴而严厉，这让小楠感到很亲切。渐渐地，小楠不仅衣服能洗了，厨房里也进了。几年大学下来，以前被爸爸评价为"娇骄二气都有"的叶小楠，几乎所有家务活都会做，她为此感到很骄傲。

在钟家，凌奔带着女儿们在打扫卫生，在厨房忙个不停，而儿子们却在客厅里聊大天、侃大山，说的都是世界形势、国家政治。凌奔一面忙，一面很称心地看着儿子。就是家里来了小辈的客人，厨房忙不过来了，凌奔就会理所当然地把客人中的女孩子叫过来帮忙，而男孩子客人留在客厅里与她的儿子们瞎扯。有的男孩子很不习惯，看到凌奔阿姨忙前忙后，不好意思坐在那儿，也跑过来要帮忙，没想到凌奔却板着脸："回去，你还坐回去，不用你瞎帮忙。"钟家儿子还会哈哈大笑："拍马屁，拍到马蹄子上了。"叶小楠一直感到很奇怪，可是知道凌奔的规矩特别多，也不敢问。

一次，叶小楠的衣服掉了一个扣子，她的男朋友江小华就拿起针线钉起扣子，总共不过两三分钟的时间，不想恰恰被凌奔看见了。凌奔一下子跳了起来，先骂江小华："放下，真没出息！"然后就骂叶小楠："你怎么可以让小华做女工？这是你的事情。"叶小楠辩解着："我也给他补过衣服，为什么他不能给我钉个扣子？又不是多累的活。"凌奔听了不讲理地说："你可以为他钉扣子，他就不能给你钉扣子，男孩子不能这么没出息。"叶小楠也不饶人，一直问："为什么？为什么？"凌奔也知道自己的话缺乏道理，只好没好气地说："不和你讲了，你自己的事就该自己做。"

因为叶小楠终究是客人，又是大学生，所以可以这样和凌奔论理，而钟家的那些女儿们就万万不敢和母亲犟嘴的，只能乖乖地听训斥。

钟家人口多，吃起鸡来也有很多规矩。家长钟期光认为最好的肉是鸡脯，所以鸡脯永远是留给他的。下面是四个男孩，鸡腿、鸡翅是属于他们的，然后才是女儿分鸡头、鸡脖子，最后是凌奔自己啃个鸡爪子。后来有了儿媳妇，仍是第三等女儿一级的待遇，这个规矩一直保持了五十多年。

说起吃鸡，还有件有意思的事情。一天，粟裕到钟家吃午饭，刚好有鸡，凌奔拣了一块鸡胸脯大白肉放到粟裕碗里。粟裕推辞，凌奔坚持，一来二去，粟裕最后还是吃了。晚上粟裕回到家，向楚青诉苦："凌奔给我吃的鸡大白肉难吃死了。"

在凌奔的影响下，钟家的儿子的地位至高无上。哥哥们可以欺负妹妹，或打或骂，一般情况下凌奔总是视而不见，而如果妹妹还口，凌奔会第一个训斥女儿："没有礼貌，不听哥哥的话。"在饭桌上男孩子边吃边讲话，而妹妹插一句话，凌奔就会用筷子敲她的头："哪有女孩子吃饭还讲话。"所以钟家的女儿们都说："我妈妈是比'大男子主义'还大的'大大男子主义'。"

凌奔对中国的各种俗文化是很有研究的。她一口皖南话，讲起俗词俚

1979 年 9 月 16 日，新四军老战士歌咏队国庆 30 年演出受到老首长粟裕接见。前右五为凌奔。

语一套一套的，歇后语、比喻词信手拈来，就是骂人的话也可张口即来。所以，很少有人敢和她吵架，更没有人能吵过她，就是有理也难讲过她。这并不是凌奔蛮不讲理，而是她的口才太好了，大段大段的严肃道理和荒唐歪理混在一起，犀利的快语，很快就把论理者弄晕了，只好不了了之，或一走了之。

凌奔是麻将的一流高手。她从小就会打牌，算起来她有六十多年的麻将历史。华东的干部都喜欢打麻将，这或许也是江南文化的一个标志。凌奔到北京后，就常被军科副院长宋时轮请去斗牌。每次去，凌奔就会换上一件旗袍，戴上自己最喜欢的那副金丝眼镜，风风光光地出门。女儿们很不解，问："不就是打个牌吗？干吗还要打扮得漂漂亮亮？"凌奔悄悄地说："打牌，是要沐浴、更衣的，否则牌神不高兴。"或是因为凌奔这样的诚心感动了牌神，或是因为凌奔比较年轻，计算力强，她总是赢多输少，宋时轮一帮院长、部长总是不服气，邀请凌奔更多，结果输的也更多。其实是凌奔太聪明了，记忆力又好，谁手里什么牌，她记得很清楚，总是扣住对方要和的牌，总是能用小小的诡计把自己想要的牌冲下来，这样她怎么能不胜呢？有很多人讲，宋时轮的牌打得好，凌奔听到后，嘴一撇，说了句："差远了，手下败将！"

"文化大革命"结束，每到周三凌奔就会从西山赶到城里粟裕家里，和当年女八队同班的战友楚青、罗伊、季尼玩上一个通宵，然后跑到王于畊家睡上一个上午，下午又匆匆跑到医院陪伴病中的老伴钟期光。凌奔风雨不变地跑了好几年，直到她病重住院，这个牌局才散了。

凌奔更是酒文化的超一流高手。她的酒量在华东女同志中是当然第一的，没话讲，在华东男同志中也是最高一层的，真是巾帼不让须眉。

凌奔一上酒桌，要么不动，一动则满室生风，正如人民解放军的作战传统一样，先是防御——来者不拒，中间相持——频频碰杯，最后反攻——追着对方灌。有人知道凌奔的酒量大，不敢硬碰，就耍个小花招，要划拳，心想一个女同志哪会这样粗俗的玩意。可是没想到，凌奔更精通此道。别人划拳喊的一般都是"五魁手啊"、"六六六啊"、"七巧板啊"常用的几句，而凌奔喊几句常用的令，就变了，拳令千奇百怪，戏名"三叉口、九江口、六月雪”，她可以移过来，麻将上的“四风会、小三元、清一色”也琅琅上口，什么“前八仙、后八仙”，很快就把对手搞晕了。再加上凌奔的拳越出越快，对手跟不上，几拳划下来就被灌个小半死，只好收兵逃跑，不然真的要被灌死了。凌奔凭了无敌的酒量和无比的聪明，在酒桌上屡战屡胜。

那时华东有三个“酒仙”：南京军区司令员许世友、江苏省委第一书记江渭清、东海舰队司令员陶勇。听说凌奔能喝酒，就先后找上门来。许世友和凌奔各喝了一瓶酒，谁也没倒下，也没有再喝，起码胜负未明。陶勇和凌奔拼了一回，陶勇倒下了，胜负自明。1974年江渭清和凌奔对喝，两人都酩酊大醉，又是胜负各半。由此看来，凌奔在华东的酒量应是三甲之列，至于是否魁首尚有一争。

十五、避风挡雨的港湾

　　"文化大革命"开始的时候，凌奔相信毛主席，相信党中央，
对有些问题表示更多的理解。后来上级、战友一个个被打倒，她
开始骂人了，疾恶如仇的凌奔，多次为被调查的战友打抱不平。
她眼中容不得沙子，看准了的事，就是天皇老子来压她也不行。
她大胆地伸张正义，先后收留、庇护了19个在京读书的华东省
市领导的子女；当钟期光游街示众时，她让儿女们整衣列队，肃
立路边，对孩子们说："谁也不许哭！"她处处表现了一个女兵的
自信、刚毅、坚强，也给老伴以巨大的支持。

　　"文化大革命"开始后，凌奔虽然很诧异，对有些现象感到不可理解，
但仍然像大多数人一样相信毛主席，相信党中央，对这场运动的兴起与扩
散表示了更多的理解。她有一次与小楠聊天时这样说："现在想一想，我
们也真是'修'了。我们房子也住大了，车子也配上了。过去行军时，好
几天都不洗澡，现在卫生讲究得不行。我现在还是自己打扫卫生，你看有
的人，什么活儿也不做，那不是变'修'了吗？想想我们这几年，确实
变了。不反'修'是不行了。"

　　眼看着运动走向完全相反的方向，党的组织从上到下全部瘫痪，造反
派在林彪和"中央文革"两个集团的指使下，把对老干部的批评变成了无
情打击和残酷迫害，凌奔的态度也完全变了。

　　钟期光所在的军科属于全军军事学术研究机关，一开始运动还局限在

院子里，可后来也铺天盖地蔓延到大街上。1966 年 6 月，钟期光首批被勒令"靠边站"。8 月 18 日，毛泽东佩戴红卫兵袖章，站在北京天安门城楼上首次检阅百万红卫兵。钟期光当天也应邀上了城楼，看到了陈老总。陈老总笑着对他说："老钟啊，火烧了你屁股吧？你的事我都知道，不要紧，我保你。"又说："你这个人哟，就吃亏在你这张嘴上喽。"钟期光当天心情特别好，把陈老总的话写进了日记。但是，林彪一伙妄图打倒叶帅，军科造反派岂肯善罢甘休？在军科一线主抓工作的两位开国上将，副院长宋时轮和副政委钟期光并称"宋钟"，是叶帅的军、政得力助手，成了造反派的第一批打倒目标。凌奔迷惑了，怎么干了一辈子革命都成了反革命？

不久就传来了福建叶飞、王于畊都被挂牌子、戴高帽子游街了。凌奔

1964 年，凌奔在河北省滦县参加四清运动。

安慰叶小楠："你爸妈都是好人，是有人整他们。这很快会过去的，你一定要相信这一点。"

"文革"没有按凌奔预测那样缓和下来，反而越来越疯狂，党的政策没有了，国家的法律没有了，历史被篡改，人妖颠倒。凌奔的上级、战友一

个一个被打倒，仿佛一下子天塌下来了一样，于是凌奔开始骂人了，大声地骂造反派没人性，骂"中央文革"践踏党的政策，骂他们祸国殃民……

危难现本色，患难见真情。眼见叶飞、王于畊等老战友一个一个地被揪斗、打倒，受到各种各样非人的折磨，凌奔非常痛心。凌奔对王于畊之女小毛说："你妈妈参加革命后一直比较顺，在战争中没受过伤，在历次政治运动中也没有挨过整，解放后一心扑在工作上，而且还特别有成绩。这下子，你妈妈可要吃苦头了，而且她受的苦，可能在我们所有人之上……"外交部所属的外文印刷厂造反派开始揪斗张茜，给她戴了高帽子。凌奔听说后气得浑身发抖，坐卧不安。她对小毛说："你们的张茜阿姨是多清高的一个人，多自尊的一个人，这样子斗她，她哪里受得了！她怎么会想得通?！你妈妈在福建干教育事业轰轰烈烈，她在劫难逃，挨整是必然的，可张茜惹了谁？怎么斗到她头上？"她又对小毛说："你妈妈和张茜根本不会考虑到人间还会有这样的人、这样的事，她们根本对付不了这些人，这下子可要吃到苦头喽！"

那段时间，各地的老战友都在挨斗受审，来找钟期光和凌奔写外调材料的单位很多，各种材料写不过来。钟家的孩子们就齐上阵，帮父母们抄抄写写。在接待外调单位过程中，疾恶如仇的凌奔，多次为被调查的战友打抱不平。她眼中容不得沙子，看准了的事情，就是天皇老子来压她也不行。有一次，海军政治部保卫部的人带领一帮造反派来搞东海舰队司令陶勇及其夫人朱岚的外调材料。保卫部的人来势汹汹，开口闭口说陶勇和朱岚是特务。凌奔愤怒了，拍着桌子说："你们说他是特务，有什么证据？我就说不是，我知道的事情就是这样。你们要想让我改变看法，按你们的说法，没门儿！"这伙人还没开始提问，就被轰了出去。他们之后又来过两次，一次比一次客气，还给凌奔递烟说好话。他们要调查的事情，是当年凌奔回老家打埋伏时搭乘朱岚哥哥货船的事。当时船上有两个日本特务。凌奔把这条船及船上人的情况都讲得一清二楚，坚持这是新四军组织上安排的，专案组只好这样上报了。

有一天，军科大院里突然贴出了一张诬蔑、诋毁钟期光的大字报，说什么钟期光"生活腐化"，有过几个老婆。孩子们看到大字报后不明真相，心里忐忑不安，赶紧跑回家向妈妈报告。凌奔意识到事态的严重性，就与钟期光商量："老钟，有一些事情，过去我们从来不跟子女们讲，他们都不知道，但现在这些造反派贴大字报造谣，我们有责任向子女交代清楚。"钟期光点头称是。

当天，凌奔主持召开"家庭会议"，钟期光参加，几个儿女们依次坐好。凌奔说："今天院子里贴了一张大字报，说你爸生活腐化，这个事情我今天要和你们讲清楚。你们一定要明白，造反派可以造谣，可以胡说八道，但你们不行。"接着，她就一五一十地讲了钟期光的五次婚姻及三位前妻的事情，其中包括第一次包办婚姻中的童养媳如何被敌人抓走卖掉，第二任前妻如何惨遭国民党反动派杀害，钟期光与胡平然的两次婚姻又是怎么一回事，等等。凌奔告诉孩子们："革命是很艰难的，有很多曲折，有很多的牺牲。现在这些造反派，他们根本就不了解过去的历史，对你爸爸个人那段惨痛经历肆意歪曲、污蔑，恶意攻击……"在场的每一个人，包括严父钟期光，都落下了热泪。钟期光一直默默地听着，偶尔与夫人对视一下，目光充满信赖和欣慰。

钟期光和宋时轮开始受到无休止的批斗。两位老战友在战争年代都经受了无数的生死考验，身上都落下了伤疾。可造反派不管这些，批斗时给他们挂黑牌，强行按压"坐喷气式"，在烈日下一站就是几个小时，每个人脚下都是一摊汗水。

一天上午，他们用高音大喇叭一遍遍广播说，下午要对"宋钟"二人"游街示众"，要革命群众踊跃参加。凌奔听到后，立即通知孩子们，下午都要去游街现场，为受难的爸爸助威打气。

凌奔带着儿女们早早从家里出来，整衣列队，肃立路边。妹妹们年纪小，害怕得想哭。凌奔对孩子们说："谁也不许哭！你们都给我看好了，看看这些造反派是怎样斗你们爸爸的，要记住今天发生的事！"等造反派押着头顶"打倒钟期光"高帽，胸前挂着"三反分子"大牌子的钟期光路过时，凌奔和孩子们全部立正，行注目礼……面对造反派们歇斯底里的叫嚣，凌奔表现了一个女兵的自信、刚毅与坚强，给孩子们以很大的教育，也给陷入苦难之中的老伴以巨大的精神支持。

几乎每次"宋钟"在军科被当众揪斗，凌奔都带领孩子们一路相随。一身是病的钟期光每次被批斗完后，都痛苦得直不起腰来，孩子们都赶紧跑上前搀扶他。妈妈有一次叫住小宝，对他说："你不要扶你爸，你去送宋院长。他家住得远，路上不要有什么危险。"于是，此后每次批斗完宋时轮，小宝都要搀扶他回家，雷打不动。当时，宋时轮的老伴郑阿姨已是癌症晚期，住在北京医院，准备动手术。接受批斗之余，宋时轮还要去医院，路途遥远，单位不给派车。凌奔便派小宝每次陪他乘公共汽车往返医院，掏钱买票，过马路，上下转车，直到护送回家。凌奔一家自己已陷入困境之中，还要出手帮助别人，这令宋时轮非常感动。造反派体罚"宋钟"劳动修水渠，宋时轮与钟期光一起抬木头，宋时轮主动拣粗的那头抬，还对老战友说："老钟，你腰不好，我抬这一头。"

　　"宋钟"二人看不到各种文件，但他们不甘心变成聋子和瞎子，很想多了解一些外面的形势。小宝跑到乔信明之子乔晓阳那里，取了些红卫兵的小报回来。大宝在城里上学，也有很多小报，统统带回家，给父亲一阅。凌奔逐条筛选其中有用的消息，写成纸条，然后小心翼翼地卷起来，让大宝、小宝给宋时轮送过去，有时也让丈夫第二天劳动时偷偷丢在宋院长身边，宋院长马上弯腰捡起来藏好，等回家时再打开来看。整个过程，跟当年搞地下秘密工作似的。有时，宋时轮也会给凌奔回个条子，让大宝、小宝带回来。有一次宋时轮写的是："凌大妹妹，如果不是他们来，我也很难坚持。"读来令人十分感伤。

　　1967年五六月份的一天，军科一个少将带几个军人造反派突然闯进钟家，一进门就大声嚷嚷，要所有人立即到大厅集合，把孩子们吓得够呛。犯有严重肺心病的凌奔，气喘吁吁地陪老伴从楼上走下来。这个少将当场宣读一份毛泽东、林彪签署的对钟期光进行隔离审查的命令，并气势汹汹地要立即带人走。凌奔后来才知道，这个读信的人，正是钟期光专案组的组长。凌奔马上替老伴收拾东西，还特意给他带上一个半导体。那个少将说："不要这个东西，他住的地方可以听到广播。"凌奔从这句话里马上判断出，他们不会把自己的老伴关进监狱，要去的地方应该不会很远。钟期光临出门前，凌奔平静地走上前，与他握了握手，语气坚定地说：

1978 年，钟期光与凌奔在北京军事科学院寓所前合影。

"要相信组织，相信党！"

钟期光遭到批斗和监禁之时，他在华东各省市任职的老战友们也纷纷落马，成了各地"头号的资产阶级当权派"。他们的夫人也被株连，无端地被关押、批斗，他们的孩子们都成了"黑帮"子女，无家可归，被穷凶极恶的造反派们到处追逐、迫害。这时，凌奔正如当年在福建发表的"情义宣言"那样，义无反顾地站了出来，为这些孩子们提供了一个避风挡雨的港湾。

陈丕显长子陈小津在其《我的"文革"岁月》一书中，对凌奔有这样的记载：

她先后收留、庇护了 19 个在京读书的老战友的孩子，其中多是正在饱受迫害的华东各省市委第一书记的子女！这些受到凌奔阿姨庇护的孩子中，除了有我们家的东棋、小龙，还有叶飞家的两个女儿小楠和小毛，有山东省委第一书记谭启龙的长子谭大骏，浙江省委第一书记江华的儿子虞大江、江小华等。凌奔对我父亲、叶飞、谭启龙很熟悉，跟江华不熟悉，但当同在清华上学的虞大江跟着小楠和谭大骏一起到她家时，她照样热情接待。有的孩子知道凌奔阿姨家里已有很多孩子了，便不想再去添麻烦。凌奔阿姨知道后，就根据孩子们提供的线索，一处一处地寻找，终于把他领回了家。她说："你们不要怕，即使没收了钟伯伯的房子，也还会有我住的地方，大不了我们打地铺。"

家里来的孩子多了，凌奔就把一个房间的两张单人床并起来，四个孩子横着睡，把一幢两层小楼塞得满满的。外面凄风苦雨，屋里却充满了人间的友情。

军科有人上门找凌奔谈话，说你家里来的都是"走资派"子女，要她注意影响。凌奔没给他好脸，给他吃了颗"软钉子"："你去告诉你们领导，我家来的人有名有姓，如果不让他们来我家，就让他们到他家去，看他收不收？"

军科造反派勾结清华、北大等造反派组织，终于一批批气势汹汹地上门讨伐来了。面对"窝藏黑五类"的责难，凌奔把孩子们护在身后，一边喘着、咳着，一边声色俱厉地与造反派们展开唇枪舌剑：

"从枪林弹雨中走过来的人，跟共产党铁了心的幸存者，何黑之有！他们的子女更是无罪！"

"我不收留，难道你们安排招待所管吃住吗？"

"要赶，你们赶！可是你们要负责任！要我赶，办不到！他们是我的客人，打死我，我也不会赶他们！"

……

凌奔理直气壮，驳斥得造反派哑口无言，最后悻悻而去。"凌奔厉害"，很快在北京的部队大院里传播开来。

对于这样一个天不怕、地不怕的倔老太太，军科的造反派们也拿她没办法。"文革"初期，造反派逼她去参加劳动，干点拔草之类的体力活儿，可过了一段时间，他们找不到凌奔有什么历史问题，索性不管她了。凌奔因此腾出空来，做一些她认为应该做、也必须做的事情。

在铁道兵担任政治部主任的张崇文将军首当其冲遭到造反派的疯狂揪

1955年，在南京玄武湖。后排左起：钟期光、凌奔、徐真、张崇文；前排：胖胖、娓娓、小庆。

斗，后来被打成"叛徒"入狱长达五年之久，他的夫人徐真也被迫去五七干校接受劳动改造。张晓庆当时还是一个中学生，徐真认为父亲被打成"叛徒"会对女儿就业影响很大，于是就跑来哭着和凌奔商量："不能断送孩子的政治生命，这个孩子还给你们吧。"

直到此时，包括张晓庆本人在内，没有几个人知道凌奔是张晓庆亲生母亲。听了徐真的话，凌奔心里也极不好受。但是，她态度坚决地对徐真说："这孩子我不能收，养育之恩大于生育之恩，她是你们养大的，她就要给你们养老送终。"听了这番话，徐真感动得流下了热泪。

1967年春节前，周恩来报告毛泽东，下决心把处在各省市批斗第一线、深陷水深火热的第一书记接到北京保护起来，让他们暂时避开当时权倾一时的林彪、江青集团的魔爪。华东书记是第一批，由于时间紧急，有些第一书记甚至是从造反派手里抢出来的，随身连换洗的衣物都没带。凌奔得到这个消息高兴极了，立即拿出200元给叶飞女儿小毛，让她去购买一些生活必需品。又给叶飞捎去一套文房四宝及一些书籍，让他多写写字、看看书，保持好心情。叶飞收到这份珍贵的礼物后，感动地挥毫泼墨，写下七个大字："凌奔兄，谢谢，谢谢！"

凌奔知道其他来京的省委第一书记们一定同样狼狈。她翻箱倒柜地找出老伴的一些衣服，又紧急筹集了一些钱，然后打发小宝给其他几位"难民"老战友每人送上200元钱和衣物。王于畊晚年时回忆这段往事时说："大家知道钟老家人多开支大，多年靠凌奔勤俭持家才略有节余，这样大面积接济，凌奔不倾家荡产也差不多了。但就是靠了她的这些赠与，这些落难来北京的人才有了洗漱用具和换洗衣物。"

在危难中得到凌奔资助的老战友还有很多。傅秋涛①受迫害期间，一个月只有6元钱生活费，还要订《红旗》杂志，抽最便宜的烟，这点钱根本不能维持。傅秋涛还患有严重的白内障，闷在家里等待开刀，苦不堪言。凌奔听说此事后，立即找出一点钱让小宝乘公共汽车给傅伯伯送去。

家里收留了十几个老战友子女也是一项较大的经济开支。凌奔对孩子们说："我没什么好的给你们吃，但是我一定保证你们的营养，让你们吃饱。"她想了一个好办法，家中买了个大沙锅，在煤球炉上小火炖着以最便宜价格从市场上买来的猪腔骨，炖得烂烂的，吃饭时放入白菜、萝卜等蔬菜，这样人再多也够吃了。凌奔身体不好，她身边的三个女儿便承担起了繁重的家务劳动。娓娓当时才十岁出头，她每天负责跑出去买菜，拎着个菜篮子，到处找又好又便宜的菜来买。她的两个姐姐，负责给大家做饭。

---

① 傅秋涛（1907—1981），开国上将。新中国成立后，曾任中国人民解放军总参谋部人民武装部部长，总参队列部、动员部部长等职。

1964 年，陈斐然、凌奔、钟期光、傅秋涛在北京合影。

凌奔就是这样一个侠肝义胆之人，即使自己身处难中，宁可对自己刻薄一些，也要扶贫救难。她从不锦上添花，却喜欢雪中送炭。为了别人，只要她认为是值得的，就是豁出命也要干。她对待战友们的孩子，比自己的孩子还关心。她自己连咳嗽的力气也没有了，还要管人家的事……"人情似水分高下，世事如云任卷舒。"在老战友们的记忆中，行侠仗义是凌奔最灿烂的本色，而面对最黑暗的丧失人性的"文革"，她却把人性的善、战友之爱都发挥到了极致。

凌奔不只在生活上照顾这些落难子女，更从历史、从思想上反击造反派污蔑事实、混淆黑白的种种谎言。凌奔有意识地对这些孩子讲新四军的历史，从新四军岩寺整编到移师云岭，从新四军先遣支队和一支队由皖南东进抗日，开辟江南、苏中根据地，讲到国民党反动派如何发动震惊中外的"皖南事变"。她着重通过一件件具体鲜活的事例告诉孩子们，他们的父辈们在过去严酷的革命战争中是过得硬的，是经得起考验的。凌奔要孩子们相信，他们的父辈只是暂时被人诬陷、歪曲，历史终究会作出正确的结论。她告诉孩子们，对于政治斗争要冷静观察，坚持信念，要经得起大风大浪的考验。凌奔说，中国文化中有很多是讲人的品德的，这些做人的道理是恒久不变的。"文化大革命"就像大浪淘沙，把平常沉在水下的沙子都翻到水面上来。这个时候，人的良知就特别重要，绝不要随波逐流。

凌奔说："如果我们这些人全部被打倒了，这一段历史也就没人再往下讲了。你们这一批人，一定要对新四军这段历史有贡献。"

"中央文革"一伙人诬陷叶飞"里通外国"，凌奔嗤之以鼻，对小毛说："你父亲的海外关系，是人人皆知的，他五岁就回国了，十六岁就参加了革命，哪来的'里通外国'？"

陈丕显一直处在上海"一月风暴"的中心，与"四人帮"及其爪牙作了不屈不挠的斗争，很快被打倒，成了又一个重量级的"资产阶级当权派"。凌奔对孩子们说："他们能对陈丕显怎么样？他就是个'红小鬼'，在部队里长大的，连毛主席都了解他。"她说，过去在苏中抗日根据地，叶飞、钟期光与陈丕显并肩作战，团结协作，彼此间都十分了解。叶飞任一师副师长，在前方领兵打仗；钟期光任一师政治部主任，负责前线部队的政治工作、战场动员、纪律检查、战后总结；陈丕显是苏中区党委书记，负责地方政府、地方武装及根据地的建设。有大仗打就得要补给，涉及部队与地方的任务分配与协调，钟期光与陈丕显没少吵架，有时吵得还

1990 年，叶飞和王于畊带女儿叶小毛与钟期光合影。

很厉害。但是，两人吵归吵，个人关系一直很好。至于叶飞和陈丕显两个人，凌奔这样形容："他们是截然不同的两个人。这两个人，就像两个泥菩萨，打碎了以后和在一起搅一搅，再做出一个菩萨来，那就是一个完美的人。"她还掷地有声地说："这些人根本打不倒，身上一点污点都没有！"

"文革"形势越来越严峻，凌奔的烟抽得更凶了，咳嗽得也更厉害，体重只剩下三四十公斤。她经常虚弱地靠在床头上，后面垫个枕头，裹了个被子。她每天离不了香烟和浓茶，她每天就是靠这两样东西才支撑过来。她总是端着个大搪瓷缸子，里面泡得浓浓的茶，一口烟、一口茶地与孩子们聊天，经常聊到凌晨一两点钟。孩子们让她睡觉休息，她说睡不着。她担忧国家的前途，担心老战友的安危。她想明白了"风浪不会那么快过去的，要准备长期斗争"，她气喘吁吁，身体因为激动而抖动不止，目光却异常坚定："你们不要怕，这场风暴总有一天会过去的！"凌奔的坚定，让孩子们感受到了巨大的精神力量。

一位老战友家的女儿带头造了陈老总的反，还在大会上演讲鼓噪。凌奔听说后很气愤，差人把她喊来，坐在床头上把她狠狠训了一通。她说：
"你还造陈老总的反，你知道陈老总是谁吗？知道你爸爸是怎么回事吗？"
听凌奔阿姨讲了陈老总与爸爸的长期交往与友谊，这个孩子认了错，从此
不再造反了。还有个孩子旁听了陈老总的谈话，这就是后来传出来的"陈
毅黑话"。他激动不已，一夜之间改变了对"文革"的看法。他跑来向凌
奔阿姨作了详细汇报，受到热情的肯定。凌奔坐在床上，一遍又一遍反复
阅读"陈毅黑话"，极为感动，这篇讲话成为支持她渡过难关的精神支柱。

一位老战友在"四人帮"的淫威面前表现得有点摇摆，说了一些不该
说的话。凌奔看到造反派的传单后，气得发抖，就把他的儿子叫来，捶胸
顿足，足足谈了三个多小时。这个孩子最后哭了，认为父亲的确不该如
此，表示见到爸爸时"一定要说说他"。

十年动乱间，凌奔以病弱之躯，高高举起了"替天行道"的大旗。受
到凌奔阿姨庇护的这些"黑帮子女"，没有一人受冻挨饿，没有一人患

1981 年 12 月 25 日，凌奔和陈丕显（右二）一起在解放军三〇一医院看望粟裕（左二）、
楚青（左三）同志。

过重病，更没有一人受到"四人帮"的蛊惑而走上邪路。

王于畊恢复自由后，从儿女们那里了解到凌奔为孩子们遮风挡雨的艰难历程，感佩不已。她后来在《往事灼灼》中写道：

1965年始，凌奔坚持练书法。

"凌奔忠实地实践了我们那个晚上所订的那个'约定'。她在最困难的情况下，冒着被揪斗的危险，保护和照料了老头们、孩子们、战友们。她体弱多病，那时瘦成了皮包骨。她的肩膀看起来是那样单薄，但是竟挑起这样沉重的一副担子，她的肩膀虽瘦，但不溜、不软、不弱，是真正的铁肩膀，称得上'铁肩担道义'！她，一个看来极普通的女共产党员，却在'文革'的狂风暴雨中，以她挺直高洁的人格，纯粹坚强的党性，迸发出了她一生最灿烂瑰丽的光辉！"

十六、"真金不怕火炼！"

　　造反派对钟期光"隔离"搞不出结果，因钟有病只好将他转移到家中关押审查。小楼分为两半，家人不能接触，更增加了一分担心。钟期光每天有两次15分钟的"放风"，家人才能远望上几眼。凌奔因长期处于高度紧张，精神终于崩溃了，住院治疗后才得到了控制。一天，钟期光突发脑溢血，送到医院无人照管。凌奔到处奔走，最后找到叶剑英元帅，才得以施救。后来，叶帅得知她"文化大革命"中的过人表现，写下了："凌奔同志为革命受气，真金不怕火炼！"

　　军科造反派组织对钟期光"隔离审查"十个月后，一无所获。1968年初夏，钟期光病重，军科不给治疗还想推卸责任，就悄悄将钟期光转移到家中继续单独关押审查，美其名曰"监护审查"。见老伴被押送回来，凌奔心里一块石头落了地。这说明，老伴没有被定性为"叛徒"、"特务"，否则就会被关进监狱。

　　钟期光虽然在家里隔离，家人却不能与他接触。一座二层小楼及院子被劈成两半，一边关押着钟期光，另一边住着凌奔和孩子们。钟期光的洗澡水由这一边来烧，水电费统由凌奔去交。一家人就以如此特殊的方式朝夕相处，却过着"阴阳"两重天的日子。

　　老伴近在咫尺，凌奔反倒比以前更放心不下他了。白天，凌奔和孩子们经常把耳朵贴在隔墙上，希望偷听到一点钟期光与看押人员的谈话。夜深人静时，凌奔迟迟不能入睡，静静地倾听隔壁的动静。她对同居一室的小毛说："你钟伯伯在隔壁的一举一动，我都听得清。你听，他又咳嗽了……"钟期光不仅身上有战争年代留下的创伤，还多年患有严重的伤病，又是高血压，在失去自由的情况下是最令人牵挂的。

隔壁的钟期光也总是坐卧不安。老伴是个出了名的"药罐子"，她那撕心裂肺的咳嗽声不时传来，让钟期光心如刀绞。他每天上午和下午各"放风"一次，每次15分钟。有时，他还被逼佝偻着身体扫院子、拔草。他身边始终有看守跟随，不许他与家人讲话，但他仍经常向老伴居住的房间眺望几眼。

钟期光"放风"时，凌奔经常躲在二楼的窗帘后面掀开一道缝，偷偷地注视着他的一举一动。有时候，用毛笔在白纸上写上几大字，如"坚持"、"想开点"，趁看守转过身时，迅速在窗里面晃一晃，希望钟期光能

1983 年部分八队老战士合影。前排左起：陆力行、童紫、路平、王仪、张西蕾、凌奔、楚青；后排左起：一罗伊、三严敏、五陆秀琴、六殷小娟、八苏杨、九杨禔。

看到，更增加坚持的力量。

　　由于长期处于高度紧张，凌奔的精神终于在1970年夏天崩溃了，她出现了幻觉、幻听、幻视，焦虑不安，指着暖气管说陈伯达就藏在这里面，不停地咒骂林彪和江青，不让在家的两个女儿离开她的视线，怕她们被造反派抓走，常常半夜领着女儿往外跑，说造反派在家里安放了炸弹，孩子们有危险。这些情况被前来探望的老战友陈模知道后，立即告诉了楚青，又通过粟裕同志打电话召回钟家长子。狗牯在楚青阿姨的帮助下，把妈妈送进了医院。

　　由于得到了及时的治疗，凌奔的病治愈了，香烟也从此不抽了。后来凌奔平静地告诉女儿，在医院里过的那段日子不堪回首。刚入院时，她的脑子里"老是打闪电"，看到精神病院内表现千奇百怪的病人很受刺激。她就想："我是共产党员、革命军人，不能像这些人一样，要好好配合治疗，争取早点离开这里。"后来，王于畊也在周恩来总理的过问下脱离苦海，从福建来到北京。王于畊见到凌奔时，曾含泪问起过她对住院有什么印象，凌奔的回答是："就像眼前那一坨绕成篮球那么大的绳团，太可怕了！"

　　1971年9月，林彪"自我爆炸"，当时对外还没有宣布，凌奔和妹妹、小胖就听说了，母女都非常高兴。女儿们商量着如何把这个消息告诉爸爸，让他也高兴一下。妈妈给她俩出主意说："爸爸每天会上隔壁的小厕所，你们站在临近的窗边喊几声，爸爸就能听到。"于是，女儿在爸爸上厕所时高喊："林秃子倒台了！林秃子摔死了！"钟期光由此知道了这个令他欢欣鼓舞的消息。

　　虽然坏人当道，搅得暗无天日，可钟家也不乏喜事。长子狗牯的女儿出生了，凌奔头一次当了奶奶，高兴的心情没法形容。奶奶给孙女起了个很好听的小名：好好。奶奶希望孙女的到来是一个好的预兆，希望一切从此好起来。爷爷还在隔壁关着，奶奶便抱着她，远远地举着给爷爷看上几眼。

　　钟期光身患严重的高血压，因专案组人员不给他吃药，一天突发脑溢血，急送三〇一医院救治。而医院里的人却说这个病人是个"走资派"，政治审查还没有结束，任其躺在走廊里不管。在场的凌奔急得直跳，最后找到叶帅，叶帅愤然下了死命令，医院才施救。但是，钟期光的病情已延误救治长达八个小时，造成脑血栓后遗症，左半边偏瘫，生活不能自理。专案组不得不让钟期光"假释"回家，由凌奔一家照顾其起居，但监护哨仍不给撤。

钟期光最爱吃鸡蛋和白肉，而医生出于健康考虑，告诫他这两种食物都要少吃。一开始，凌奔见老伴馋了那么多年了，很可怜，就让他放开吃。可他一天能吃七个鸡蛋，连早饭都不吃稀饭，一定要吃蛋炒饭。凌奔没办法，只得听从医生建议，限制老伴吃鸡蛋和白肉。凌奔喂老伴白稀饭时，他故意吐出来。有一次，她向王于畊哭诉说："他怎么这样对我，我喂他饭，他就'扑'地吐出来，吐了我一身。我又跟他吵不得，又咽不下这口气，他怎么能这样对我呀！"王于畊听后忍不住笑了，打趣说："你欺负人家一辈子，现在可倒回来了。"

1974年5月7日，适逢叶飞将军60岁生日。王于畊在家里摆了一桌酒菜，请凌奔及同住在万寿路的江华、江渭清来家庆贺。凌奔脸上又洋溢着久违的笑容。设在家中的监护哨刚刚撤掉，这意味着钟期光终于获得了"解放"。因为高兴，凌奔以她特有的豪饮方式宣泄了多年来的抑郁，两件喜事相逢，几个老战友高兴得不行。江渭清说："我病了，不能多喝，但今天我高兴，就得喝一喝。"凌奔便与他对喝起来。

王于畊劝江渭清少喝一点，他不高兴了，半开玩笑地说："你是不是没有酒呀？你要是没酒，我叫他们拿酒去。"

王于畊对他说："那就拿来啊！"

凌奔连忙阻止："你瞎说什么？要喝，我有！"

结果，那天中午江渭清和凌奔都喝得酩酊大醉。江华走了，大家也扶江渭清回去睡了，只剩下凌奔一把鼻涕一把泪地说着酒话。她说："你们不知道我过的是什么日子！这些都是'文革'害的。"王于畊和老伴叶飞站在旁边，不知如何是好。凌奔吐了一地，最后在沙发上睡着了。

下午凌奔酒醒后，迷惑不解地问王于畊："我怎么在这个地方？怎么回事？"

王于畊笑了："你喝醉了，你不知道？叫你不要喝，你仍要逞能，瞎喝。"

凌奔说："我醉了？瞎说，我怎么能醉呢？我从来都没醉过。"

王于畊还是笑着，十分认真地说："你今天就是喝醉了。"

凌奔不好意思地说："哎呀，我丢人了！真是的，我胜了一辈子，这次却败了。我今天真是太高兴了！'文化大革命'以来，我头一次喝白酒。我这么多年都没喝过酒了！"

叶剑英元帅了解到凌奔在"文革"中的一些过人表现后，提笔给凌奔写了这样一句话："凌奔同志为革命受气，真金不怕火炼！"叶帅的评价恰如其分。面对各种艰难困苦，这位铿锵女兵从未低下她高昂的头，时刻表现了一个女兵、一个老共产党员的铮铮铁骨与浩然正气！

凌奔终于坚持到"四人帮"垮台的那一天。她和王于畊两个患着严重哮喘病的老太太，相互搀扶着参加庆祝游行，走不动就坐在马路沿上看着欢乐的人流。人们不知道这两位老太太都是开国上将的夫人，她们在"文革"中所受的苦难是难以书写的，而今天的欢乐也是难以描述的。

粉碎"四人帮"以后，凌奔的主要精力放在照顾老伴身上，不但照顾他的身体，还要讨回他的公道。1978年12月，拨乱反正的军事科学院党委作出《关于为钟期光同志平反的决定》，彻底推翻了强加在钟期光身上的不实之词，彻底洗清了钟期光长达十年的不白之冤。

钟期光由于在"文革"中监禁致残，重获自由后一直在三〇一医院住院治疗。凌奔，一个患有严重肺心病的体弱老人，几乎天天气喘吁吁地奔波于家与医院之间，早出晚归，风雨无阻。从军科距离三〇一医院，往返一趟约40公里，一跑就是十多年。

十七、梦回大地

　　凌奔晚年的梦想就是回一趟皖南，那里是她魂牵梦萦的家乡和流血战斗过的地方，儿子许愿来年春暖花开时节成行。春天，她却病倒了。在送入危重病房抢救时，她对长子说："我要是能挺过一百天，就会没事，过不了就会死。"在离一百天仅差几个小时的时候，这位坚强女兵的生命定格在 1986 年 9 月 16 日，享年 66 岁。老伴钟期光得知这一噩耗，沉默了几分钟，说了一句："凌奔是个好人！" 1991 年 5 月 22 日，钟期光将军去世，两位老人合葬于江苏溧阳茅山脚下的革命烈士陵园。

　　1985 年冬，她深受肺心病的折磨，夜不能寐。忽然她对次子说："毛骡，你带我回一趟皖南吧。"毛骡知道，这绝不是妈妈随随便便的一句话，她在内心深处一直有这样一个强烈的渴望。她是皖南人，这些年来一直没有机会回一次梦牵魂绕的故乡。现在她感到体弱多病，剩下的时间不多了，很想重新站在故乡的土地上，回到女八队、战地服务团的那个纯真年代里去，在皖南那个蓝天白云之下，在家乡的故土里，尽情地释放自己的情怀。毛骡伤心地劝慰说："妈妈，现在天气还太冷，等春暖花开，我一定陪您回皖南。"

　　凌奔一生都在奔跑前行，终于有一天她跑不动了，她倒下了。1986 年春天来了，她没有能回皖南，倒在了病床上。

　　1986 年 9 月，和她情同姐妹的战友陈日梅专门从南昌赶到北京，想

皖南我的故卿

凌奔

凌奔题词：皖南我的故乡。

最后再和凌奔谈几句话。病危的凌奔一眼就认出了陈日梅，激动的泪水流了下来，她张张口却发不出声来。陈日梅禁不住大哭起来。透过泪水，她们一直望着自己的战友。

凌奔刚入危重病房抢救时，曾跟长子狗牯说："我要是能挺过一百天，就会没事，过不了就会死。"后来，叶小楠来看她，她不能讲话了，在纸片上写道："我过不去了。"最后，她在这个病房里抢救了99天，离她预言的百天大关仅差几个小时。她把生命匆匆定格在1986年9月16日，享年66岁。

妈妈就这样从容淡定地走了。忍着巨大哀痛的孩子们，不知如何把这个噩耗告诉邻近病房中的爸爸。几天后，孩子们终于下定决心，在配合医院做好抢救准备后，才向爸爸缓缓道出实情。但

1985年，凌奔于北京。

鸠兹侠女——凌奔

令孩子们没想到的是，眼前的爸爸显得异常平静，只是眼中浸满了泪水。他沉默了几分钟，字字清晰地说了一句话："凌奔是个好人！"

"凌奔是个好人！"这句话让儿子们听起来是那样的沉重，他们在想什么是好人？好人就是忠诚，好人就是情义，好人就是肩膀特别硬、特别铁的同志。

凌奔遗体告别仪式举行的那一天，八宝山革命公墓人山人海，前来为凌奔送行的，有与她生死相交、患难与共的老战友，有长期受其恩泽的年轻一代，其中包括很多从各地赶来的、她当小学校长时教过的学生。到处是哭泣声，场面感人至深。公墓里的一位工作人员感慨地说："我在这里工作这么多年，从未见过一个老太太走了，来了这么多车、这么多人，摆了这么多花圈。这个追悼会的规模，真不亚于一个中央高级领导干部追悼会的规模。"

是啊，如果他知道这位普通的老太太是那样的行侠仗义，爱憎分明，

张震、马龄松夫妇不远千里曾先后两次到溧阳烈士陵园为钟期光、凌奔扫墓。

是那样的"好人"，就不会惊奇了。

1991 年 5 月 22 日，钟期光在三〇一医院逝世，享年 83 岁。子女们遵照父母的遗愿，将两位老人合葬于江苏溧阳茅山脚下的革命烈士陵园。

钟期光和凌奔的陵墓坐落于葱郁的山林之中，一片清静纯洁之地。墓碑上起初只刻有钟期光一个人的名字。后来，时任中央军委副主席的张震将军来这里祭拜老战友，看了墓碑后说道："凌奔也是新四军的老同志，为什么不把她的名字也写上去？"于是，凌奔的名字也赫然镌刻在墓碑上。

凌奔如在天有知，一定不会在意自己的名字是否会刻在清冷的石碑上。她只想在这里守望着家乡的父老乡亲，拥抱着这片故土，与这么多熟悉的战友烈士相聚于此……

凌奔，这位革命的母亲，已经用她充满豪情的精彩人生构建了一个巍峨而瑰丽的无字丰碑。与她同时代的每一名"铁军"女兵，都拥有这样一座无字丰碑。无数的丰碑连接起来，就是共和国的万里长城和千秋基业。

壮哉，鸠兹侠女！

壮哉，好人凌奔！

1961 年，新四军女兵在北戴河。左起：王于畊、葛惠敏、张茜、水静。

1960 年，在上海。左起：史凌、于玲、王于畊、凌奔。

2010 年元月，作者两家人在深圳写作时合影。前排左起：叶葳葳（作者）、鲍燕燕（陈丹淮夫人）；后排左起：陈丹淮（作者）、陈小津（序言作者、叶葳葳先生）。

2011 年 12 月，全书完成后，作者在厦门叶飞、王于畊墓前。

责任编辑：冀　良

封面设计：徐　晖

版式设计：庞雅茹

图书在版编目（CIP）数据

三个新四军女兵的多彩人生：回忆母亲张茜、王于畊、凌奔 /
　陈丹淮　叶葳葳　著 . – 北京：人民出版社，2011.11
ISBN 978 – 7 – 01 – 010431 – 7

I. ①三…　II. ①陈…②叶…　III. ①张茜 – 回忆录 ②王于畊 – 回忆录
　③凌奔 – 回忆录　　IV. ① K825.2

中国版本图书馆 CIP 数据核字（2011）第 236748 号

三个新四军女兵的多彩人生

SANGE XINSIJUN NÜBING DE DUOCAI RENSHENG

——回忆母亲张茜、王于畊、凌奔

陈丹淮　　叶葳葳　著

人民出版社 出版发行

（100706　北京朝阳门内大街 166 号）

环球印刷（北京）有限公司印刷　新华书店经销

2011 年 11 月第 1 版　2012 年 2 月北京第 3 次印刷

开本：710 毫米 ×1000 毫米 1/16　印张：25.25

字数：360 千字　印数：8,000 – 16,000 册

ISBN 978 – 7 – 01 – 010431 – 7　定价：46.00 元

邮购地址 100706　北京朝阳门内大街 166 号

人民东方图书销售中心　电话（010）65250042　65289539